NOS

PLAIES SOCIALES

I0042317

Imprimatur :

Aurel., 11 m. 1903,

✝ STANISLAS, Ep. Aurel.

Permis d'imprimer :

Paris, le 18 mai 1903.

P. FAGES, Vicaire-Général.

———

L'auteur et l'éditeur réservent tous droits
de reproduction et de traduction.

———

Cet ouvrage a été déposé, conformément aux lois, en juin 1903.

Tours. — Imp. Deslis Frères.

ABBÉ GIBIER

CURÉ DE SAINT-PATERNE, A ORLÉANS

CONFÉRENCES AUX HOMMES

Nos Plaies Sociales

LA PROFANATION DU DIMANCHE
L'ALCOOLISME
LA DÉSERTION DES CAMPAGNES

Conférences données, pendant l'année 1900, à la messe
des hommes de Saint-Paterne, à Orléans.

PARIS
P. LETHIELLEUX, LIBRAIRE-ÉDITEUR
10, RUE CASSETTE, 10

AVANT-PROPOS

Nous offrons au public une série de conférences qui ont été prêchées à la messe des hommes de Saint-Paterne, pendant l'année 1900, et qui gardent, hélas ! toute leur actualité. Depuis trois ans, nos plaies sociales n'ont point disparu. La profanation du dimanche, l'alcoolisme et la désertion des campagnes restent des fléaux nationaux qui épouvantent la foi et le patriotisme.

On nous affirme que l'étude de ces fléaux, présentée à nos paroissiens de Saint-Paterne, rendra service à bon nombre de prêtres et de laïques préoccupés de ces graves questions.

Que Dieu donc veuille bénir ce nouveau volume, comme il a visiblement béni nos *Objections contemporaines*, déjà parvenues à leur cinquième édition !

Le temps nous manque absolument pour corriger et compléter notre travail, qui a toutes les lacunes et toutes les imperfections d'un premier jet.

Le lecteur fera à ces conférences le même accueil bienveillant qu'à notre premier volume. Nous l'avertissons seulement qu'il devra vérifier et mettre à jour certaines statistiques qui étaient exactes en l'année 1900, et qui, depuis, se sont sensiblement modifiées.

Charles GIBIER,
Curé de Saint-Paterne.

Orléans, le 8 mai 1903.

CONFÉRENCE PRÉLIMINAIRE

MESSIEURS,

Un grand évêque d'Amérique[1], parlant ces jours derniers devant une assemblée de prêtres leur disait : « Si les missionnaires qui arrivent en « Afrique se mettaient au confessionnal pour at- « tendre les païens, je crois bien qu'ils y reste- « raient jusqu'à la fin du monde, si Dieu le per- « mettait, sans rien faire. Il faut aller à la « recherche des âmes. Vous donc, prêtres fran- « çais, ne restez pas dans vos sacristies. Soyez « saints. Ce n'est pas assez. Soyez doctes. Ce n'est « pas encore assez. Soyez apôtres, et ramenez au « bercail les brebis qui en ont oublié le chemin. « Le monde se meurt d'inanition religieuse. Portez- « lui le pain de l'Évangile ». C'est ce que j'essaie de faire depuis onze ans. C'est l'œuvre que je veux poursuivre pendant cette douzième année, que j'inaugure aujourd'hui.

Je vous expliquerai dimanche le sujet que je me propose de traiter devant vous. Ma conférence de ce jour sera une conférence préliminaire qui tiendra

---

1. Mgr Ireland, archevêque de Saint-Paul, aux États-Unis.

dans ces trois mots : 1° aimez votre religion ; 2° ne craignez pas d'être le petit nombre ; 3° tâchez d'être le grand nombre.

I. *Aimez votre religion.*

Aimez votre religion *telle qu'elle est en elle-même*. On aime ce qui est beau. Votre religion est belle. Elle est belle dans son dogme qui défie depuis vingt siècles les attaques de l'incrédulité. Elle est belle dans sa morale, que les impies eux-mêmes sont forcés d'admirer, de respecter et d'accepter, car... lorsqu'ils parlent d'égalité, de solidarité, d'altruisme, d'idéal, de dignité personnelle, c'est notre langue qu'ils emploient ; seulement ils n'en savent plus que le patois, et ils font du christianisme sans le savoir. Elle est belle dans ses sacrements, dans son culte, dans ses cérémonies, qui transfigurent les âmes, qui attirent les foules, qui inspirent les arts, qui consolent les douleurs, qui enchantent la souffrante humanité. Elle est belle dans son histoire, qui se rattache au berceau du genre humain et qui ne doit finir qu'avec la consommation des siècles. Elle est belle dans les bienfaits qu'elle a versés sur le monde, dans les héros et les saints qu'elle a enfantés, dans les vertus qu'elle a suscitées. Aimez votre religion telle qu'elle est en elle-même.

— Aimez-la *telle qu'elle vous apparaît à l'heure présente*. Elle est dans la lutte. Tant mieux. Cela prouve qu'elle est le vrai et le bien. Si la religion chrétienne, Messieurs, n'était pas ici-bas la plus haute représentation du vrai et du bien, on la laisserait bien tranquille, comme on laisse tranquilles le protestantisme, le mahométisme, le boudhisme. L'Évangile est fortement combattu... pourquoi? Parce qu'il est terrible à l'orgueil, sans pitié pour la volupté, foudroyant devant le blasphème, devant la cupidité, devant le mensonge, devant l'ambition. C'est sa gloire. Aimez donc votre religion dans les conditions difficiles que le siècle lui a faites. D'ailleurs vous n'êtes pas libres de l'aimer autrement. La Providence ne nous laisse pas maîtres de l'heure où nous devenons ses serviteurs. Nous ne sommes pas créés pour habiter les tombeaux des morts, mais pour élever des demeures nouvelles sur la terre des vivants. Prenons donc notre temps comme il est, et avec les éléments mêlés que nous offre le présent préparons les améliorations et les progrès de l'avenir. Aimez votre religion telle qu'elle vous apparaît à l'heure actuelle. C'est votre devoir de catholiques. J'ose dire que *c'est votre devoir de Français*. Voyez comment se comportent les peuples ambitieux d'un grand rôle : l'Angleterre et l'Amérique, l'Allemagne et la Russie. Ils ne se contentent pas des avantages matériels, de la primauté de la richesse, de la primauté du nombre et des armes. Les nations protestantes sont ardentes à répandre le protestantisme, la Russie à soutenir l'orthodoxie. Et nous autres, Français, dont tout le passé resplendit de gloire catholique, nous laisserions déraciner l'arbre quatorze fois séculaire qui ombrage toute notre histoire? Aimez votre religion. On ne saurait la frapper sans atteindre la France elle-même.

II. *Ne craignez pas d'être le petit nombre.*

Mais d'abord êtes-vous le petit nombre? Je ne le crois pas. Les fanatiques d'irréligion sont une infime minorité dans la suite des siècles, une infime minorité à l'heure présent. dans chaque peuple. Sans cesse ils invoquent la raison humaine à laquelle ils font appel. L'humanité, prise collectivement, a besoin de religion, et, dans l'immense multitude, les fanatiques d'irréligion sont une exception. Il est vrai que le chiffre des indifférents est considérable, et que,

— Mis en comparaison avec ces derniers, vous êtes le petit nombre. Mais qu'importe? Vous ne devez en être ni surpris, ni effrayés: 1° D'abord faites attention à ceci. Il est très facile d'être indifférent. La religion est un joug, une digue, une discipline. Elle a des dogmes précis, une morale austère, des pratiques gênantes. La professer tout entière, ce n'est pas commode. Vivre dans l'indifférence, cela va tout seul. Pour pratiquer la religion, il faut monter, donc peiner; pour échapper à ses exigences, il n'y a qu'à descendre et à se laisser aller. La masse préfère ses aises à l'effort. Les courageux mettent le devoir au-dessus du plaisir. Ils sont le petit nombre. Je serais étonné qu'il en fût autrement. Vous êtes le petit nombre, Messieurs? J'oserai dire que c'est tant mieux pour vous, parce que cela prouve que vous avez le courage de vos convictions, que vous savez réagir contre vous-mêmes et contre votre milieu, en un mot, que vous êtes des hommes, que vous êtes des valeurs. — 2° Et puis, Messieurs, la vérité a sa force, non pas dans le nombre, mais en Dieu et en elle-même. Comme elle était petite la Terre Sainte! Elle a pourtant subjugué le monde. — Quel pauvre espace que l'Attique! Elle a cependant formé l'intellect humain. — Moïse était un. Élie était un. David était un. Paul était un. Léon était un. La grâce agit par un petit nombre. C'est la vision aiguë, c'est la conviction intense, c'est l'indomptable résolution du petit nombre, la prière du saint, le sang du martyr, l'action héroïque, l'élan momentané, l'énergie concentrée dans un mot, un regard, une démarche, un exemple qui sont les instruments du ciel. Ne craignez pas d'être le petit nombre, pourvu que vous ayez le don de bien exprimer ce qu'est le catholicisme... sem-

blables à cette jeune chrétienne de Lyon, Blandine,
qui soumise à des supplices toujours différents répétait sans cesse ces simples paroles : « Je suis
chrétienne, et il ne se fait aucun mal parmi nous. »
Dites cela, Messieurs, et que ce soit une vérité.
Faites avec la grâce de Dieu qu'il n'y ait pas de
mal dans vos pensées, pas de mal dans vos désirs,
pas de mal dans vos paroles, pas de mal dans vos
affections, pas de mal dans vos œuvres... et marchez, marchez sans peur. Tôt ou tard la victoire descendra sur vos étendards. Ne craignez pas d'être le
petit nombre.

III. **Tâchez de devenir le grand nombre.**
Il le faut, c'est possible.

Il le faut. Est-il normal, Messieurs, que la ma-
jeure partie de vos concitoyens, de vos contempo-
rains vivent dans un état violent, je ne dis pas
d'hostilité religieuse, mais de nullité religieuse,
sans convictions précises pour guider et affermir
leurs pas, — sans prière et sans énergie surnatu-
relle pour les immuniser contre le mal, pour les
relever de leurs défaillances, pour les conduire à
la conquête du bien, — sans divines espérances
pour les consoler des douleurs de la terre et leur
ouvrir les portes du ciel?... Est-il normal que tant
de jeunes gens, tant de maris, tant de pères de

famille refusent à Dieu l'hommage de leurs adora-
tions, à leurs proches l'encouragement de leurs
exemples, à la religion le prestige de leur autorité,
à la patrie l'appoint de leur chrétienne influence?...
Est-il normal que tant d'hommes haut placés se
soustraient à l'exercice du culte public, et que leur
reconnaissance envers Dieu soit en proportion
inverse des privilèges de naissance, de fortune et
d'éducation qu'ils en ont reçus? Leur abstention
religieuse n'est-elle pas du même coup un défi jeté
à la bonté de Dieu, et un attentat à l'ordre social?...
Est-il normal que tant d'hommes déshérités de la
terre et du monde, que tant d'hommes qui travaillent et qui peinent se tiennent à distance pendant une vie entière de la religion et du culte, de
nos temples et de nos cérémonies? Non, Messieurs,
tout cela n'est pas normal. Tout cela est un désordre, à vous de faire cesser ce désordre. Vous
êtes le petit nombre. Tâchez donc de devenir le
grand nombre. Il le faut.

C'est possible. Vous n'avez qu'à vous grouper, à
vous instruire et à vous mettre en campagne. *Groupez-vous.* — Si un seul homme ne peut pas grand
chose, deux hommes unis multiplient par quatre
leurs forces matérielles et morales. Oh! si les
catholiques savaient se grouper dans la prière,
dans l'action, dans le bon exemple! Quelle énergie
conquérante et invincible ils seraient dans la na-

tion ! — Le meilleur moyen, Messieurs, de faire reculer l'injustice, ce n'est pas de montrer qu'on est juste, c'est de montrer qu'on est fort. Et on est fort non pas quand on est un atome, mais quand on est un bloc. Groupez-vous. *Instruisez-vous.* Vous savez le mot brutal que Bismarck répétait souvent à ses familiers : Si on veut que je travaille bien, « il faut qu'on me nourrisse bien. » Il avait raison. Un estomac vide n'est pas bon à grand'chose. Eh bien ! de même, un esprit vide est sans influence et sans rayonnement. Un catholique qui ignore sa religion et son temps est incapable d'agir sur son temps et de propager sa religion. Instruisez-vous par l'audition de la parole de Dieu, par les bonnes lectures et les saines conversations, par la réflexion. Et enfin *mettez-vous en campagne.* Les gémissements et les malédictions ne servent de rien; c'est l'action qui vaut quelque chose. Agissez. Parlez. Vivez, vivez votre foi. Parlez à l'occasion. Agissez sur vos frères, vos proches, vos voisins, vos amis. Doublez, triplez cet auditoire. Vous le pouvez, vous le devez, vous le ferez.

Pour moi, Messieurs, je reprends mon œuvre avec le même élan que par le passé. Vous savez quelle est mon ambition, et ce à quoi je travaille depuis douze ans. J'ai le désir de christianiser cette paroisse et spécialement les hommes qui sont la tête du troupeau. Ai-je eu le courage de me hausser à la taille de mon rêve, et, quand je voulais de grandes choses, ne suis-je pas demeuré petit pour les accomplir? Peu importe. Devant Dieu ce n'est pas le résultat qui compte, mais l'effort. Cet effort personnel, je veux le déployer dans la mesure du possible, souvent au-delà du possible. Je demande à Dieu de me bénir et aux chrétiens sérieux de me comprendre, de me suivre et de m'aider!

Amen!

LA

PROFANATION DU DIMANCHE

PREMIÈRE CONFÉRENCE

LE FAIT DE LA PROFANATION
DU DIMANCHE

MESSIEURS,

Il y a dans la cathédrale de Châlons une pierre sépulcrale qui porte pour inscription ces simples mots : « Souvenez-vous de sanctifier le dimanche. » Sous cette pierre repose le corps de Mgr de Prilly. Ce vénérable évêque, après avoir exhorté toute sa vie ses diocésains à la sanctification du dimanche, avait voulu leur prêcher encore ce devoir du fond de sa tombe... Et il pensait avec raison que cette recommandation suprême était la meilleure des épitaphes.

En effet, Messieurs, de toutes nos plaies sociales, je ne crains pas de dire que la profanation du dimanche est la première et la plus lamentable. Nous allons étudier à fond cet affligeant sujet. Commençons.

1° Le tr..ail est voulu de Dieu ;

2° Le travail du dimanche est défendu par Dieu ;

3° La profanation du dimanche par le travail est chez nous une plaie nationale.

I. *Le travail est voulu de Dieu.*

Dieu a créé le travail. Il l'a créé en même temps que le monde. Quand il déposait l'homme naissant sur la terre, c'était pour qu'il la cultivât. La loi du travail est la loi de l'origine.

Dieu a imposé le travail. Après l'avoir en quelque sorte incorporé à l'homme innocent, il l'a commandé à l'homme déchu. Sur la terre révoltée qui ne produisait plus que des épines, Dieu a dit à l'homme : « Tu mangeras ton pain à la sueur de ton front ». La loi du travail est la loi de la chute.

Dieu a sanctifié le travail. Que dis-je? il l'a divinisé. Jésus-Christ, Dieu fait homme, a travaillé pendant trente ans dans un atelier. La loi du travail est la loi de la Rédemption.

Il faut donc, Messieurs, que le travail soit une chose bien belle, pour que Dieu s'en soit épris! Il faut donc que la sueur qui découle du front de l'ouvrier soit bien noble, pour que Jésus-Christ ait voulu la sentir sur son front! Il en est ainsi. La goutte de sueur qui perle au front d'un homme est chose sacrée. Elle a été créée, imposée, sanctifiée par Dieu. Elle vient de Dieu. Elle est voulue de Dieu.

Un homme riche, aujourd'hui arrivé au sommet de l'âge, raconte qu'un jour, tout jeune enfant, élevé par une vieille grand'mère, il vit dans le

jardin de la maison un ouvrier qui travaillait. Je
lui adressai la parole, mais ma grand'mère m'in-
terrompant me dit : « On ne dérange pas un homme
qui travaille ». Et, ajouta-t-elle avec un accent que
je n'oublierai jamais : « Ne vois-tu pas qu'il est tout
en sueur ? » La sueur en effet découlait de son
front, tandis qu'il s'appuyait sur sa pioche, et ma
grand'mère voulut que je remplisse moi-même la
coupe qui devait le désaltérer. Oui, Messieurs, la
foi et la raison nous disent qu'il faut respecter,
admirer, bénir la sueur de l'homme... la sueur, ce
quelque chose de chaud et de vivant qui monte au
visage de l'homme, pour l'avertir que l'activité tout
entière de la vie passe dans son travail pour le
féconder. Le travail est voulu de Dieu. Ceci dit et
compris, j'arrive à ma seconde proposition :

II. *Le travail du dimanche est défendu par Dieu.*

Remarquez d'abord que ces deux propositions
qui semblent se combattre peuvent très bien
s'accorder ensemble. La vertu finit où l'excès commence. L'eau arrose, rafraîchit, féconde ; mais, si
elle est trop abondante, si elle tombe sans fin et
si elle se précipite sans règle, elle inonde, elle
renverse, elle engloutit tout. Le feu réjouit, réchauffe, vivifie ; mais s'il n'est pas contenu dans de
justes limites, il incendie, il brûle, il pulvérise

tout. Le vin, dit la Sainte Écriture, épanouit le
cœur de l'homme et surexcite ses forces ; mais, s'il
est bu avec excès, il ébranle, il abrutit et il tue.
Ainsi le travail. Il cesse d'être saint et il devient
sacrilége, dès qu'il dépasse les bornes que le Tout-
Puissant lui assigne. Le travail du dimanche est
défendu par Dieu. Est-ce vrai ? oui c'est vrai.

Dès l'origine, *sous la loi de nature*, la Bible nous
montre Dieu qui crée le monde en six périodes,
et qui se repose le septième jour. Qu'est-ce à dire ?
Est-ce que Dieu n'est pas au-dessus du repos,
comme il est au-dessus de la peine ? Sans doute.
Mais par cette expression la Bible veut nous faire
comprendre que l'institution du repos hebdomadaire est aussi ancienne que le monde, qu'elle se
réfère au repos mystérieux du Créateur, qu'elle est
enracinée dans la volonté, et presque dans l'essence
divine.

Et plus tard, *sous la loi de crainte*, qu'est-ce que
j'entends ? J'entends Dieu qui parle à Moïse et qui
lui dit : « Souviens-toi de sanctifier le jour du
Sabbat. Tu travailleras six jours ; le septième c'est
le repos du Seigneur ton Dieu. Ce jour-là, tu ne
feras aucun travail, ni toi, ni ta femme — ni ton
fils, ni ta fille — ni ton serviteur, ni ta servante
— ni les animaux qui sont à ton service — ni les
étrangers qui sont dans ta maison ». Comme c'est
clair, détaillé, incisif, simple, majestueux ! Et ne
dites pas, Messieurs, que cette loi si précise, si

impérieuse, si rigide, a été abolie dans la suite.
Non. Elle demeure aussi sacrée, aussi obligatoire
pour nous, dans notre vie affairée et notre civilisation bruyante, qu'elle l'était pour les vieux pa-
triarches sous la tente du désert — pour les
hébreux dans la terre promise ou dans la captivité.
Elle est faite pour l'homme de tous les temps et
de tous les lieux. Elle a une valeur éternelle et un
rayonnement illimité.

Sous la loi de grâce, le repos hebdomadaire est
déplacé : il est transféré du dernier jour de la
semaine au premier jour, en souvenir de la résurrection de Jésus-Christ, et pour marquer le passage de l'ancienne alliance à la nouvelle. L'Église
fait ce grand coup ; elle en avait le droit. Elle
abandonne la langue et les rites de la synagogue ;
elle ne parle plus du sabbat ; elle institue le jour
du Seigneur, le dimanche. Elle ne change pas la
substance du précepte ; elle en modifie simplement
la lettre et l'application. Et je n'en finirais pas, si
je me mettais à vous citer les avertissements et les
anathèmes des Pères les plus éloquents, les enseignements des Pasteurs, les définitions des conciles,
les décrets même des pouvoirs civils qui rappellent
et revendiquent sans cesse l'obligation du repos
hebdomadaire et les droits du dimanche.

J'en atteste la loi de nature, la loi de crainte, la
loi de grâce : le dimanche est le jour du Seigneur.
Le travail est voulu de Dieu, il est saint. Mais le

travail du dimanche est sacrilège, il est défendu
par Dieu.

Et cependant, ouvrez les yeux et regardez.
Comment va le monde? Et en particulier comment
se comporte notre pays? Ayons le courage de dire
la vérité :

III. — *La profanation du dimanche par le tra-*
vail est chez nous une plaie nationale.

Cette plaie date du XVIIIe siècle. On vit dans ce
siècle néfaste, sous l'influence de l'école philoso-
phique qui a perverti nos pères, on vit les grandes
églises, trop petites autrefois, se vider peu à peu
de tout ce qui tenait la tête de la société française.
Et, comme le corps suit toujours la tête, on vit le
peuple à son tour se déshabituer du chemin du
temple. Vint la Révolution. Ridicule, elle voulut
remplacer le dimanche par le décadi. Violente, elle
supprima les prêtres et les édifices religieux, et
les masses contractèrent l'habitude de vivre sans
culte. Au milieu des guerres de l'Empire, les Français entraînés sur tous les sentiers de l'Europe,
désapprirent totalement le sentier de l'église. Enfin,
— pendant ce siècle, nous avons assisté à un accroissement extraordinaire de l'activité humaine, de
l'industrie, des moyens de transport, de la production
à outrance ; on a dit et redit que les besoins mul-

tiples d'une société avancée exigeaient le travail universel, intense, ininterrompu. A force de le dire, on a fini par le croire, et par le faire croire au peuple, et le dimanche a perdu son caractère de jour férié.

Tenez. Nous avons à l'heure qu'il est 300.000 *employés de chemin fer*, 20.000 facteurs, je ne sais combien d'employés des télégraphes et des téléphones, qui sont la plupart condamnés au travail du dimanche, sous peine d'être mis sur le pavé, sans feu ni lieu. Nous y reviendrons.

Tenez. Qu'un étranger vienne *à Paris* ou dans une de nos grandes villes le dimanche. Que voit-il ? Des ouvriers en habits de travail, des magasins ouverts, des chantiers publics et privés en pleine activité, et une foule affairée qui court comme de coutume à sa besogne.

Chose plus affligeante encore : le travail du dimanche se généralise effroyablement *dans nos populations rurales*. Le paysan n'est pas forcé comme l'ouvrier des villes de céder à la volonté d'un patron sans pitié ou aux exigences d'un service sans arrêt. Mais, à mesure qu'il se déchristianise, il cède à l'entraînement du mauvais exemple et à la soif du gain, et il ne connaît plus ni fête ni dimanche. Le dimanche comme les autres jours de la semaine il va aux champs, il pousse devant lui ses bêtes de somme, il bat son blé, et, courbé sur sa motte de terre, il détourne de Dieu sa pensée et son regard.

Dieu a dit : « Vous travaillerez six jours, et vous vous reposerez le septième ». Et le bruit de l'atelier, le mouvement du comptoir, l'étalage des magasins, le chariot qui passe et la charrue qui se traîne bravent comme par un accord fatal la volonté divine. Il y a dans le grincement de la scie, dans les coups du marteau, dans l'aiguille plus discrète et non moins coupable un cri de rébellion qui semble dire : Non, je n'obéirai pas : *non serviam!* Ce cri se propage des villes aux hameaux. Il monte de la terre indocile vers le ciel irrité. Les parents l'ont appris à leurs enfants, le maître à l'ouvrier, le riche au pauvre, l'impie qui abuse de ses talents et de sa fortune au misérable qui tremble sous lui.

C'est une plaie nationale. Les Juifs, les Musulmans, les Chinois vénèrent et observent le jour du repos. L'Angleterre, l'Allemagne, la Suède, ces victimes séculaires du schisme et de l'hérésie ont conservé le dimanche avec une sainte obstination parmi leurs croyances en ruine et leurs pratiques abolies. La France l'a oublié. Le travail du dimanche est chez nous un crime national. Il n'existe dans les mêmes proportions chez aucun peuple.

Conclusion.

Par vos paroles et par vos exemples, Messieurs, protestez contre cette violation publique de la loi

de Dieu. Lamoricière était en exil à Bruxelles.
Un jour Thiers arrive de Paris, et écrit au général
pour le prier de venir le trouver le lendemain dimanche à sept heures. « Je vais à Waterloo, lui
faisait-il savoir; j'ai besoin de vous pour mieux
étudier le champ de bataille dont je dois écrire
l'histoire ». Et Lamoricière lui répond : « Oui, je serai chez vous demain, non à sept heures, mais à
huit : car je vais à la messe. »

Allez, Messieurs, et faites de même. Gardez votre
dimanche, on vous suivra. Nous ne serons pas loin
du salut, le jour où nous viendrons tous au pied des
autels chanter le même *Credo* et goûter les douceurs de la fraternité chrétienne sur le terrain
neutre et sacré de la Religion.

Amen.

DEUXIÈME CONFÉRENCE

LE FAIT DE LA PROFANATION
DU DIMANCHE

(SUITE)

Messieurs,

Vous n'êtes pas sans savoir qu'au mois de juillet dernier le Ministre du Commerce, par deux décrets simultanés, a décidé : 1° que l'État, dans ses adjudications, *devait* inscrire au cahier des charges une clause établissant un jour de repos par semaine ; 2° que les départements et les communes *pouvaient* insérer la même clause en même circonstance. Ces deux décrets très récents vous prouvent l'importance et l'actualité du sujet qui nous occupe. Le travail du dimanche est une plaie nationale. Tout le monde commence à le comprendre... même les gens les plus éloignés de notre foi religieuse.

Mais voici bien autre chose. Dans sa fameuse Encyclique sur la condition des ouvriers, Léon XIII dit : « Qu'on n'entende pas par le repos du dimanche « une plus large part faite à une stérile oisiveté, « ou encore moins, comme un grand nombre le

« souhaitent, un chômage fauteur des vices et dis-
« sipateur des salaires ». Vous l'entendez? Il n'y
a pas que le travail qui profane le dimanche. Ce
saint jour, hélas! est trop souvent profané par
l'indifférence et par la débauche. Voyons cela. Je
vais essayer de tout dire sans trop offenser vos
oreilles.

I. *La profanation du dimanche par l'indifférence.*

Borné dans sa nature, infini dans ses vœux,
L'homme est un Dieu tombé qui se souvient des cieux.

Voilà une belle parole et bien vraie. L'indifférent
la fait mentir et la répudie. Il est borné dans sa nature, non moins borné dans ses vœux. Il ne se doute
guère qu'il vient du ciel, et il ne pense pas du tout à y
remonter. Comme un arbre dont la cime aurait été
foudroyée, il vit par les racines plutôt que par le
sommet. Pendant six jours, il travaille ou il se
repose, et quand le septième jour arrive, que fait-
il? Le voit-on s'arrêter et s'agenouiller? non.

Il ne prie pas. Il y a une terrible parole. Dois-je
vous la citer? pourquoi pas? La voici : « Le chrétien est très inférieur à un musulman. Le juif
est pire qu'un chrétien. L'idolâtre est pire qu'un
juif. Le porc est pire que l'idolâtre. Mais l'homme

qui ne prie pas est pire que le porc. » C'est
brutal. Que voulez-vous? Le mot n'est pas de moi.
Il est d'Abd-el-Kader, de ce fameux Arabe qui,
après avoir lutté pendant quinze ans contre nos
meilleurs généraux, vint rendre son épée à Lamoricière, et qui mourut à Damas en 1883, fidèle ami
de la France. L'indifférent ne prie pas plus le
dimanche que les autres jours. Que fait-il donc?
Il s'agite ou il végète.

Il s'agite dans des visites inutiles, dans des
plaisirs souvent dangereux, dans des parties de
campagne, dans les voyages devenus si fréquents
depuis que le pays est sillonné de chemins de fer,
et que les distances sont effacées en quelques minutes sous les roues brûlantes de la locomotive.
Ah! il y a, le dimanche, des lieux plus fréquentés que
l'église, et des portes qui s'ouvrent devant l'im-
patience d'une foule plus empressée que celle qui
vient à l'église : ce sont les gares et les embarca-
dères. La rage des déplacements s'empare de plus
en plus de nos populations affolées et déracinées.
Et au milieu de ce brouhaha universel, de ces
wagons qui grincent et de ces voyageurs qui
crient, que devient le jour du Seigneur? Il disparaît, il est submergé, il n'existe plus. Le dimanche,
l'indifférent s'agite, ou bien :

Il végète. Ce n'est plus une toupie roulante, c'est
un potiron qui bouge à peine. Il a rêvé une exis-

tence tranquille : il la possède, il s'y installe, il
évite toutes les secousses, il se met en garde
contre les émotions violentes. Il descend lentement, très lentement le second versant de la vie,
celui qui regarde les tombeaux. Il cultive son
champ, il fait le tour de sa maison, il lit son
journal, il savoure son déjeuner. Il se promène, il
invite des amis, il se procure des plaisirs honnêtes
ou à peu près. Après avoir ainsi vécu ou plutôt
végété, il meurt, et la main sur la conscience il
dit : « Le ciel n'est pas plus pur que le fond de
mon cœur. Je suis un honnête homme. Je n'ai ni
tué ni volé ». Oui mais

Dieu, comment l'avez-vous traité? Je n'y ai pas
pensé. Avez-vous prié? Non. Avez-vous au moins
assisté chaque dimanche à la messe? Avez-vous
donné à vos frères l'édification de votre présence
dans le lieu saint? Avez-vous accordé à votre âme
et à vos destinées éternelles le jour sacré que vous
leur deviez? Non — Cependant vous avez été baptisé? Oui. Vous avez fait votre première communion? Certainement. Vous avez vu chaque dimanche
la foule envahir le temple, et dans cette foule il y
avait votre fille, votre femme, votre voisin, votre
ami peut-être? Oui, j'ai vu tout cela — Eh bien,
ô homme, vous êtes sans excuse, et le même Dieu
qui vous a ouvert la porte de cette vie pour vous
y faire entrer, se trouvera sur le seuil de l'autre

monde pour vous demander compte d'une existence, dans laquelle vous avez eu du temps pour
tout, excepté pour la chose essentielle et uniquement importante. Dieu réprouve le dimanche de
l'indifférent. Il y a pire encore. C'est

II. La profanation du dimanche par la débauche.

Bon gré, mal gré l'homme ne peut pas toujours
travailler... et voici ce que notre siècle a imaginé
pour éluder la loi divine, tout en cédant aux exigences de la nature humaine. La ferme, l'atelier,
le magasin, le chantier se ferment, mais *le soir et
non le matin*, au profit du plaisir et non au profit
de la sanctification, pour peupler les rues et les
places publiques et non pour peupler l'église. La
liberté n'est rendue à l'ouvrier que lorsque l'heure
sacrée du dimanche est déjà passée, et qu'il ne reste
plus que le loisir inoccupé, les dangers de la licence
et les pièges de la corruption. Et par ce calcul coupable qui donne la matinée du dimanche au travail
et qui en réserve le soir au plaisir, la part de Dieu
disparaît entre une tâche impie qui s'achève et une
orgie qui commence. Voyez plutôt :

Ce jeune homme ne vient pas à l'église le dimanche. Il prend de grands airs avec la religion,
cette vieille chose âgée de 19 siècles. Il la regarde

de haut, il la juge, il la méprise, tout au moins il
s'en passe, comme on se passe d'un objet inutile.
Et où est-ce que je le retrouve? Dans des compagnies
suspectes, sinon tout à fait mauvaises. Qu'est-ce
que j'entends sur ses lèvres? Des discours licen-
cieux, des chansons malsonnantes qui insultent la
morale. C'est un cheval échappé qui foule aux
pieds son honneur et même sa santé, qui effraie
les âmes honnêtes, qui désespère le cœur paternel
par ses dérèglements précoces.

Cette jeune fille ne vient pas à l'église le dimanche. Mais elle ne reste pas non plus au foyer
domestique. Elle ne sait pas se contenter des plaisirs innocents qui reposent le corps sans inquiéter
l'âme, qui distraient l'esprit sans souiller la conscience. Il lui faut du bruit, des spectacles troublants,
des jouissances malsaines. Elle joue sans pudeur
avec son innocence, et elle laisse gaiement, folle-
ment tomber la couronne virginale de son front
flétri.

Ce père de famille, cet ouvrier qui a travaillé
toute la semaine, ne vient pas se reposer à l'église
le dimanche. Il n'a plus les joies pures du temple,
sanctifiées et bénies par la religion, animées par la
prière, élevées et agrandies par le spectacle de nos
cérémonies saintes. Il a, en revanche, les joies
ignobles du plaisir, avec les vapeurs du vin pour

encens, les accents de la débauche pour louanges,
le cabaret pour temple, et la vue d'une famille rui-
née pour spectacle. Le voyez-vous, *ce malheureux*,
descendant jusqu'à la ressemblance de l'animal
domestique, qui mange sa portion après avoir fait
son labeur, que dis-je? descendant plus bas encore.
L'animal est retenu par la loi de l'instinct; mais
l'homme ne connaît pas cet instinct protecteur; il
emploie ce qui lui reste d'intelligence à éteindre
ce qui lui reste d'énergie. Le voilà devenu comme
une machine, n'ayant plus ni pensée, ni parole, ni
conscience, victime éplorée, alourdie, hébétée de
la crapuleuse ivresse. Après avoir engouffré avec
de faux amis, dans des satisfactions inutiles, le travail et les sueurs de la semaine, il rentre *au logis*,
et là, grand Dieu, quelles scènes déchirantes! La
maison tout entière est ébranlée par des cris de
haine, de vengeance et de désespoir, par des récriminations et des discordes, quand ce n'est pas par
des injures et par des violences. Que peuvent bien
devenir ces pauvres enfants élevés sous de pareilles
influences, condamnés ainsi dès leur plus bas âge
au contact du désordre, de l'intempérance et du
vice?

Voilà ce que c'est, Messieurs, que d'*avoir déchristianisé le peuple*, d'avoir tari dans son âme les
croyances, et dans sa vie les pratiques religieuses!
On lui a donné, dites-vous, la liberté! Elle est jolie

votre liberté. La liberté de descendre dans les derniers abîmes, de passer d'un labeur qui brise à une
débauche qui corrompt, et de perdre du même
coup et dans la même soirée la santé du corps, la
noblesse de l'âme, le pain de la famille!

Laissez-moi, Messieurs, vous dire ces choses. *Elles
ne sont point pour vous.* Mais vous devez cependant y faire attention, car elles se passent trop
souvent à votre porte et sous vos yeux. Il faut que
vous sachiez qu'il y a dans la société des parties
malades, et que ce grand blessé qu'est le peuple
n'aura sa guérison que le jour où il viendra régulièrement dans nos temples reposer son corps et
transfigurer son âme, sous le beau soleil, sous les
chauds rayons du dimanche catholique!

Conclusion :

Allez, Messieurs, *allez chercher* ceux que le travail enchaîne, ceux que l'indifférence paralyse, ceux
que le plaisir avilit. A ce peuple qui a perdu la foi,
à cette foule qu'on pervertit et qu'on désespère,
allez *crier* la grande parole de l'Apôtre : « La religion est utile à tout; elle garde les promesses de la
« vie présente et les promesses de la vie future ».
Allez *dire* à vos frères qu'ici on se relève, qu'ici on
se console, qu'ici on s'ennoblit; — qu'ici on apprend
à être résigné, honnête, content de son sort, sobre

dans la prospérité et courageux dans l'épreuve; —
qu'ici on trouve la porte du ciel et les meilleures
joies d'ici-bas. Allez faire *comprendre* à vos con-
temporains que le dimanche n'est pas fait pour
quelques-uns, mais *qu'il appartient à tous.* Oh! la
pitoyable erreur! Il y a chez nous des gens qui ont
de la religion, et il y en a d'autres qui n'en ont pas,
et nous acceptons cela comme une situation normale. Eh bien! non, cela n'est pas dans l'ordre. La
religion dans la société, c'est comme le sang dans
le corps humain. Le sang n'est pas la spécia-
lité du cœur et des poumons, il est le besoin et la
vie de tous les membres. De même la religion. C'est
un malheur et un désordre qu'elle soit localisée
dans une portion du corps social. Elle doit circuler
partout, pour tout vivifier.

À vous, Messieurs, de rendre au dimanche toute
sa popularité et à la religion toute son extension
et toute sa plénitude. De tous les actes civilisateurs
que vous puissiez exercer, de tous les bienfaits que
vous puissiez répandre autour de vous, celui-là est
le plus efficace et le plus nécessaire!

Amen!

TROISIÈME CONFÉRENCE

LA PROFANATION DU DIMANCHE
AU POINT DE VUE RELIGIEUX

Messieurs,

La profanation du dimanche est la première de nos plaies sociales. Nous avons constaté son existence. Il faut maintenant l'étudier dans ses conséquences. Vous allez voir que cela en vaut la peine. Et d'abord tenez-vous à la religion, et voulez-vous la garder intacte pour vous, pour vos enfants, pour votre siècle ? Oui vous le voulez, oui vous y tenez, parce que vous êtes des hommes intelligents et droits, des hommes prévoyants et honnêtes. Un jour qu'on menaçait la liberté de l'Église, Bossuet justement indigné s'écriait : « Pour moi, j'y mettrais ma tête. Je ne relâcherai rien de ce côté-là... » Ainsi diriez-vous, si on voulait vous arracher la religion de vos pères. Eh bien, Messieurs, puisque la religion vous est chère, cher aussi doit vous être le dimanche, car :

1º La profanation du dimanche est la ruine de la religion ;

2° La sanctification du dimanche est le salut de la religion.

I. *La profanation du dimanche est la ruine de la religion.*

Sans dimanche pas de religion. Un peuple sans dimanche est bientôt un peuple sans Dieu. Il perd assez vite la foi, l'habitude, même l'idée religieuse.

1° *Un peuple sans dimanche perd la foi religieuse.*

— Les choses qui ont été imparfaitement apprises s'oublient facilement dès qu'on cesse de les étudier. Que de jeunes gens deviennent des illettrés qui cependant ont autrefois appris à lire et à écrire ! Pourquoi ? Parce que de douze à vingt ans ils ont totalement délaissé la lecture et l'écriture. Ainsi s'en va de la mémoire la foi religieuse, si on néglige de l'entretenir et de la cultiver. Comment la cultiver et l'entretenir ? *Dans les livres ?* Les livres, les bons surtout, coûtent cher, et d'ailleurs la plupart des hommes n'ont ni le temps ni le goût des lectures sérieuses.

— C'est le dimanche, à l'église, au pied *de la chaire* qu'on apprend la religion. Messieurs, ce

n'est pas un spectacle vulgaire que celui de ces
40.000 chaires de France où monte, chaque dimanche, le prêtre catholique, et d'où il conquiert
à sa parole, toujours ancienne et toujours nouvelle,
toujours simple et toujours grande, le tribut général du respect, alors même que plusieurs lui
refusent le triomphe complet de la foi. Le sacerdoce
schismatique d'Orient et d'Occident est un sacerdoce
muet. Les évêques hérétiques d'Angleterre ne
sont que de gros rentiers qui font circuler des
bibles plus ou moins frelatées. Et quand même les
ministres protestants répandraient la vraie Bible,
peuvent-ils prétendre qu'ils obéissent à la voix du
Christ qui a dit : Allez et parlez? Et les philosophes, ont-ils capacité, compétence, autorité pour
enseigner l'humanité? Ce sont des hommes souvent d'un beau talent... Mais hélas! ils n'ont pas
de doctrine, ils ne peuvent pas faire marcher sous
leur discipline le plus petit des villages et ils
meurent sans progéniture spirituelle. Le sacerdoce
catholique seul possède l'art divin de captiver
constamment l'attention de la multitude, de la
réunir à jour fixe autour de sa chaire, et d'en
obtenir sans effort d'éloquence le triomphe même
de l'éloquence, la conviction et la persuasion.

— Que si un peuple ne vient pas régulièrement
entendre la parole de son clergé... qu'arrive-t-il?
Vous n'avez qu'à regarder autour de vous. *Depuis
cinquante ans*, au sommet des tours et des clochers,

les cloches sonnent comme aux beaux jours anciens, mais les masses ne répondent plus à leur appel. Le prêtre, héraut de l'Évangile, annonce du haut de la chaire les divins préceptes et les vérités éternelles, mais les églises ne sont pas remplies. De là, la plus prodigieuse ignorance qui fût jamais. Un peuple sans dimanche perd vite la foi religieuse. Il descend plus bas encore.

2° *Un peuple sans dimanche perd l'habitude, et même l'idée religieuse.*

Il tombe dans l'indifférence pratique, dans l'infidélité radicale, presque dans l'animalité. Il ne sait plus prier. Ne me dites pas, qu'ayant cessé de prier chaque dimanche à l'église, il pourra prier chaque jour à la maison. Vous savez bien qu'il n'en est rien. Quand on ne s'agenouille plus sur le pavé de nos temples, on ne s'agenouille pas davantage devant l'autel du foyer. On ne prie plus à l'église, on ne prie plus en famille, on ne prie plus dans son cœur. On vit sans culte et sans foi. On s'ensevelit dans la matière, et, comme la bête, on reste courbé vers la terre, sans jamais regarder le ciel. Et alors, que voit-on? A la place du jour du Seigneur, le jour de Satan — à la place de l'église, le cabaret hideux — à la place du pasteur, l'orateur du club ou de la société secrète — à la place de l'Évangile, l'ignoble pamphlet — à la place du symbole et du Décalogue, la chanson obscène. Sainte justice de mon Dieu, qu'allez-vous faire de

nous? Qu'allons-nous devenir? Un demi-siècle encore d'une pareille impiété, et nous serons prêts pour
tous les châtiments et pour les décadences irrémé-
diables et définitives. La profanation du dimanche
est la ruine de la religion. Sans dimanche, pas de
religion. Ne restons pas plus longtemps, Messieurs,
sur ces désolantes perspectives.

II. *La sanctification du dimanche est le salut de
la religion.*

Contemplez ce peuple qui a son dimanche et
qui le sanctifie. Il vient à l'église. Il y entre
comme chez lui. Il y est accueilli comme un roi
par la grande voix des orgues. Il y a sa place. C'est
là que sa petite fille bien parée a fait sa première
communion. C'est là qu'il est venu pleurer sur la
dépouille mortelle de ses parents et de ses amis.
C'est là qu'en un jour d'enchantement il a juré fidélité à la compagne de sa vie. Là il est chez lui.

— Là il trouve *le vrai*. Cette pauvre âme du
peuple, dites-moi, est-elle assez négligée, sacrifiée,
oubliée dans l'ardente mêlée de la vie, oubliée
presque fatalement par tous ces hommes de peine
dans l'écrasement de la tâche journalière? Heureusement, au centre de la cité et au centre du hameau,
se dresse le temple, et là, dans le plus simple et le
plus sublime des langages, il se dit des choses que

nous trouvons toutes naturelles, mais qui auraient ravi le génie de Platon, s'il lui eût été donné de les entrevoir dans les visions si incomplètes du cap Sunium. C'est le festin de la vérité auquel sont conviés non seulement les grands, les puissants, les intellectuels, les riches, mais les enfants, les femmes, les ouvriers, tous les petits. Là, chaque dimanche, à l'église, le peuple trouve le vrai.

Là il trouve *le bien*. En même temps que la vérité lui est apportée toute faite, la morale lui est enseignée avec tous les détails qui la composent, avec les principes qui la font obligatoire, avec les sanctions qui la montrent impérieuse, avec les moyens qui la rendent possible. C'est dans nos églises que le peuple apprend à penser, à sentir, à vouloir, à agir noblement. Là il trouve le vrai. Là il trouve le bien. Ce n'est pas suffisant. « Tant pis », dit J.-J. Rousseau, « si le peuple n'a de temps que pour gagner son pain, il lui en faut encore pour le manger avec joie ». C'est vrai, au peuple qui travaille et qui souffre il faut un peu de joie, non la joie de la taverne qui enivre ou qui tue, mais la joie du temple qui élève et qui vivifie.

Là, il trouve *le beau*, le vrai beau, le beau intégral, le beau moralisateur. Là, il trouve un musée des Beaux-Arts, composé pour lui — un livre de lecture choisi à son intention — une vraie leçon de choses mise à sa portée et capable au besoin de lui en remplacer bien d'autres. Là il trouve l'archi-

tecture, la sculpture, la peinture, la musique, l'éloquence, l'harmonie des figures, des couleurs, des
sons et des idées — toutes les richesses de la nature et les artifices de l'art — toutes les combinaisons du savoir et toutes les intuitions de la
pensée servies par toutes les patiences du labeur
— en un mot toutes les attractions possibles qui
se concertent pour pénétrer par les portes des
sens jusqu'au sanctuaire de l'âme.

Viens, ô peuple, viens du milieu de tes champs
et du fond de tes ateliers, de la poussière de tes
magasins et de tes bureaux, viens chaque dimanche
à l'église. — Viens chercher le vrai, le bien, le
beau, viens entendre Dieu et lui parler. Viens
chanter, pleurer, espérer dans l'atmosphère enso-
leillée de nos divins offices. Viens te reposer et te
sanctifier. Viens, et tu échapperas à la flétrissure
dont sont marqués les peuples impies. La sanctification du dimanche est le salut de la religion.
On me fait ici une objection.

Objection :

Elle est dans votre esprit et presque sur vos
lèvres. Vous me dites :

*Un peuple qui a son dimanche peut très bien ne
pas le sanctifier et le profaner dans des plaisirs
grossiers.*

C'est possible.

1° *Il aurait tort.* Et s'il agit de la sorte, je le
blâme. Quand je réclame pour tous le repos du
dimanche, je n'entends pas par là un repos quelconque, ni le repos de l'inaction ou de la débauche, mais le repos moralisateur et religieux.
L'homme ne saurait se reposer comme une machine qui cesse de fonctionner, ou comme un animal qui mange et qui dort. L'homme n'est ni
animal ni machine. Il a un Dieu à servir et une
âme à sauver... Beaucoup, dites-vous, n'y pense-
seront pas et abuseront de leur dimanche ;

2° *Que vous importe?* Les hommes sont libres,
et ils peuvent user mal de leur liberté. Plaignons-
les. Tâchons de les amener à des résolutions
meilleures. Mais n'allons pas prétendre que le droit
au repos hebdomadaire n'existe pas, sous prétexte
qu'un certain nombre d'hommes en feront un mauvais usage. Non. Ce droit existe pour tous. La cause
du dimanche est juste. Embrassons-la avec ardeur,
plaidons-la avec persévérance, et elle finira par
émouvoir la conscience publique et par s'imposer
à l'opinion. — Beaucoup de ceux qui auront leur
dimanche, dites-vous encore, n'en viendront pas
davantage à la messe.

3° *Qu'en savez-vous?* Ils auront la liberté d'y

venir, c'est déjà beaucoup, et moi j'ai la certitude qu'il y a un nombre considérable de travailleurs qui ne demanderaient pas mieux que de sanctifier leur dimanche, s'ils le pouvaient. Allons, Messieurs, ramenons le peuple au pied des autels, et relevons la société en la christianisant.

4° *Donnons l'exemple.* C'est l'exemple venu de haut qui a jadis déchristianisé les petits. L'ouvrier a vu son patron, le paysan a vu le bourgeois, l'homme de campagne a vu l'homme de la ville, le serviteur a vu son maître, l'administré souvent a vu son supérieur violer publiquement le dimanche, commander, exiger, surveiller des travaux, vendre scandaleusement, acheter sans scrupule, s'occuper de tout, excepté de Dieu, et ne plus paraître à la messe. La religion s'en est allée par le mauvais exemple. Elle reviendra par le bon exemple. Travaillons ensemble, Messieurs, à la restauration de la loi dominicale. Faisons rentrer dans les mœurs le dimanche catholique, et assurons par là l'avenir religieux de notre pays!

Amen!

QUATRIÈME CONFÉRENCE [1]

LA PROFANATION DU DIMANCHE
ET LE NIVEAU MORAL

MES FRÈRES,

La profanation du dimanche abaisse le niveau religieux. Je disais cela aux hommes il y a deux jours. Aujourd'hui, m'adressant à tous, je continue le même sujet, et j'ajoute : la profanation du dimanche abaisse le niveau moral. Il m'eût été facile de choisir un enseignement mieux adapté à la fête de ce jour. Je ne l'ai pas voulu. L'heure est grave. Les prophètes n'ont pas le droit de s'attarder dans des considérations théoriques. Ils ont le devoir d'annoncer les vérités nécessaires, les vérités qui sauvent. J'entre donc tout de suite dans mon sujet. Pour entretenir et développer la vie morale que doit être le dimanche ? Il doit être 1° le jour du repos, 2° le jour de la religion.

---

1 Cette conférence a été donnée le jour de la Toussaint 1900, à la Grand'Messe, devant toute la paroisse.

I. Le jour du repos.

Le travail, tel que l'ont fait les exigences du
monde moderne, devient de plus en plus absorbant.
La société ressemble à un mécanisme immense qui
saisit chaque individu, et ne lui laisse aucune
liberté. C'est à qui marchera le plus vite et produira davantage. C'est un combat acharné pour
satisfaire aux besoins pressants de l'existence. C'est
la lutte pour la vie. Malheur à qui est en retard !
Dans cette activité fébrile qui secoue notre siècle,
il y a un immense danger.

J'admire *ce paysan* qui remue péniblement le
sol sous le froid de l'hiver et sous les ardeurs du
soleil, qui se lève de bonne heure et qui se couche
tard, qui du matin au soir verse ses sueurs sur
une terre ingrate. Son œuvre est belle et féconde.
Il gagne son pain et celui de sa famille, il prépare
à l'humanité le blé, les légumes et la viande qui la
nourrissent, le vin et le cidre qui la désaltèrent.
Mais quel *danger* dans cette vie toujours attachée à
la glèbe, souvent surmenée ! Comme il est à
craindre que cet homme n'oublie la dignité de son
être, ne regarde que la terre, et n'ait d'autre ambition que de manger, boire, dormir et amasser
quelques sous ! Ah ! *vienne le dimanche* : que la
charrue s'arrête, que la pioche se repose. Et ce
paysan, ce laboureur, ce vigneron se relèveront à

leurs propres yeux. Pendant un jour, ils se souviendront qu'ils ne sont ni des bêtes de somme,
ni de vils atômes dans l'immense nature, mais
qu'ils sont hommes. Pendant un jour, ils se rappelleront qu'ils ont une âme. C'est le dimanche
que fonctionne la vie spirituelle et morale.

J'admire *cet employé* de bureau ou de magasin
qui est enlevé chaque jour, depuis trente ans, à ses
foyers, de six heures du matin à six heures du
soir. Son œuvre est importante et féconde. Il se
tient au service du public. Il fait des comptes, il
rédige des actes, il tient en ordre des papiers
d'affaires. Sans lui point d'administration sérieuse,
point de négoce prospère. Mais quel *danger* dans
cette vie monotone, terne, assujettissante ! Comme
il est à craindre que cet homme ne se confine et ne se
rétrécisse dans l'horizon borné de ses occupations
machinales ! Ah ! *vienne le dimanche :* que le bureau reste vide et que le magasin se ferme. Et
ces employés auront une échappée vers le dehors,
vers les hauteurs. Pendant un jour, ils se souviendront qu'ils ne sont ni des calculateurs, ni de pures
intelligences, ni de simples chiffres dans l'immense
addition, mais qu'ils sont hommes. Pendant un
jour ils se rappelleront qu'ils ont une âme. C'est
le dimanche que fonctionne la vie spirituelle et
morale.

J'admire *cet ouvrier* qui pétrit notre pain, qui
fait nos vêtements et nos souliers, qui construit

nos maisons... et cet autre qui, loin du soleil, cherche dans les profondeurs souterraines les charbons et les minerais... et cet autre qui transforme la matière dans l'air malsain des ateliers, au milieu du bruit des machines... et cet autre, debout sur sa locomotive, qui a le visage à la fois brûlé par le foyer, et cinglé par la bise, le froid et la neige, et qui veille à la sécurité de tous, sans pouvoir, sous peine de catastrophe, se permettre un seul moment, je ne dis pas de défaillance, mais même d'inadvertance ou de distraction. L'œuvre qu'ils font est grande et féconde. Ils manipulent le bois, le fer et la pierre. Ils asservissent les éléments à nos usages. Ils conduisent en vainqueurs la machine muette et soumise. Mais quel *danger* dans ce travail sans trêve et sans merci... et comme il est à craindre que tout ce peuple ne s'appesantisse et ne se matérialise! Ah! *vienne le dimanche:* que ce bruit s'arrête; que le silence se fasse. Et ces hommes respireront. Pendant un jour ils se souviendront qu'ils ne sont ni des machines, ni des outils vivants, ni des rouages dans l'immense engrenage, mais qu'ils sont hommes. Pendant un jour ils se rappelleront qu'ils ont une âme. C'est le dimanche que fonctionne la vie spirituelle et morale. Pour entretenir et développer la vie morale, le dimanche doit être le jour de repos. Est-ce assez? Est-ce tout? Non. Il doit être encore et surtout

II. *Le jour de la religion.*

On peut faire trois choses le dimanche : s'instruire, se récréer, se sanctifier.

1° *S'instruire?* C'est bien. Un peu de science éloigne de la religion, et beaucoup y ramène. Les hommes ne seront jamais trop cultivés, trop savants. Et je félicite l'ouvrier, le bourgeois qui profite des loisirs de son dimanche pour faire de bonnes lectures, pour entendre de bonnes conférences historiques, scientifiques, littéraires. Mais ne nous faisons pas illusion. La science toute seule est impuissante à élever le niveau moral d'un peuple. Elle ne nous guérit pas de la maladie de l'absolu. Elle ne nous révèle pas le sens de la vie. Elle ne nous instruit pas de nos origines et de nos destinées. Ce n'est pas la science qui guérit les cœurs meurtris. Ce n'est pas la science qui calme les passions. Ce n'est pas la science qui maintient la soumission aux lois, le respect des magistrats et de la propriété, l'honneur des familles, la sécurité des États et la paix du monde. Et si les âmes s'abaissent et se corrompent, c'est en vain que les peuples savent lire, écrire et calculer, font des ponts et des forterésses, amassent des navires, des canons et des soldats. Que faire donc le dimanche? S'instruire? c'est bien. Mais ce n'est pas suffisant. Que faire?

2° *Se récréer?* Oui, c'est permis, c'est utile, c'est

même nécessaire. Mais attention ! Voilà que le
dimanche on multiplie si bien les réunions pro-
fanes, les exercices, les banquets, les promenades,
les courses, les concours, que le service de Dieu
devient impossible, noyé qu'il est dans une multitude d'attractions extérieures, de fêtes civiles, d'exhi-
bitions foraines. Est-ce avec tout cela que vous
allez *moraliser* la nation? Est-ce en précipitant la
jeunesse dans des distractions sans mesure et sans
fin, est-ce en dissolvant de plus en plus la vie de
famille, que vous allez favoriser la vie morale et
faire éclore de nobles âmes? Il faudrait être bien
naïf pour l'espérer. Et puis autre chose. Voilà que
le dimanche s'ouvrent partout et à chaque heure
les lieux de plaisir, qui sont les uns la ruine de la
santé et de la bourse, les autres la ruine de la
vertu et de la conscience. Avec cela, *on démoralise* un peuple. On lui apprend à goûter sans cesse
au fruit défendu, on le détourne du devoir austère, on l'habitue à la recherche ardente du plaisir
grossier, et de la volupté cynique. Oui, on peut se
récréer le dimanche, pourvu que ce soit honnêtement et modérément. Mais la récréation, si innocente que vous la supposiez, suffit-elle à entretenir, à développer la vie morale ? Évidemment
non. Que faire donc le dimanche?

3° Se sanctifier. En même temps qu'il est le jour
du repos, le dimanche doit être le jour de la religion.

La religion, en effet, est *le frein* qui empêche la vie morale de s'échapper et de se perdre. Que diriez-vous si on enlevait à la locomotive le frein qui la retient sur les pentes et qui la sauve des emballements ? Ce serait idiot et criminel. Mécaniciens et voyageurs iraient ensemble se briser dans les précipices. A l'homme aussi il faut un frein. Il y en a un. C'est la religion. C'est la religion qui arrête les exaltations de l'orgueil, les emportements de l'envie, les saillies de l'intempérance, les avidités de la luxure. C'est la religion qui apaise les enfants indociles, les parents impatients, les époux irrités. C'est la religion qui met au cœur des chefs l'humilité, la modération, le dévouement ; au cœur des sujets l'obéissance et le respect. C'est la religion qui empêche les grands de fouler aux pieds les petits, et les petits de dévorer les grands. En dehors de la religion pas de frein.

La religion est un frein. Elle est de plus le *levier* qui aide la vie morale à monter et à s'épanouir. C'est si évident que les sceptiques les plus déterminés sont bien obligés d'en convenir. Il y a cinquante ans, le sceptique *Sainte-Beuve* parlant de la morale des honnêtes gens déclarait que cette morale n'était que du christianisme utilisé. « On a détruit en partie le Temple, disait-il, mais les morceaux en sont bons. » Ah ! on a détruit le Temple ? pourquoi donc ne pas le reconstruire, puisqu'on reconnaît qu'on en a besoin, et que les morceaux en sont bons. Et ces jours-ci, un autre sceptique, *Lavisse*, vient d'écrire que : « L'Église donne à l'immense foule des préceptes, des espérances, des terreurs, une explication de l'existence, et, somme toute, le peu de vie morale qui l'élève au-dessus de l'animalité. L'Église supprimée, qui donc et quoi la remplacerait? » Entendez-vous? Pour qu'un universitaire aussi peu clérical que M. Lavisse avoue publiquement qu'il n'y a de vie morale que dans et par la religion, il faut que ce soit rigoureusement vrai. Or pas de religion sans dimanche. Donc, pour élever le niveau moral, faisons du dimanche non seulement le jour du repos, mais encore et surtout le jour de la religion.

Travaillons ensemble, mes Frères, à la restauration du dimanche catholique. L'heure est grave. Il n'est permis à personne aujourd'hui de se tenir à l'écart, et de contempler à ses pieds, en spectateur curieux, mais passif, le flot des événements. Sanctifions et faisons sanctifier autour de nous le jour du Seigneur. En retrouvant son dimanche, le peuple retrouvera toute sa religion et sa vraie noblesse. Et nos églises consolées redeviendront pour tous ce qu'elles doivent être :

> C'est une île de paix sur l'océan du monde.
> On entend de plus loin le bruit du flot qui gronde
>   Sur le seuil de l'éternité !

Amen!

CINQUIÈME CONFÉRENCE

LA PROFANATION DU DIMANCHE
ET LES BESOINS DU CORPS

MESSIEURS,

La profanation du dimanche est la première de nos plaies sociales. Elle abaisse le niveau religieux et le niveau moral de la nation. Elle fait plus. Elle atteint l'homme jusque dans son être physique. Elle déprime non seulement la vie religieuse et la vie morale, mais la vie matérielle ; non seulement les âmes, mais les corps.

L'homme n'est pas un pur esprit comme l'ange. Il a un corps. Et à ce titre il a besoin de repos périodique, du repos hebdomadaire, du repos dominical. Et, bien qu'il mange le dimanche comme les autres jours, il peut et il doit ce jour-là se reposer. C'est une nécessité de sa nature autant qu'une loi de sa conscience. Je réclame donc pour le corps de l'homme

I. Le repos périodique.

L'homme ne peut pas toujours travailler. C'est

évident. Les philosophes, les savants, les économistes, tout le monde en convient. L'expérience universelle en fait foi. Le travail sans trève épuise bientôt les santés les plus robustes. Il faut à l'homme un repos périodique, et ce repos périodique, rien ne peut le remplacer, pas même le sommeil, pas même la nourriture la plus fortifiante. L'homme ne peut pas toujours travailler. Que dis-je?

Les animaux eux-mêmes ont besoin d'un repos périodique. Si je suis bien renseigné, à Paris, les chevaux de fiacre ont un jour de repos sur cinq, et les chevaux d'omnibus un jour de repos sur quatre. Heureuses bêtes! Les cochers, les conducteurs d'omnibus et de trains, les pauvres ouvriers ne sont pas toujours aussi bien traités. Combien qui ne peuvent pas disposer d'une journée sur sept! Il semblerait que, dans une société sans religion, l'être humain a moins de valeur, mérite moins d'égards que les animaux sans raison. Notre siècle refuse à l'homme ce qu'il accorde à l'animal... C'est un crime de lèse-humanité. Non, l'homme ne peut pas toujours travailler. Tenez,

Les métaux eux-mêmes ont besoin d'un repos périodique. Un savant vient de reconnaître expérimentalement que, dans les ateliers, les fils électriques ne se comportent point semblablement tous

les jours de la semaine. Du lundi au samedi leur
capacité conductrice va diminuant; puis, grâce au
repos dominical, elle reprend toute sa vigueur.
Il en est de même des outils. Il en est de
même des machines qu'on évite de surmener,
et qu'on laisse au repos de temps en temps. Si
donc l'homme devait toujours travailler, sa condition serait plus dure que celle des animaux, plus
dure même que celle des êtres inanimés, puisque
les chemins de fer imposent des temps d'arrêt aux
muscles d'acier de leurs locomotives. Je réclame
pour le corps de l'homme le repos périodique.

II. *Le repos hebdomadaire.*

L'homme doit se reposer. Mais quand? Un jour
sur sept.

C'est la loi du Créateur. Elle date de l'origine du
monde. Elle a été promulguée sur les cimes en-
flammées du Sinaï. Elle a été ratifiée par Jésus-
Christ et par son Église. Dieu qui a fait le corps
humain, qui en a pesé les forces, calculé l'énergie
et déterminé la durée a dit : « Tu travailleras six
jours, et tu te reposeras le septième. » Un jour de
repos sur sept : c'est la loi du Créateur.

C'est l'usage de tous les peuples. On a tenté parfois de changer cela... Vaines tentatives... elles se

sont effondrées sous la risée publique. — La Révolution française avait changé les monnaies ; c'était son droit. — Elle avait changé les mesures de longueur et de capacité ; c'était encore son droit. — Mais un beau jour elle voulut changer la semaine, et elle institua le décadi. Rien ne put accréditer en France cette innovation encore plus ridicule que sacrilège. Et les paysans à qui on reprochait de se reposer le septième jour et non le dixième, répondaient avec une naïveté pleine de vérité et de malice : « Nos bœufs connaissent le dimanche, car au bout du sixième jour leurs mugissements semblent appeler les heures marquées par le Créateur pour le repos général de la nature ». Un jour de repos sur sept. C'est la loi du Créateur. C'est l'usage de tous les peuples.

C'est le besoin de l'être humain. C'est la proportion exacte qui convient à l'homme. Nous sommes ainsi faits, et, si audacieuse ou si folle qu'elle soit, l'impiété ne peut changer les conditions fondamentales de notre nature. Chaque jour de travail entame notre provision de vitalité nerveuse, si bien qu'à la fin du sixième jour, par suite de ces déperditions accumulées, le travailleur sent le poids de la fatigue et du surmenage. C'est alors qu'intervient la détente du repos hebdomadaire ; il y retrempe ses forces et ses nerfs, et ainsi restauré, il peut se remettre au travail avec une ardeur nouvelle. « Tu

« travailleras six jours, dit l'Exode, mais tu te
« reposeras le septième jour pour laisser refroidir
« ton fils et ton serviteur.... *ut refrigeretur filius*
« *et ancilla tua.* » Oh! la belle expression de ma
vieille Bible! Le repos hebdomadaire, c'est le ra-
fraîchissement de la pauvre créature humaine. Je
réclame pour le corps de l'homme, le repos périodique, le repos hebdomadaire.

III. *Le repos dominical.*

L'homme a besoin d'un jour de repos sur sept.
Et ce jour doit être le dimanche. Cela, Messieurs,
vous semble tout naturel. Mais les beaux esprits
de la libre pensée ont une peur horrible du dimanche, et leur impiété pudibonde se croirait
souillée rien qu'à prononcer ce mot sacro-saint.
Laissons-les. Et avec le bon sens, avec le genre
humain, avec la religion disons que le jour du
repos doit être le dimanche.

D'abord *le jour du repos doit être le même pour
tous.* S'il variait suivant les usines, les professions
et le bon plaisir de chacun, ce serait la ruine de
tout travail économique sérieux, et de toute vie de
famille. Les chantiers sont désorganisés, si les
ouvriers se reposent, les uns le dimanche, les
autres le lundi, ceux-ci le samedi et ceux-là le

jeudi. — Il n'y a plus de foyer domestique, si la
mère va travailler aujourd'hui dans une fabrique,
le père demain dans une autre, et les enfants après-
demain dans une troisième. Il faut un jour de repos
déterminé, le même pour tous. Lequel sera-ce? Le
dimanche évidemment. Parce que la loi divine dé-
signe ce jour, est-ce une raison pour l'éviter ?

D'ailleurs, *tous les peuples civilisés* sont ici d'accord avec la loi divine. A la dernière Exposition
tenue à Paris en 1889, un Congrès international s'est
prononcé sur cette question. Ce Congrès était
composé de gens de toutes nations et de toutes
croyances. Or, lorsque ces hommes venus de tous
les points de l'horizon eurent à prendre une résolution commune, ils décidèrent : 1° que tout homme,
tout travailleur avait besoin d'un jour de repos par
semaine ; 2° que ce jour de repos ne pouvait être
autre que le dimanche.

Il n'y a pas à hésiter là-dessus. D'autant plus
que le dimanche offre à l'homme non pas un repos
quelconque, mais *le repos moralisateur et religieux*.
Et ceci est capital. Le corps ne saurait être vraiment
soulagé, quand l'âme demeure accablée. Le délassement physique n'est possible et complet, qu'à la
condition d'être accompagné du délassement moral,
c'est-à-dire de la liberté de l'esprit, de la joie du
cœur, de la paix de la conscience, trésors insépa-

rables de la fidélité à Dieu et au dimanche catholique. La chose est prouvée. Il faut au corps de
l'homme le repos périodique, le repos hebdomadaire, le repos dominical... on me fait une objection. J'y réponds.

*On mange tous les jours; donc il faut travailler
tous les jours.*

1° *Si c'était vrai*, ce serait peu glorieux pour
notre siècle et lamentable pour tous.

Comment? Je l'ai dit, dans les écuries bien
tenues on donne réglementairement un jour de
repos sur quatre à un cheval de travail. Et l'homme,
pour manger tous les jours, devrait travailler tous
les jours? Qu'il demande alors à être cheval? Il
aura un sort meilleur.

Comment? Nos pères trouvaient le moyen de sauvegarder la liberté de leur dimanche; et nous, nous
aurions fait dix révolutions pour aboutir à la
pitoyable nécessité du travail ininterrompu? Comment? Il avait donc raison le socialiste de 1848,
Pierre Leroux, qui disait : «Je propose de graver
sur le Panthéon, au-dessus de l'inscription : Aux
grands hommes la patrie reconnaissante, celle-ci :
La Révolution est venue, et l'ouvrier a été obligé
de travailler un jour de plus par semaine pour
vivre? » On mange tous les jours, donc il faut
travailler tous les jours. Si c'était vrai, ce serait

pour notre orgueilleux xix⁰ siècle la pire des hontes.
Mais non,

2° *Ce n'est pas vrai*, du moins en règle générale.

D'abord, *bien mal acquis* ne profite jamais. Le jour
que vous prenez au Seigneur ne vous profitera pas non
plus. « Je connais deux moyens bien sûrs de devenir pauvre, dit le curé d'Ars, c'est de travailler le
dimanche et de prendre le bien d'autrui. » Cela s'est
vu, Messieurs. Cela se voit encore. Dieu ne bénit
pas le travail du dimanche.

Et puis à travailler tous les jours, même le
dimanche, on *s'use* avant l'âge ; à force de surmener la pauvre machine humaine, on en brise les
ressorts. Bientôt on s'aperçoit que pour manger du
pain tous les jours de sa vie, il eût mieux valu
n'en pas semer le dimanche, et qu'en somme on a
dévoré l'avenir à force de se préoccuper du présent.
Quelle pitoyable sagesse ! On mange tous les jours,
donc il faut travailler tous les jours, disent les
prudents du siècle. Et moi je vous dis avec une
prudence plus éclairée, parce qu'elle est fondée sur
la parole de Dieu et sur l'expérience universelle :
on mange tous les jours, donc il faut se reposer le
dimanche.

De grâce, Messieurs, donnons à l'ouvrier, à l'employé, à tous, donnons-nous à nous-mêmes le
dimanche, le dimanche tout entier, le beau dimanche avec sa pure et douce matinée, avec son

réveil paisible que ne hante point le cauchemar du travail forcé. Et, en sauvant les corps, qui sait si on ne sauvera pas les âmes? Tout se tient. Oh! que la religion est donc belle et bienfaisante! oh! qu'elle est utile à tout! Aimons-la. Pratiquons-la. Elle est notre meilleure amie! Elle est la clef d'or qui délivre ici-bas les esclaves du travail, et qui leur ouvre là-haut la porte du ciel!

Amen !

SIXIÈME CONFÉRENCE

LA PROFANATION DU DIMANCHE
ET LA VIE DE FAMILLE

Messieurs,

La profanation du dimanche atteint l'homme dans son être religieux, dans son être moral, dans son être physique. Elle est préjudiciable à son corps et à son âme, à ses intérêts matériels autant qu'à ses intérêts spirituels. Je n'ai pas tout dit. Ce grave sujet a des profondeurs que vous ne soupçonnez pas et que je dois vous faire explorer.

L'homme n'est pas un être solitaire. Il a une famille. Et à ce point de vue encore la question du dimanche est une question capitale. Comment vais-je m'y prendre pour vous dire ici tout ce qu'il faudrait dire? Allons toujours. La matière est très vaste. Tenons-nous en à l'essentiel.

D'abord je vous fais remarquer que *la vie de famille est chose infiniment précieuse.*

Elle est pour l'homme un arôme qui le réjouit,

une chaîne qui le retient, une force qui le porte et
qui l'élève, une flamme qui le purifie. Elle est
pour tous une source de *félicité*. Elle entretient
au foyer la paix et l'union. Elle en sauvegarde les
intérêts même temporels. Elle l'investit du respect, de la confiance, de la considération publique.
Elle lui prépare des alliances honorables et avan-
tageuses. La vie de famille est encore une source
de moralité. Le père et la mère, unis dans les
mêmes joies et dans les mêmes peines, dédaignent
les jouissances factices, souvent malsaines du dehors. Élevés sous de telles influences, les enfants
prennent de bonnes habitudes, et, s'ils doivent plus
tard connaître des heures difficiles et se laisser
choir dans quelques défaillances, ils ne seront
jamais tout à fait mauvais. Le souvenir du foyer
ou les arrêtera sur le bord des précipices, ou dé-
terminera pour eux le retour au bien. La vie de
famille enfin est une source *de prospérité* pour la
société civile et pour la société religieuse. Les destinées des peuples dépendent du foyer. Là s'éla-
bore l'avenir de la religion et de la patrie. Là se
forment les honnêtes gens, les bons chrétiens, les
meilleurs citoyens. C'est assez. Vous êtes tous de
mon avis. La vie de famille est chose infiniment
précieuse.

J'ajoute que *la vie de famille est aujourd'hui
chez nous très menacée*.

Elle est menacée par *les déplacements* continuels qui promènent le foyer détruit de la campagne à la ville, et d'une ville dans une autre. Elle est menacée par mille *distractions* étrangères qui font que, si on a un foyer, on n'y reste presque jamais ; distractions qui éloignent tantôt l'homme de sa femme et de ses enfants, tantôt les enfants de la présence du père et de la mère. Et puis la vie de famille est menacée par les exigences particulières *du travail* contemporain. Voyez ces laboureurs, ces ouvriers des villes, ces commis de magasin, ces employés des divers services publics. Ils partent dès le matin à la besogne, sans avoir pu seulement embrasser leurs enfants encore endormis, et les voilà sur le chantier, dans les champs, au bureau, ou bien incorporés comme des rouages à des machines irrésistibles et brutales. Souvent ils prendront leur repas loin de la maison. Ils reviennent le soir harassés de fatigue, incapables de jouir des douceurs du foyer. Ainsi s'écoulent avec une désolante uniformité les six jours de la semaine.

Vraiment dans notre monde moderne la vie de famille devient de plus en plus difficile, de plus en plus rare. Supprimez le dimanche, et c'en est fait de cette pierre angulaire de toute société.

La profanation du dimanche est la ruine de la vie de famille.

Dans cette famille sans dimanche je cherche *l'union*, je cherche des joies et des espérances communes, et je rencontre des êtres à peine juxtaposés, je rencontre des souffrances qu'on porte en maugréant, et des discordes qui s'exaspèrent et s'aigrissent. Dans cette famille sans dimanche je cherche *l'ordre* et la bonne tenue, et je ne trouve ni la propreté de la maison, ni la propreté des habits, ni hélas! la netteté de la conscience. Un médecin, il y a quelques années, disait au parlement de Berlin ! « J'ai eu l'occasion de « visiter plus de 3.000 ouvriers, et j'ai constaté « que pour tous ceux qui travaillent le dimanche, à « l'atelier ou chez eux, ce travail avait le plus « fâcheux effet. Dans leurs maisons régnaient la « malpropreté et la discorde. La vie du cabaret « avait remplacé la vie de famille ». Dans cette famille sans dimanche je cherche *des enfants* bien élevés. Je les cherche vainement. Le dimanche est le seul jour de la semaine où l'ouvrier puisse remplir les obligations sacrées de la paternité à l'égard de ses enfants. Le dimanche profané, la vie de famille fait défaut, et l'éducation n'existe plus. La profanation du dimanche est la ruine de la vie de famille. C'est trop clair. C'est encore plus triste. Regardons, Messieurs, le second aspect,

L'aspect lumineux et consolant de cette grave question, et voyons s'épanouir *la vie de famille sous la douce influence du dimanche.*

1° Le dimanche *on se retrouve*. On retrouve *sa maison*. Chez soi on est chez soi, même sous un toit de chaume, dit un proverbe japonais. Le dimanche l'artisan devient l'égal des rois, non point par la possession d'une félicité factice, mais par la possession de son foyer béni. On retrouve *les siens*. L'époux est rendu à l'épouse, le père aux enfants. Ils peuvent enfin se voir et s'aimer. Qu'est-ce que le dimanche? demandait une mère à son enfant. « Mère, répondit-il, c'est le jour où l'on a le temps de s'aimer. » Oh! la belle parole, et combien vraie! Le dimanche on retrouve sa maison, les siens, *son âme*. Le travailleur se ressaisit. Au lieu d'appartenir à l'atelier, au patron, à la machine, il s'appartient, et il appartient à son cher entourage. Il est père, époux, homme enfin dans la plus magnifique acception de ce mot.

2° Le dimanche *on se retrempe*. On se retrempe *dans le repos*. L'ouvrier dépose ses outils dans un coin : « Dormez, leur dit-il, dormez pendant vingt-quatre heures; c'est aujourd'hui jour du repos ». Il détend ses muscles fatigués, son cerveau, son cœur. Et puis il prend avec lui sa femme et ses enfants, et ensemble ils vont à la maison du Seigneur Dieu. Le dimanche, on se retrempe *dans la lumière et dans la prière*. A l'église, le père apprend à estimer l'autorité quasi sacerdotale dont il est revêtu pour commander. A l'église, la mère ap-

prend le dévouement qui doit être sa vertu de
tous les instants. A l'église, les enfants apprennent
à obéir à leurs parents. Et ce qui est le complément indispensable de cette science, à l'église le
père, la mère et les enfants puisent dans la prière
la force nécessaire pour les sollicitudes et l'abnégation de la vie quotidienne. A l'église, on remercie
Dieu pour la semaine qui s'en va, on le prie de
bénir la semaine qui arrive, un instant on quitte
la terre et l'on monte vers le ciel avec les nuages
d'encens, avec les beaux chants sacrés. On se retrouve. On se retrempe.

3° Le dimanche *on se concerte*. Les époux se
content leurs peines, leurs désirs et leurs espérances. Ils dressent leurs plans pour l'éducation des
enfants. Ils mettent de l'ordre dans leurs affaires.
L'établissement du budget de l'ouvrier, si réduit
que soit son train de vie, si modestes que soient
les conditions de son existence, exige un temps d'arrêt, un moment de réflexion. C'est le dimanche que
le père et la mère se concertent sur la façon d'organiser leur intérieur, d'utiliser au mieux leurs
ressources, d'équilibrer leurs recettes et leurs dépenses. On se retrouve, on se retrempe, on se concerte.

Oh ! *la belle et bonne journée que le dimanche
pour la vie de famille !*

Comment peindre les enfants parés de leurs plus
beaux habits, ce père et cette mère qui attachent
sur eux des regards attendris, ces parents et ces
enfants qui vont ensemble chanter les louanges de
Dieu et respirer l'atmosphère sanctifiante et em-
baumée *des divins offices*, dans cette jeune ou
vieille église où il n'y a d'autre vide que ceux qu'a
faits la maladie ou la nécessité, sous la présidence
de ce prêtre qui est encore plus un père et un ami
qu'un pasteur et un maître ?

On revient à la maison. *Le repas* commun est
frugal, mais il est plus joyeux qu'à l'ordinaire. La
famille est au complet. L'âme s'épanouit en doux
souvenirs, les cœurs s'ouvrent, les langues se
délient, la gaieté déborde dans les entretiens intimes.

Et puis on invite ou l'on visite *des amis*, des
proches, des frères. On prend avec eux des délassements variés, mais toujours simples, qui remplissent l'âme d'une vraie satisfaction, sans l'enivrer
ou la fatiguer jamais. On engage une promenade
innocente, des jeux inoffensifs, des causeries à la
fois joyeuses et décentes. Et alors, entre parents,
enfants, voisins et amis, c'est un échange charmant
de sourires aimables, de regards francs et honnêtes, de poignées de mains cordiales, une communication mutuelle de paix suave et de joie pure.
Oh! la journée reposante et belle !

Les délassements d'ailleurs n'excluent pas *les*

bonnes œuvres. Les mains se reposent des œuvres serviles en s'employant aux œuvres de charité et de zèle. On va visiter ceux que la maladie tient isolés, ceux qui sont dans le deuil; on va visiter les faibles, les petits, les pauvres, les affligés, les délaissés; on va visiter les tombes des parents et des amis défunts, et déposer sur leurs cendres une fleur, une larme, une prière.

Le soir arrive, après avoir prié ensemble dans la même église, on prie encore ensemble devant l'autel du foyer. On a passé la journée chez soi, on ne s'y est point ennuyé. Le corps et l'âme sont contents. On s'endort d'un sommeil tranquille. Et le lendemain, cette famille, si doucement rafraîchie et si saintement reposée, se lèvera avec le premier rayon de l'aurore. Ce père, sentant derrière lui une femme qu'il aime et de chers enfants dont il a reçu les caresses, reprendra avec un courage rajeuni son travail interrompu par la prière et fécondé par le repos. Le dimanche sanctifié, cela met du cœur dans la poitrine et de la force dans les bras.

Conclusion :

Qu'en dites-vous, Messieurs? si c'est là de la poésie, c'est la plus belle des poésies. Hâtons-nous de la faire germer dans les faits. Rendons au peuple

son dimanche, pour qu'il puisse se livrer tout entier aux impressions purifiantes de la vie de famille.
Rendons au peuple son dimanche; il en a besoin
pour sa vie religieuse, pour sa vie morale, pour sa
vie matérielle, pour sa vie domestique. Si le dimanche n'existait pas, il faudrait l'inventer. Il
existe. Mais hélas! il n'existe pas pour tous. Tâchons, Messieurs, de le faire rentrer dans les
mœurs. Par nos exemples, par nos conseils, par
notre zèle et nos efforts, concourons à effacer du
front de la France chrétienne la tache que le mépris public de la loi dominicale y a imprimée. Faisons cela, Messieurs. J'y travaille de mon mieux.
Je compte sur votre collaboration. Et je demande à
Dieu de bénir nos communs efforts!

Amen!

SEPTIÈME CONFÉRENCE

LA PROFANATION DU DIMANCHE
ET L'INTÉRÊT NATIONAL

MESSIEURS,

La profanation du dimanche atteint l'homme dans sa vie religieuse, dans sa vie morale, dans sa vie physique, dans sa vie domestique. Elle est également préjudiciable à l'individu et à la famille. Ce n'est pas fini. Elle atteint la nation elle-même dans ses fibres les plus vitales, dans ses intérêts moraux et dans ses intérêts matériels.

Une nation a donc des intérêts moraux ? Oui, certes. La prospérité d'un peuple consiste sans doute dans l'essor de son agriculture, de son commerce et de son industrie, dans la puissance de son armée et de sa flotte. Mais il y a autre chose, il y a plus, il y a mieux. La prospérité d'un peuple consiste surtout dans la valeur morale de chaque citoyen, et dans l'union de tous les citoyens entre eux. Or la profanation du dimanche : 1° démoralise, 2° divise la nation.

I. *La profanation du Dimanche démoralise la
nation.*

Ceci, Messieurs, est la conséquence de tout ce
que vous m'avez entendu dire. La valeur collective
de la nation résulte de la valeur individuelle des
membres qui la composent. Or, que voulez-vous
que deviennent les citoyens d'un peuple sans dimanche ? Atteints du même coup dans le corps et
dans l'âme, dans leur religion et dans leur vie de
famille, ils se démoralisent presque fatalement. La
profanation du dimanche les condamne à l'esclavage, à l'abrutissement, à l'exaspération.

Que les masses vouées aux travaux manuels,
c'est-à-dire les quatre cinquièmes au moins de la
population n'observent plus le jour du repos, et
aussitôt elles redescendent à l'*esclavage* antique,
c'est-à-dire à cet ordre de choses, à cet état social
abominable qui permettait à quelques millions de
citoyens de chômer tous les jours de leur vie aux
dépens des dix-neuf vingtièmes de leurs semblables
changés en bêtes de service. Quoi! nous parlons
sans cesse de liberté. Nous sommes les fils de cette
France qui prétend avoir porté à tous les autres
peuples la liberté dans les plis de son drapeau. Et
chez nous, après dix-neuf siècles de christianisme
et cent ans de révolutions, je vois des millions
d'hommes qui sont privés de la liberté de leur foi

et de leur conscience — de la liberté de leur travail et de leur repos — de la liberté de leur famille et de leur tendresse personnelle — de la liberté indispensable à leur moralité, à leur santé et à leur vie. La profanation du dimanche nous ramène en plein paganisme. Elle fait des esclaves. Elle enserre et elle broie dans un engrenage de fer les libertés les plus nécessaires et les plus saintes. Oui, le champ du travail est glorieux comme un champ de bataille. Oui, la servitude ouvrière est honorable à l'égal de la servitude militaire, mais si elle n'est interrompue, elle devient écrasante, intolérable, démoralisante. Elle enchaîne.

Elle abrutit ses victimes. Voyez-vous tous ces hommes qui n'ont pas de dimanche ? Leur pauvre *corps* est défiguré, voûté, poudreux, noirci, et n'a quelquefois presque plus rien d'humain. Leur pauvre *conscience* est inculte, insouciante du vrai et du bien, inerte comme un timbre de plomb. Leur pauvre *cœur* s'atrophie dans de basses satisfactions matérielles, ou se gonfle d'un sombre désespoir, ou s'enivre d'implacables représailles ; on dirait qu'ils n'ont plus d'âme. Passer comme un troupeau les yeux fixés en terre, et renier le reste, est-ce donc être heureux ? — Non, c'est cesser d'être homme et dégrader son âme. — La profanation du dimanche enchaîne et abrutit ses victimes.

Elle les exaspère. Toute cette foule humaine
qui n'a pas de dimanche en arrive bientôt à se
convaincre et à dire tout haut que l'autorité de
Dieu n'existe pas, — que la justice est un mot vide
de sens, — que la vie n'a d'autre but que le plaisir, — et que le monde appartient aux plus forts
et aux plus heureux. Obligée de subir le frein, elle
le ronge en murmurant, elle s'aigrit, elle s'irrite,
elle se révolte, elle prend en dégoût et en haine
cette société qui a ses privilégiés du dimanche,
tandis que tant d'autres sont astreints à un travail
sans relâche. Et si un beau jour cette société qui
compte dans son sein, tant d'hommes asservis,
abrutis, aigris, — volait en éclats, je n'en serais
point étonné. Esclavage, abrutissement, exaspération : tels sont les résultats de la profanation du
dimanche. C'est de la sorte qu'un peuple se démoralise et se décompose.

II. La profanation du dimanche divise la nation

La science pendant ce siècle, Messieurs, a fait
des merveilles. *Elle a supprimé les distances.* Voici
la vapeur qui rapproche physiquement les hommes
et les choses. Rien ne lui résiste. Elle emporte tout
à travers les montagnes aplanies et les ravins com-
blés. Elle nous mène en moins de deux heures
d'Orléans à Paris, en moins de quatre jours de Paris

à Constantinople. Voici *le télégraphe* électrique qui rapproche les esprits. La foudre apporte les nouvelles. Elle fait vibrer la pensée humaine aux quatre coins du globe. Voici *le téléphone* qui rapproche les sons. Voici *le télescope* qui rapproche le ciel de la terre. Par lui nous remportons sur l'espace une victoire étonnante. Nous envoyons là haut nos regards, nos regards chargés de nos calculs. Nous interrogeons les rayons des étoiles, nous apprenons le nom des métaux cachés dans ces mondes lointains, nous leur arrachons le secret des distances épouvantables qui les séparent et qu'ils franchissent. Tout cela est merveilleux. Un rapprochement universel s'opère et s'exécute sous nos yeux. La parole, le son, le regard, les corps, les connaissances, les personnes et les choses, tout se précipite, tout se rapproche. Quand je dis tout, Messieurs, je me trompe. Une exception se présente énorme, monstrueuse. Il est un rapprochement devant lequel la science s'arrête impuissante, c'est le rapprochement *des cœurs*. A mesure que l'unité s'affirme dans l'ordre scientifique, il semble que dans l'ordre social la désunion triomphe chaque jour davantage. Des gens nés sur le même sol, et qui reposeront au même cimetière paraissent plus éloignés de mœurs, de langage, d'intérêts et d'affections que s'ils fussent nés aux deux antipodes. Ceci, Messieurs, est un grand malheur. Et je ne crains pas de dire que la profanation du dimanche

est en partie responsable de ce malheur national.
Oh! *si le dimanche était observé*, au moins une fois
par semaine, la religion, puissance magique, ra-
masserait tous les éléments de la nation, ceux qui
commandent et ceux qui obéissent, ceux qui possèdent et ceux qui n'ont rien, ceux qui souffrent
aujourd'hui et ceux qui souffriront demain, tous
les citoyens en un mot, et elle en ferait un peuple
de frères. Voyons, Messieurs, pouvez-vous contester
la force unitive, pacifiante et réconciliatrice du dimanche catholique?

Voici le *prêtre* au milieu de sa paroisse. Il n'a
pas d'âge. Il n'appartient à aucun parti. Il est en
dehors des classifications sociales. Il s'adresse à
tous les âges, à toutes les conditions, à toutes les
opinions honnêtes et loyales. Il est l'homme de
tous. Médiateur unique, ses mains sont tendues
vers tous pour les amener au pied des mêmes
autels.

C'est dimanche; il ouvre les portes de son *église*.
Le monde a des distinctions légitimes et nécessaires; l'orgueil les rend parfois intolérables, et l'envie voudrait les supprimer, ou plutôt les retourner
à son profit. Le palais dédaigne la chaumière, et la
chaumière jalouse le palais. L'égalité s'écrit folle-
ment partout, et elle n'est nulle part. Je ne vois
que l'église et le cimetière pour réunir la masse
des hommes. Mais le cimetière n'unit, n'égalise

que les morts. L'église est l'unique école de fraternité pour les vivants. Partout ailleurs les classes sont divisées, et la division appelle l'antipathie et la guerre. Quand la majorité d'un peuple a perdu l'habitude de se réunir un jour sur sept à l'église, vous savez où elle va. La classe aisée va aux réunions d'affaires où elle apprend à grossir ses capitaux — au théâtre où elle rit de tout, des vertus encore plus que des vices. La classe pauvre va au cabaret, au club, à la loge où elle apprend à maudire sa condition et à détester les conditions supérieures. Et ces deux peuples ennemis ne se rencontrent plus que pour se montrer le poing et s'entre-dévorer. Les voilà au contraire réunis à l'église ces hommes venus de tous les coins d'une ville, de tous les étages de la société, de tous les horizons de la vie. La religion va leur parler. J'écoute.

D'abord le prêtre leur donne à tous le même titre, *le titre de frères*. Ailleurs qu'à l'église, quand un homme s'adresse à ses semblables, il les appelle citoyens ou il les salue du nom d'amis. Ces appellations sont respectables, elles sont nobles, elles disent quelque chose; mais elles sont froides et mortes, quand je les compare à l'appellation toute chaude et toute palpitante que le prêtre jette sur son auditoire en lui disant : mes frères. D'un mot il proclame la grande unité de la famille humaine, il efface la ligne divisionnelle entre les grands et les petits, il renverse les murs de séparation, il comble les abîmes. Il réconcilie et fusionne ses auditeurs en promenant sur leurs têtes le niveau de la fraternité chrétienne. Et puis écoutez la suite.

Il leur distribue à tous *la même doctrine*. Et quelle doctrine? une doctrine de justice, de charité, de respect mutuel. « O hommes, leur dit-il, vous êtes un peuple de frères. Dieu est votre commun Père. Aimez-vous donc les uns les autres. Vous riches, vous êtes les aînés de la famille, les privilégiés; votre opulence n'est pas un mérite, elle n'est qu'une responsabilité. Et, vous, pauvres, vous êtes moins bien partagés, mais non moins tendrement aimés que les autres; votre médiocrité n'est pas une honte, elle n'est qu'une épreuve. Devant Dieu, les conditions sociales ne comptent pas. Il mesure notre personne, et non notre piédestal — il récompense les vertus, et non les titres. Il pèse les œuvres, et non les écus. O hommes, voilà la vérité. Soyez justes, soyez bons, soyez modérés et soyez patients. O hommes, voilà le devoir ». Imaginez, Messieurs, tous ces oracles qui descendent du ciel sur toutes les âmes attentives. Imaginez, de plus, tous ces chrétiens s'agenouillant ensemble, de temps en temps, à la même table *de communion*, et proclamant par là qu'ils sont plus que des frères, qu'ils sont tous membres d'un même corps qui est Jésus-Christ. Imaginez toutes les communes de France, faisant chaque dimanche de leur église leur maison de famille. Ne trouvez-vous pas que la nation ne s'en porterait pas plus mal et qu'elle aurait tout à y gagner? Ne trouvez-vous pas que la paix sociale en bénéficierait grandement? Supprimez au contraire le dimanche, et toutes ces manifestations, tous ces essais, tous ces actes de fraternité vraie disparaissent. La profanation du dimanche achève de diviser la nation.

Je m'arrête, Messieurs. La cause du dimanche n'est pas seulement une cause religieuse et humanitaire. C'est une cause patriotique et nationale. Je vous adjure d'y penser. A l'œuvre, Messieurs. Il y a des hommes néfastes qui travaillent avec acharnement à démoraliser et à diviser la nation, opposons à de tels attentats la fermeté de nos convictions, la ferveur de nos prières, la ténacité de nos résistances, l'intrépidité de notre apostolat!

Amen!

HUITIÈME CONFÉRENCE

LA PROFANATION DU DIMANCHE ET
L'INTÉRÊT NATIONAL (SUITE)

MESSIEURS,

La profanation du dimanche est préjudiciable à l'individu, à la famille, à la société. Elle compromet les intérêts moraux de la nation. C'est déjà quelque chose, c'est beaucoup. On raconte de Bismarck l'anecdote suivante. Il venait d'être avisé qu'un paquebot allemand avait été sauvé par la courageuse intervention du commandant d'un autre navire, anglais ou français, on ne savait pas encore bien. « Si c'est un Anglais, dit Bismarck, donnez-lui de l'argent. Si c'est un Français, donnez-lui la croix ». Oui, Messieurs, au-dessus de l'argent il y a l'honneur, il y a le courage, il y a le juste, le vrai, le bien. Au-dessus des intérêts matériels il y a les intérêts moraux. Or, la profanation du dimanche démoralise la nation. C'est vu.

Plaçons-nous maintenant sur le terrain des intérêts matériels. Et ensemble constatons que la profanation du dimanche : 1° ne peut pas enrichir un peuple ; 2° n'enrichit pas la France.

I. *La profanation du dimanche ne peut pas enrichir un peuple.*

Expliquons-nous. Il est possible que *quelques individualités* réalisent de magnifiques fortunes en se jouant de la vie humaine, en travaillant et en faisant travailler fêtes et dimanches. Mais la richesse de quelques-uns ne fait pas le bien-être de tous. Et nos progrès matériels ne sont en réalité que de vaines conquêtes et des progrès quasi-stériles, si la foule humaine demeure courbée sur le sillon d'un labeur sans trêve. Que quelques hommes fassent fortune par un travail incessant, plus qu'ils ne feraient par un travail intermittent, c'est possible. Mais la question n'est pas là. Ce travail incessant est-il profitable à la grande masse de la nation ? Est-il une source d'enrichissement pour la collectivité sociale ? Je réponds carrément non.

D'abord la profanation du dimanche mène à *l'épuisement. C'est cruel.* Un repos périodique est nécessaire à l'homme. Sa puissance de travail n'est pas illimitée. Si le repos normal manque, le tra-

vailleur ne tarde pas à s'affaisser, victime expia-
toire en quelque sorte du défi jeté à la nature.
A-t-on le droit de malmener ainsi la machine humaine, de lui demander plus qu'elle ne peut donner,
d'en user les rouages avant le temps? C'est cruel.
C'est intempestif. L'excitation de la vie moderne va
sans cesse en gagnant d'intensité. Après six jours
passés dans la fournaise, dans la fièvre des affaires,
dans cette atmosphère surchauffée qui nous enve-
loppe, il faut à l'homme un jour pour se ressaisir et
se refroidir. Plus les existences se compliquent,
plus les compétitions s'avivent, et plus aussi éclate
la nécessité de la trêve hebdomadaire : vouloir
s'en passer, *c'est maladroit.* En travaillant le
dimanche, on prétend produire davantage. Eh bien !
on se trompe, on se trompe grossièrement. L'homme
reposé par le dimanche est plus joyeux, plus fort,
plus vaillant, fournit un meilleur travail, et la
somme des énergies individuelles ainsi accrue
donne une nation plus énergique aussi et plus
puissante. En somme, le repos du dimanche n'est
pas une perte sèche pour la production. Il en est
la condition même. Le travail continu tarit la
source de la production en exténuant le travailleur.
Tout comme le mouvement perpétuel, le travail
perpétuel est à la fois une chimère et un non-sens
économique. Il épuise. Belle manière en vérité
d'enrichir un peuple !

Ou bien encore, il mène *au chômage* par la sur-production ; à force de toujours travailler, on finit par trop produire. Et quand la production est trop abondante, les machines sont obligées de se ralentir et de s'arrêter, les heures de travail diminuent, les bras ne trouvent plus d'emploi, le salaire baisse et disparaît tout à fait. C'est le chômage, et avec le chômage la misère pour tous, surtout pour l'ouvrier qui n'a pas de rentes, qui vit au jour le jour de son travail. Ajoutez à cela, Messieurs, que la profanation du dimanche aboutit facilement à *la malfaçon*. Le travail est moins surveillé. Et l'ouvrier surmené, fourbu, aigri, est très excusable de ne fournir que de la mauvaise besogne. Tout le monde y perd : le propriétaire, le patron, le travailleur.

Les ingénieurs, les fabricants, les architectes, tous les économistes sont ici d'accord avec la morale religieuse, et l'expérience universelle proclame que la profanation du dimanche ne peut pas enrichir un peuple.

II. *La profanation du dimanche n'enrichit pas la France.*

Voici d'abord un fait significatif. En 1789, on était fidèle chez nous à observer le dimanche, et nous avions 4 millions de pauvres sur 26 millions d'habitants. Aujourd'hui le dimanche est violé, et sur 35 millions d'habitants nous avons 7 millions de pauvres. Qu'en dites-vous? Trouvez-vous que la profanation du dimanche a enrichi la France?

Encore un autre fait, non moins significatif. Comparons la France non plus à elle-même dans le passé, mais aux autres nations dans le présent. La loi du dimanche est respectée en Suisse, en Allemagne, en Angleterre, aux États-Unis, et dans tous ces pays, l'industrie et le commerce sont plus prospères qu'en France. L'*Allemagne*, à l'heure qu'il est, nous fait subir des défaites économiques plus lamentables peut-être que nos défaites militaires de 1870. Son exportation dépasse de plus en plus la nôtre. Dans nos colonies elles-mêmes, au Tonkin et en Cochinchine, ce ne sont pas nos produits qui dominent, mais ceux de l'Angleterre et de l'Allemagne.

L'*Angleterre* et l'*Amérique* sont certes deux nations très puissantes. Elles couvrent l'Océan de leurs pavillons et les terres de leurs colonies. L'Angleterre, du fond de sa petite île, s'est fait un empire plus vaste que celui d'Alexandre et de César. Elle compte 175 millions d'hommes qui lui obéissent. Les États-Unis font sentir jusqu'au cœur de la vieille Europe la puissance redoutable de leur commerce, de leur industrie et de leur agriculture. Or, chez les Anglais et chez les Américains, le dimanche est observé. Ces deux peuples si actifs, si pressés, pour lequel le temps est de l'argent, dès que la cloche a annoncé le jour du Seigneur, s'arrêtent respectueux et obéissants. Plus de bruit d'enclume, plus de roulement de charrettes, point de poste, à peine quelques trains de chemin de fer. Regardons d'un peu plus près l'*Angleterre*. Où le commerce est-il plus actif, l'industrie plus florissante que dans cette île aussi jalouse qu'enviée de ses voisins — où mille voiles apportent chaque jour les tributs des deux mondes, que mille autres navires courent ensuite distribuer à tous les peuples de la terre — où des milliers de puissantes machines, servies par des millions de bras, fabriquent plus d'étoffes qu'il n'en faudrait pour vêtir tous les enfants d'Adam, répandus sur la surface du globe habité? Or, dans cette perpétuelle activité de la pensée et de la main — dans ce tourbillon de projets, de craintes, d'espérances, dans cette lutte et cette concurrence fiévreuse d'intérêts qui rendent cette terre plus mobile et plus agitée que ne le sont les flots qui baignent se rivages — il est inouï qu'un jour de dimanche un seul atelier, un seul bureau, un seul comptoir soit ouvert, qu'un seul magasin blesse le regard chrétien par l'étalage de ses marchandises, qu'on fasse ostensiblement ce qui s'appelle une affaire.

Dernièrement arrivait dans le *bassin de la Ro-*

chelle un steamer anglais avec un chargement de houille. C'était un samedi soir. Dès le lendemain matin dimanche les grues à vapeur étaient sous pression, les manœuvres arrivaient en grand nombre pour le déchargement, lorsque le capitaine, anglais et protestant, se présentant sur le pont, déclara qu'il ne permettrait à personne de décharger son navire le dimanche. « On n'est pas habitué, dit-il, dans mon pays, à travailler le dimanche. On n'a jamais travaillé à bord ce jour-là, on ne commencera pas aujourd'hui ». — « Nous, Anglais, disait *Macaulay* à la tribune de son pays, nous ne sommes pas plus pauvres, mais plus riches, parce que depuis des siècles nous donnons au repos un jour sur sept. Cette journée-là n'est pas perdue. Pendant que l'industrie s'arrête, que la charrue se repose dans le sillon, que la Bourse est silencieuse, que la fabrique laisse éteindre ses fourneaux, il se fait un travail tout aussi important au bien-être des nations que celui qui s'accomplit dans les jours ouvrables. L'homme, cette machine des machines, répare ses forces, se remonte et retourne le lundi à son travail avec l'esprit plus lucide, le cœur plus satisfait et une nouvelle vigueur physique. »

Cela, Messieurs, est remarquable. Chaque dimanche, l'Angleterre, cette nation industrielle, dont on peut dire que toute la pensée est dans le calcul et toute l'âme dans l'ardeur du gain,

s'arrête brusquement comme un vaisseau qui s'as-
seoit sur ses ancres. L'Angleterre protestante
donne à la France catholique, de qui elle devrait
la recevoir, cette leçon de respect pour le jour dont
la religion a consacré le repos. Elle n'en est que
plus riche. Non, Messieurs, la profanation du dimanche ne peut pas enrichir un peuple. La profanation du dimanche n'enrichit pas la France.

Encore un mot : *Ne sont prospères que les nations
que Dieu bénit.* Dieu a des droits sur les sociétés.
et, comme les sociétés n'existent plus dans l'autre
vie, c'est ici-bas que Dieu les châtie ou les récompense. Sans donc être téméraire, on peut affirmer :
1° que la prospérité des nations protestantes
s'explique en grande partie par leur fidélité au
dimanche ; 2° que Dieu ne saurait bénir un peuple
qui, habituellement, publiquement, officiellement.
foulerait aux pieds la loi du dimanche, loi essentielle, loi divine par excellence. La profanation du
dimanche compromet les intérêts moraux et les
intérêts matériels de la nation. C'est prouvé.

Conclusion.

En somme la profanation du dimanche est une
de nos grandes plaies sociales. Elle est un crime
et une infortune dans la société contemporaine.
L'homme de ce siècle, égoïste et sans religion, se

démène et se surmène, dérobant à Dieu tout ce
qu'il peut et ne tenant nul compte des lois du
Créateur. Mais aussi en s'agitant de la sorte contre
l'ordre éternel, il s'use le corps et l'âme — la race
s'affaiblit — Dieu s'en va. Et nous voyons des
peuples en pleine activité tomber en décadence
et mourir de vouloir trop vivre. Gare à nous,
Messieurs! Que telle ne soit pas notre histoire!
Revenons à la sanctification du dimanche. Là est
le salut du corps et de l'âme, de la religion ou de
la famille. Là est le principe fondamental de l'ordre
public et de la prospérité sociale. Que faire alors?
Je vous le dirai dimanche.

Amen!

NEUVIÈME CONFÉRENCE

QUE FAIRE?

Messieurs,

La profanation du dimanche est la première de nos grandes plaies sociales. Il ne suffit pas de la constater, il faut la guérir. Que faire? Descendons des généralités, quittons les cimes et explorons attentivement le terrain des applications pratiques. Je vous ai montré le mal; il me reste à vous indiquer les remèdes qui ont chance de réussir. Et d'abord aujourd'hui étudions le devoir de l'État et des grands services publics par rapport à la loi dominicale.

I. Que faut-il demander à l'État?

1° *Faut-il demander à l'État une loi* prohibant le travail du dimanche?

L'État est législateur. Et, pour arrêter un fléau

social tel que la profanation du dimanche, il aurait certainement le droit de légiférer.

1° *Ce serait expéditif.* L'intervention de la loi est une solution simple, commode, à la portée de tous. Le repos du dimanche est désirable? Vite une loi. Le gendarme et le magistrat entrent en scène, et tout de suite voilà notre idéal réalisé à la façon d'une consigne qui s'étend sur tout le pays. La chose n'est pas chimérique.

Elle existe. Pour sauvegarder le bienfait du dimanche,

2° *Certains peuples, et non des moindres, ont dicté des lois,* quelques-unes même très récentes, à ce sujet. L'Angleterre, les États-Unis, l'Allemagne, la Suisse, l'Autriche ont toute une législation sur la cessation du travail le dimanche, — sur la fermeture des boutiques ou au moins des cabarets, soit toute la journée, soit à certaines heures, — sur l'interruption partielle des chemins de fer, des postes et autres services publics. Je n'ai ni à louer ni à blâmer ici les peuples qui font appel au bras séculier pour imposer le repos du dimanche. Je veux seulement poser une question, et y répondre sincèrement, à mes risques et périls.

3° *Ce qui est possible dans divers pays est-il possible chez nous?* Je ne le crois pas.

Une loi sur le dimanche serait chez nous *très difficile à faire.* La question est complexe en elle-même et au point de vue de l'état des esprits, et un

projet de loi sur une telle matière, s'il n'était pas
rejeté d'emblée, ferait pendant dix ans la navette
du Palais-Bourbon au Luxembourg.

Une loi sur le dimanche serait chez nous *très
difficile à appliquer*. Nous avons là-dessus l'expérience de la loi de 1814. Elle est vite tombée en
désuétude. Elle n'a guère servi qu'à entretenir
contre le dimanche des haines et des préventions
de plus en plus obstinées. Un mouvement de
renaissance dans le sens du dimanche n'a commencé à se produire qu'à partir de l'abrogation
formelle de la loi de 1814 en 1880, et ce mouvement s'est accentué depuis lors. L'intervention de
la loi en faveur du dimanche n'a pas abouti. Elle
aboutirait moins encore aujourd'hui. Elle augmen-
terait en pure perte la puissance centralisatrice de
l'État. Elle paralyserait les initiatives individuelles.
Elle discréditerait la cause dominicale. Je vous
donne ici mon opinion personnelle. Vous êtes libres
de ne pas la partager. Je suis d'avis qu'en France
une loi sur le dimanche n'est pas possible.

2° *Ce qu'il faut demander à l'État, c'est simplement l'exemple*. Comprenez-moi. Il ne s'agit pas de
l'État imposant le respect du dimanche à des particuliers ; il s'agit de l'État s'imposant ce respect à
lui-même. Et qui oserait soutenir que l'État peut se
soustraire à ce respect sans faillir à son devoir et
sans trahir son mandat ?

L'État est *patron*, le plus grand des patrons, il commande à un nombreux personnel. Il a des chantiers, des ateliers, des manufactures. Nous lui demandons d'assurer le repos hebdomadaire à tous ceux qu'il fait travailler. Nous demandons que les travaux ordonnés, concédés ou autorisés par l'État, les départements et les communes, soient suspendus le jour du dimanche. En un mot aux dépositaires du pouvoir, soit dans la cité, soit dans la patrie, nous demandons des *exemples*. Qu'importe que ce musée, ce prétoire, ce palais s'achèvent quinze ou vingt jours plus tôt? Mais ce qui importe beaucoup à la société, ce qui la désoriente et la scandalise, c'est de voir la main de l'État ou de la commune dans cet édifice qui s'élève, dans cette rue qu'on réfectionne, etc. Le peuple apprend à une telle école comment on brave l'autorité de Dieu, comment on se passe de la religion, comment on se moque du dimanche, expression abrégée, mais complète, de tout le christianisme. A côté de l'État, je vois de grandes administrations qui s'y rattachent plus ou moins : chemins de fer, postes, télégraphes, téléphones.

II. **Que faut-il demander à ces grands services publics ?**

Ils emploient une immense armée de travailleurs. On compte 300.000 employés de chemin de fer, soit avec leurs familles, plus d'un million de Français, auxquels il faut ajouter 20.000 facteurs et je ne sais combien d'agents télégraphistes et téléphonistes. Nous ne pouvons pas nous désintéresser de tout ce monde.

1° *Il y a là certainement quelque chose à faire.* Sur 300.000 employés de chemin de fer, nous en avons 250.000 qui n'ont pas de dimanche et qui sont soustraits habituellement à la vie de famille. Il n'en va pas de la sorte en Allemagne, en Angleterre, aux États-Unis, en Belgique, en Angleterre, par exemple, la proportion des trains de marchandise est de 38 0/0 de moins le dimanche qu'en semaine. En Belgique, où le trafic international est considérable, tous les agents ont au moins un dimanche sur deux. On ne peut citer qu'une seule contrée d'Europe, la Turquie, où le repos hebdomadaire soit encore moins observé sur les chemins de fer qu'en France : les Musulmans seuls en prennent à leur aise plus encore que nous. Il y a là quelque chose à faire.

2° *Quoi donc?* Pour ne pas m'égarer dans cette question délicate et complexe, laissez-moi vous citer les vœux émis par le Congrès international du repos hebdomadaire, tenu à Paris en 1889. Ce congrès n'avait rien de clérical, rien de confessionnel.

Il était présidé par Léon Say, un protestant, et par un philosophe rationaliste, Jules Simon. Voici les vœux exprimés par ce congrès :

1° *Par rapport aux chemins de fer :*

Que les gares de petite vitesse restent fermées les dimanches et fêtes, sauf pour la livraison des animaux vivants et de certains articles alimentaires sujets à une rapide détérioration;

Que les dimanches et fêtes ne soient pas comptés dans les délais de livraison et d'expédition des marchandises à petite vitesse;

Que, les dimanches et fêtes, le nombre des trains de marchandise à petite vitesse soit réduit autant que possible.

Que les bases des salaires ne soient pas combinées de façon à faire désirer aux agents le travail du dimanche et des jours fériés.

Que les travaux de construction, d'entretien de la voie et des ateliers de réparations, soient arrêtés les dimanches et fêtes, sauf les cas d'urgence.

2° *Par rapport aux postes, télégraphes et téléphones :*

Réduction, le dimanche, du service des agents à une ou deux distributions, et limitation de l'ouverture des bureaux à environ deux heures le matin et deux heures l'après-midi.

Suppression le dimanche du service à domicile des mandats postaux, des colis postaux ou des articles de messagerie ne pouvant pas s'avarier, mais liberté pour chacun de les retirer au bureau à des heures déterminées.

Limitation, le dimanche, de l'ouverture des bureaux télégraphiques et téléphoniques.

Arriver à ce que tous les agents aient au moins deux dimanches entiers par mois et cinquante-deux jours de repos par an ;

Droit reconnu à chaque Conseil Municipal de restreindre dans sa commune le service postal du dimanche, sur le vœu de la majorité des intéressés.

Prière au public d'éviter tout ce qui peut augmenter le travail des employés le dimanche, pour les chemins de fer, postes, télégraphes, téléphones, messageries.

3° Le public a donc en cette matière des devoirs à remplir ? Oui, certes.

1° Agissons sur l'opinion. Dans le double intérêt du personnel et des chefs, les grandes administrations que je viens de nommer ne demandent pas mieux que de procurer à leurs employés le repos hebdomadaire. Mais elles attendent que l'opinion se prononce. Que le public parle donc, et qu'il sollicite, par la voie de la presse ou autrement, une atténuation de service, une jouissance au moins partielle du dimanche, en faveur des agents des chemins de fer et des postes. Encouragés et sou-

tenus par l'opinion, les directeurs de   services
si compliqués seront heureux de soulager l'immense armée du travail qui fonctionne sous leurs
ordres.

2° *Clients des chemins de fer et des postes*,
diminuons autant que possible la somme de service que nous leur demandons le dimanche. Ne
mettons à la poste le samedi soir ou le dimanche
matin, que les lettres ou paquets urgents. Sur
toutes les feuilles d'expédition de marchandises en
petite vitesse, faisons figurer la mention de ne pas
livrer le dimanche, et par lettre inhibitoire défen-
dons à la gare de nous livrer le dimanche des
marchandises à domicile. C'est par de telles initiatives que nous ferons peu à peu rentrer le dimanche
dans les mœurs, que nous le rendrons possible à
beaucoup qui en sont privés. Et puis, autre chose,
encore :

3° *Vous êtes actionnaire* des grandes Compagnies.
Je m'incline chapeau bas, devant vous, car vous
êtes une puissance, vous êtes le maître, le patron
véritable. Vous tenez les cordons de la bourse. C'est
de vous qu'émanent le Conseil d'administration, le
directeur. Or, votre rôle ne se borne pas à perce-
voir tranquillement les revenus de vos actions :
Élevez la voix dans les assemblées générales.
Parlez, interpellez. Le jour où les actionnaires le

voudraient bien et s'entendraient pour le vouloir,
le repos dominical serait acquis au personnel, au
moins dans une large mesure.

Conclusion :

Il y a quelque chose à faire. J'entends dire :
non, ce n'est pas possible.

Pardon. Vous savez le mot de Talleyrand : « On
crée le fait, en répétant qu'il existe. » Or, à force
de dire que le dimanche est impossible, nous
finissons par le croire et par le faire croire aux
autres. Le dimanche est nécessaire ; donc il est
possible.

Le dimanche est nécessaire. Vous l'ai-je assez dit ?
Il est nécessaire à la vie matérielle, à la vie morale,
à la vie domestique de tous. Il est nécessaire à la
religion et à la patrie.

Il est possible, à la condition que tout le monde
le veuille et s'y mette : l'État, les services publics,
les braves gens. J'ai tracé aujourd'hui, brièvement,
le devoir de l'État et des services publics. Dans
huit jours, je détaillerai les devoirs qui s'imposent
à la conscience de tous !

Amen !

DIXIÈME CONFÉRENCE

QUE FAIRE

Messieurs,

La profanation du dimanche est la première de nos grandes plaies sociales. Il faut la guérir. Tout le monde doit s'y mettre : d'abord l'État, en donnant l'exemple du respect pour le saint jour du dimanche. — Ensuite les grands services publics, en atténuant ce jour-là la besogne de leurs employés. — Enfin les particuliers, les braves gens, tous les bons citoyens, tous les vrais chrétiens. Attention ! ma conférence d'aujourd'hui est un examen de conscience.

I. Je m'adresse d'abord **aux propriétaires,** et je leur demande de ne pas faire travailler le dimanche.

Vous *commandez le samedi* un travail que vous auriez pu, avec un peu plus de prévision, commander la veille ou les jours précédents. Vous n'exigez pas précisément le travail du dimanche, mais c'est votre commande tardive et votre hâte qui l'imposent.

Vous faites construire ou réparer *des maisons*. Rappelez-vous que c'est le dimanche que s'opèrent le plus facilement les malfaçons préjudiciables à vos intérêts, par suite du relâchement de la surveillance et de la maussaderie d'un travail contre nature, qui s'apprête à prendre sa revanche le lundi. Rappelez-vous que vous n'avez pas le droit de priver l'ouvrier de son repos hebdomadaire. N'oubliez donc pas de stipuler avec vos entrepreneurs, dans les cahiers des charges, le chômage de vos travaux le dimanche : faute de cette précaution, vous ne pourriez pas, plus tard, le leur imposer.

De même encore, quand vous louez *une ferme*, une métairie, pourquoi ne pas insérer dans le bail une clause prohibant le travail du dimanche ? Ce serait une indication sérieuse qui aurait quelque chance d'être respectée et obéie.

II. J'arrive **aux industriels** qui ont à leur service de nombreux travailleurs.

Ils doivent se procurer à eux-mêmes et procurer à leurs hommes le repos du dimanche. Vous savez l'histoire de ce soldat légendaire qui crie à son capitaine : « J'ai fait un prisonnier ! — Amène-le, dit le chef. — Mais, répond le soldat, je ne puis pas, c'est lui qui me tient ». Les chefs d'industrie qui ne se donnent ni trêve ni repos sont les prisonniers de leur industrie et les premières victimes d'un égoïsme inintelligent. En épuisant leurs employés, ils s'épuisent eux-mêmes. En forçant la production, ils l'exagèrent et la déprécient. En poussant au maximum l'utilisation et le rendement du capital fixe, ils tuent le capital vivant. La justice, la charité, la prudence leur font un devoir de respecter le dimanche.

Ils le peuvent généralement. Prenons l'industrie du bâtiment. L'année dernière le congrès des entrepreneurs et des architectes a proclamé nécessaire et possible le repos du dimanche. Prenons une industrie plus compliquée : la meunerie. Le 28 février 1898, le Congrès de la Meunerie discutait le repos du dimanche et décidait par 58 voix contre 45 et 8 abstentions que les moulins continueraient à marcher toute la semaine. Le grand nombre des dissidents n'est-il pas la preuve que, si on le voulait, les ouvriers meuniers pourraient très bien bénéficier du dimanche — que la marche ininterrompue des moulins n'est pas nécessaire au fonctionnement normal de la meunerie ?

Je sais, Messieurs, qu'il est des *métiers qui exigent le travail ininterrompu*, par exemple les hauts-fourneaux, les ateliers à feu continu. Il faut tenir compte de ces exigences techniques insur-

montables. Mais je sais aussi que — dans de telles
industries qui rendent le repos complet du dimanche
irréalisable — il peut et il doit y être suppléé par
d'autres jours de congé, de manière que l'ouvrier
ait cinquante-deux jours de liberté dans l'année —
et par des combinaisons d'équipes qui assurent à
tous la jouissance d'un certain nombre de dimanches. L'industrie, quelle qu'elle soit, n'a pas le
droit de prévaloir contre la loi divine et contre les
besoins essentiels de la nature humaine.

III. Je dis la même chose **aux commerçants**.
Qu'ils s'arrangent de manière à libérer leur personnel le dimanche, en fermant boutique ce jour-là.

Leurs affaires n'en souffriront pas. Le cardinal
Gousset, archevêque de Reims, était désolé de voir
la profanation du dimanche se généraliser dans sa
ville épiscopale. Il mande à son palais un des grands
commerçants de Reims, un bon catholique, et il lui
demande de vouloir bien, pour le bon exemple de
tous, cesser toute espèce de vente le dimanche et
les jours de fête. Celui-ci se récrie et déclare la
chose absolument impossible. Ses intérêts commer-
ciaux en seraient atteints, et l'avenir de ses enfants
compromis. « Eh bien! dit le cardinal, cessez doré-
navant toute vente le dimanche; calculez exactement chaque soir les bénéfices de la journée,

et si, à la fin de l'année ils n'égalent pas ceux de
l'année précédente, je m'engage à combler le
déficit ». — Mais, Éminence, vous n'y songez
pas... — « A la condition toutefois, reprit aussitôt
le cardinal, que si votre gain est, au contraire,
en excédent, vous me verserez cet excédent pour
mes bonnes œuvres ». A la fin de l'année, le cardinal reçoit à l'archevêché le riche commerçant,
qui tout joyeux lui dit : « Éminence, je viens
acquitter mon engagement en vous apportant
6.000 francs. C'est l'excédant de mes profits de
cette année sur les années précédentes. » Messieurs, lorsqu'on cherche avant tout le règne de
Dieu, le reste vient par surcroît : on ne s'appauvrit
pas, on ne se ruine pas en respectant le dimanche.

Je fermerais, si les autres fermaient. Oui, je vous
comprends. Mais pourquoi ne pas vous entendre?
C'est possible, puisque cela existe dans beaucoup
de villes. Dans cette ville d'Orléans, je vois les
pharmacies fermées le dimanche... on n'en meurt
pas davantage pour cela. Si tous les magasins
étaient fermés le dimanche, on n'en vivrait pas
moins bien. — C'est vrai, me dit-on, mais la
clientèle? que dira la clientèle?... J'y arrive.

IV. *Les acheteurs* ont, en effet, dans cette question une grande responsabilité. Car le commerce est
véritablement le serviteur et l'esclave de la clientèle.

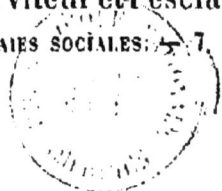

PLAIES SOCIALES. 7.

Les ouvriers et employés sont à peu près unanimes à appeler de leurs vœux le repos dominical.

Les patrons, presque tous, il faut le dire à leur louange, ne demanderaient pas mieux que d'entrer dans cette voie humanitaire et libérale.

Mais *les acheteurs?...* Il est évident que le jour où il n'y aura plus d'acheteurs, il n'y aura plus de vendeurs. Si les clients cessaient d'aller dans les magasins le dimanche, il est clair que les magasins se fermeraient comme par enchantement. Que faire alors? Je vais vous le dire avec une liberté tout apostolique.

N'achetons pas le dimanche... C'est possible, si nous le voulons. En Suisse, en Angleterre, en Allemagne, aux États-Unis, on s'abstient d'acheter le dimanche; or, dans tous ces pays, les repas ne sont-ils pas aussi bien servis le dimanche, les toilettes aussi fraîches, les maisons aussi bien tenues, les réceptions aussi brillantes qu'en France? N'achetons pas le dimanche. Puis, pour nos achats de la semaine, favorisons les magasins qui ferment le dimanche. « Ils ont des droits à une compensation, dit Msr de Nancy, pour les sacrifices qu'ils s'imposent en restant fermés. Ils ont le droit d'être encouragés et soutenus, puisqu'ils contribuent au succès de la grande cause dominicale ».

Ici je m'adresse *aux femmes*, lesquelles dans la

question du dimanche ont un rôle considérable.
La femme est la dispensatrice du budget. Dans le
ménage, si c'est l'homme qui gagne l'argent, c'est
la femme qui le dépense. C'est elle qui traite avec
les fournisseurs. C'est d'elle, par conséquent, sans
qu'elle s'en doute, que dépend en grande partie la
fermeture ou l'ouverture des magasins le dimanche.
On a dit que lorsqu'une cause avait pour elle les
femmes, elle était sûre du succès. Ce que femme
veut, Dieu le veut. Allons, Mesdames, prenez en
main la cause du dimanche et faites-la triompher
de tous les préjugés contraires, des usages cou-
rants, et, si c'est nécessaire, de vos propres habitudes. Respectez le dimanche, et faites le respecter
autour de vous.

Et si je voulais entrer *dans les détails*, que de
choses encore j'aurais ici à dire! Hommes, je reviens à vous et je vous signale quelques résolutions
à prendre... Pourquoi habituellement aller le dimanche chez le coiffeur? Si vous renonciez à leur
demander de vous raser et de vous couper les cheveux le dimanche, tous les coiffeurs sans exception
seraient obligés de fermer boutique ce jour-là.

... Pour de menues réparations du logement ou
des meubles, n'ayez pas recours le dimanche au
serrurier, au menuisier, au plombier, au tapissier,
au fumiste.

... Vous vous mariez, vous héritez, vous testez,

vous vendez, vous achetez, j'allais dire vous mou-
rez. Pour tous ces actes vous recourez au notaire.
N'allez pas le trouver le dimanche, comme on a
trop souvent l'habitude de le faire, surtout à la
campagne.

Conclusion :

Allons, Messieurs, *mettons-nous tous à l'œuvre,*
tous : prêtres et laïques, hommes et femmes, propriétaires, industriels, commerçants, clients et
acheteurs.

Assurons-nous à nous-mêmes, et assurons à nos
frères *un jour de repos,* de liberté et de sanctification. Faisons cela. C'est une question de fraternité,
de justice, de dignité. Qu'au moins un jour sur sept
la tâche quotidienne soit suspendue. Que le rude
labeur de la ruche humaine s'arrête, que chacun
cesse d'être un rouage dans son mécanisme, qu'il
retrouve la pleine possession de son âme, de sa
personne, de son temps.

Mais je l'ai dit et je le répète, *c'est à l'initiative
privée,* c'est à la libre volonté de chacun de nous
qu'il appartient de doter la France de ce bienfait.
Nous obtiendrons plus de la liberté que de la contrainte. Les codes des peuples, disait Portalis, se
font avec le temps, mais on ne les fait pas. Agissons donc de façon à préparer l'avenir... Et alors

quand le retour au dimanche sera un fait accompli, d'un bout de la France à l'autre, dans les champs, dans les ateliers et dans les magasins, un immense soupir de soulagement et d'allégresse, un grand cri de bénédiction s'élèvera de toutes les poitrines. En retrouvant son dimanche, la France retrouvera son Dieu. Et elle sera de nouveau la France très chrétienne, la France très prospère, la France très glorieuse, la France modèle et reine des nations !

Amen !

ONZIÈME CONFÉRENCE

CONCLUSION

Messieurs,

J'achève aujourd'hui la vaste question de la profanation du dimanche. C'est ma onzième conférence sur ce capital sujet. Je n'ai pas tout dit, mais je crois avoir dit l'essentiel. Je ne sais pas si j'ai été à la hauteur de ma tâche ; j'ai du moins conscience d'avoir fait tout mon possible pour vous instruire, pour vous émouvoir, pour éveiller dans vos âmes de salutaires pensées et des résolutions pratiques. Il me reste à conclure par un mot destiné aux dirigeants, aux ouvriers, à tous.

I. Je m'adresse *aux dirigeants,* et je leur dis : Donnez le dimanche. Sanctifiez le dimanche.

1° *Donnez le dimanche.*
Tous ceux qui à un degré quelconque font partie de *l'élite sociale,* ceux qui ont reçu de la Providence

le don de la fortune, ou la supériorité de l'intelligence, ou l'avantage d'une situation influente, tous
ceux-là doivent travailler plus que d'autres à la
restauration du dimanche. La société serait mauvaise et elle mériterait d'être détruite, elle cesserait d'être chrétienne et elle redeviendrait païenne,
si les plus instruits ne se sentaient pas les plus
responsables. Si les plus fortunés ne justifiaient
pas les faveurs de leur destinée par des services
rendus. Si les plus heureux n'apportaient pas le
réconfort et la consolation aux plus déshérités.
Sans doute, il est chimérique d'espérer découvrir
à la souffrance des hommes une panacée universelle. Et cependant il est certain que l'on peut
apporter des remèdes à beaucoup de leurs maux.
Et le repos du dimanche est un de ces remèdes
dont les siècles ont éprouvé la vertu. Donc les
classes supérieures doivent faire tout le possible
pour rendre à tous le repos du dimanche.

Hommes hauts placés par la fortune, par la situation, par l'intelligence, donnez le dimanche à
vos inférieurs, à vos subordonnés, à vos clients, à
vos ouvriers, à vos employés, à vos fournisseurs.
Femmes du monde, vous êtes pressées d'avoir une
robe ou un manteau, n'obligez pas la couturière à
faire travailler ses ouvrières la nuit et le dimanche,
vous seriez servies à point ; mais toutes ces pauvres
créatures seraient exténuées. Donnez le dimanche.

2° *Sanctifiez le dimanche.*

Est-ce assez, pour sanctifier le dimanche, d'une *petite messe basse* sans prédication ? Que cela suffise quelquefois aux personnes chargées d'affaires et instruites d'ailleurs de leur religion et de leurs devoirs, je le comprends. Mais cela suffit-il communément à tant de chrétiens qui ne sont chargés que du poids de leurs loisirs, et qui manquent de l'instruction religieuse la plus élémentaire ? Cette petite messe entendue à la hâte, ces regards distraits, cet esprit préoccupé de mille pensées étrangères, ces oreilles ouvertes au moindre bruit, ces genoux qui fléchissent à peine devant la majesté du Très-Haut, tout cela fait-il à la religion beaucoup d'honneur ? Tout cela constitue-t-il un dimanche vraiment chrétien ?

La chasse est un délassement permis. On peut en user le dimanche. Mais que pensez-vous de la chasse pratiquée tous les dimanches — du matin au soir — loin de la femme et des enfants, loin de la vie de famille ? Est-ce bien l'idéal du dimanche catholique ? Je me permets d'en douter. Et des hommes graves, bien informés, pas méticuleux du tout, m'ont dit plus d'une fois que ce délassement pris dans la mesure excessive que je viens de dire n'était pas sans danger... Hommes dirigeants, hommes responsables, ne redoutez pas la longueur de nos offices, la pompe de nos cérémonies, les avertissements de la parole sainte. Revenez à la simplicité antique. Je ne vous interdis pas le dimanche tout voyage, tout délassement, toute distraction. Mais je vous conseille de quitter le moins possible votre paroisse, votre famille. Là est votre place. Là sont vos vraies joies.

Là *votre exemple* est nécessaire. C'est après vous que le peuple a quitté l'Église; c'est après vous qu'il y reviendra. Il y reviendra quand vous lui aurez montré longtemps le chemin... quand votre assiduité, votre attitude, votre recueillement, vos prières, lui auront persuadé que Dieu est là, qu'il vous voit, qu'il vous écoute, et qu'il y a à croire et à pratiquer non pas un avantage temporel, mais un devoir sacré pour tous. Magistrats, administrateurs, chefs des armées, organes de la pensée publique, riches, nobles, puissants, sanctifiez le dimanche, soniez le bon exemple, et par votre zèle, renouez la chaîne depuis trop longtemps brisée de la tradition religieuse. On vous a suivis, quand vous descendiez; remontez, et l'on vous suivra de même. Cette évolution ne se fera pas en un jour, mais, n'en doutez pas, elle se fera. Vous réparez à l'heure présente les scandales du xviiiᵉ siècle et vous préparez les glorieuses résurrections du xxᵉ siècle. Hommes de transition, vous ne pouvez pas réussir tout de suite, votre rôle est beau quand même. Il consiste à vous laisser broyer entre les défaillances du passé et les reviviscences de l'avenir. Et maintenant

II. Je m'adresse **aux ouvriers** et je leur dis
Jouissez du dimanche, mais n'en abusez pas. »

1° *N'abusez pas du dimanche.* N'imitez pas ces
hommes malheureux et coupables, qui profitent de
leur liberté pour passer le dimanche dans les cabarets, loin de leur famille, dépensant en quelques
heures la paye de la semaine, et donnant le soir, à
leur foyer, les exemples les plus déplorables...
N'imitez pas non plus ces autres, moins coupables
mais non moins aveugles, qui profitent de la liberté
de leur dimanche pour s'imposer un travail manuel que Dieu défend. Vous connaissez des ouvriers
ruinés par la débauche; en pourriez-vous citer un
seul ruiné par l'observation du dimanche? Non, ce
scandale n'a pas encore été donné à la terre, car il
est écrit : « J'ai beaucoup vécu, et je n'ai jamais vu
le juste abandonné, ni sa famille mendiant son
pain ». Donc

2° *Jouissez du dimanche,* jouissez-en honnêtement, religieusement.
Plus que n'importe qui, *vous avez besoin de Dieu.*
C'est en vain que l'impiété s'efforce par tous les
moyens de démoraliser et de déchristianiser la classe
ouvrière. Nous sommes instinctivement religieux.
Notre pensée comme notre front est naturellement
tournée vers le ciel, et ce n'est que par une dévia-

tion violente que nous nous détournons de Dieu.
Les Indiens ont dans leurs proverbes une image
qui exprime pittoresquement cette vérité. Ils
disent : « De quelque côté que vous incliniez la
torche, la flamme se redresse et monte vers le
ciel. » Oui l'homme, surtout l'homme qui travaille
et qui souffre, a besoin du dimanche pour se tourner vers Dieu, et pour aller chercher un rayon, un
baume, un point d'appui, un peu d'azur, un peu
d'espoir, un peu de force morale.

Viens donc, ouvrier, viens chaque dimanche au
saint sacrifice *de la messe*, viens parler à Dieu, l'entendre, le remercier de ses bienfaits, contempler
ses perfections infinies, chanter ses louanges, t'élan-
cer dans son sein sur les ailes de la foi, de l'espérance et de l'amour. Viens à la messe, tout est
grand, tout est beau, tout est instructif, éloquent,
persuasif : ce temple, ces chants sacrés, ces anges
invisibles et présents, cet orgue qui frémit ou qui
se tait, ce prêtre qui préside, ce Jésus-Christ qui
s'immole, tout ce peuple qui prie... tout nous parle
d'obéissance, d'abnégation, de dévouement, de fraternité...

Pères de famille, ménagères ne vous excusez pas,
pour manquer la messe, sur les travaux du foyer
domestique et sur les soins que vous devez à vos
enfants; ce que vous devez d'abord à votre postérité, c'est l'exemple. Quoi? vous violez le troisième
commandement de Dieu, et vous espérez que vos

enfants observeront le quatrième? Vous voulez qu'ils vous respectent, et vous ne leur apprenez pas à respecter Dieu? ah! je vous le prédis, parents dénaturés et aveugles, vos soins seront superflus, vous vous évanouirez dans vos projets, vos enfants feront votre tourment ici-bas, et vous répondrez là-haut de votre âme et de la leur! Il me reste un dernier mot à dire sur ce sujet.

III. Je m'adresse *à tous*, et je dis : Espérons et travaillons.

1° *Travaillons*, Messieurs, à restaurer la loi dominicale. Voulons-nous empêcher les corps de s'affaisser sous le poids d'un labeur ininterrompu et écrasant? Travaillons à la restauration de la loi dominicale. Voulons-nous empêcher les âmes de se démoraliser et de s'abrutir? Travaillons à la restauration de la loi dominicale. Voulons-nous empêcher les foyers de se dissoudre et de se décomposer? Travaillons à la restauration de la loi dominicale. Voulons-nous empêcher la France de descendre aux derniers abîmes? Travaillons à la restauration de la loi dominicale. Voulons-nous enfin empêcher la religion de s'en aller et de périr? Le voulons-nous? C'est une question de vie ou de mort. Dans les trois domaines du vrai, du beau et du bien, la religion chrétienne a tracé depuis dix-neuf siècles des sillons glorieux qui résument toute la civilisation, et à travers les agitations de ce siècle, que n'a-t-elle pas fait dans la sphère des arts, de la pensée et des œuvres utiles? La croix de moins dans le monde, ce serait un vide épouvantable. Eh bien, voulons-nous empêcher la croix de s'éclipser à l'horizon, et le christianisme de sombrer sous la poussée du paganisme renaissant? Travaillons à la restauration de la loi dominicale.

No dites pas qu'il faudrait ici réformer notre société tout entière, et que la tâche est trop difficile. Je réponds à cela que, quand une cause est juste, elle finit toujours par s'imposer à l'opinion. Or, la cause du dimanche est une cause juste, une cause sacrée. Je sais bien encore que, pour avoir obtenu la liberté du dimanche, vous n'aurez pas obtenu sa sanctification. Qu'importe? Les âmes sont libres, et, si elles se perdent, c'est sur elles que retombe toute la responsabilité. Tant pis pour ceux qui usent mal du dimanche! Qu'au moins nous puissions nous rendre devant Dieu le témoignage que nous avons tout fait pour donner à tous en ce jour la liberté de se sauver. Travaillons à la restauration de la loi dominicale.

2° *Espérons.* La raison nous dit qu'il est impossible que les hommes demeurent longtemps hors de la nature. Il faut qu'ils périssent ou qu'ils y rentrent. Or, la France doit vivre, la France veut vivre. Donc elle reviendra aux lois de la vie, et par conséquent à cette loi primordiale du repos dominical et de la sanctification du septième jour. *Les faits* sont là pour encourager nos espérances. Nos églises se remplissent. Tout ce qui est honnête, tout ce qui est intelligent revient à la messe. Nous avons des milliers d'industriels et de commerçants qui respectent le dimanche et qui le font respecter autour d'eux. La profanation du dimanche est une de nos plaies sociales. Mais cette plaie est guérissable. Mettez-vous y, Messieurs. Travaillons. Espérons. Et que Dieu bénisse notre apostolat !

Amen !

L'ALCOOLISME

PREMIÈRE CONFÉRENCE[1]

La plaie de l'Alcoolisme.

MESSIEURS,

J'aborde la seconde de nos plaies sociales : l'alcoolisme. On a appelé l'alcoolisme « le fléau du siècle ». Dès aujourd'hui nous allons nous convaincre de la justesse de cette appellation. Nous allons constater dans notre société contemporaine la présence de l'alcoolisme et sa redoutable extension. Nous allons 1° mesurer les progrès, 2° compter les victimes de l'alcoolisme.

Une remarque préliminaire est nécessaire. Qu'est-ce que l'alcool? Un excellent combustible pour les usages ménagers; à la rigueur ce liquide peut servir de médicament dans certains cas déterminés. C'est seulement à titre de boisson qu'il mérite nos anathèmes.

Et encore expliquons-nous bien. Il y a de l'alcool dans le vin, dans le cidre, dans la bière, mais

1. Ces conférences ont été données pendant les années 1899 et 1900. Depuis lors, les statistiques se sont modifiées. Les lecteurs feront eux-mêmes les corrections nécessaires.

il y en a en petite quantité, et ces boissons fermentées prises modérément demeurent inoffensives, et sont même salutaires, bienfaisantes.

Ce que nous poursuivons, ce qui est une plaie sociale, ce que je nomme le fléau du siècle, c'est l'alcool sous forme de liqueurs fortes, c'est l'abus des spiritueux. L'alcool ainsi spécifié n'est pas une boisson, il est un poison, nous le verrons : il tue le corps, l'âme, la famille, la race, la nation. Il voile l'intelligence, et il déchaîne la bête humaine. Son action d'ailleurs est proportionnelle à la dose qu'on ingurgite. Or, cette dose est à l'heure présente effroyable. Littéralement nous sommes en train de nous noyer dans un fleuve d'alcool.

I. Mesurons *les progrès de l'alcoolisme.*

On consomme annuellement sur notre planète pour 11 à 12 milliards de boissons spiritueuses, pendant qu'on dépense seulement pour le pain 1 milliard 750 millions. Rien qu'en France on consomme environ par an 5 millions d'hectolitres d'alcool à 50 degrés. Ce qui représente une dépense de 1 milliard 600 millions de francs.

Depuis cinquante ans, *la consommation alcoolique* chez nous a quadruplé. Elle était de 1lit,16 par habitant en 1850. D'après les évaluations les plus modérées, cette consommation est aujourd'hui de presque 5 litres par tête.

Cinq litres par personne et par année, c'est un chiffre qui, à première vue, ne semble pas effrayant. Mais deux remarques importantes sont ici à faire : 1° Ces cinq litres sont 5 litres d'alcool à 100 degrés, *d'alcool-type*, auquel le fisc ramène tous ceux qu'on lui présente, avec 5 litres d'alcool à 100 degrés, on fait 13 litres d'eau-de-vie. 2° Seconde remarque : cinq litres par personne et par année, c'est *une moyenne*, une moyenne qui ne comprend pas tout le monde. Parmi les 38 millions de Français, il y en a plus de 30 millions dont les lèvres se ferment au poison, ou du moins s'en interdisent l'usage journalier : les enfants, les femmes, les vieillards, les sages.

La consommation totale de l'alcool se répartit donc entre 4 ou 5 millions de français, qui, en moyenne, absorbent par année 40 litres d'alcool à 100 degrés, c'est-à-dire 100 litres d'eau-de-vie, 4.000 petits verres.

Une manière mathématique d'apprécier la consommation croissante de l'alcool, c'est de voir les sommes fabuleuses qu'il procure *au fisc*. Le produit de l'impôt révèle l'importance de la matière imposée. Pendant l'année 1898, les boissons ont apporté au fisc près de 499 millions. Les bières ont produit 25 millions, les vins 167 millions, les alcools 308 millions, soit une plus-value de 32 millions sur les prévisions budgétaires... 30 millions de plus qu'en 1897. Ces chiffres sont significatifs. L'impôt sur l'alcool est en progression de 30 millions pour une seule année. Donc l'alcoolisme est une marée montante qui nous inonde et nous submerge de plus en plus.

Une autre manière encore d'apprécier la consommation progressive de l'alcool, c'est de compter le nombre *des cabarets*. En 1830, il y avait en France 281.000 cabarets ; — en 1890, 413.000 ; — en 1897, 500.000. Dans le département du Nord, on compte 1 cabaret pour 46 habitants ou pour 15 adultes ; dans la Seine-Inférieure, 1 cabaret pour 70 habitants ou pour 22 adultes, à Paris, il y a 33.000 cabarets, c'est-à-dire plus d'un par 3 maisons. En supposant, ce qui n'est pas exagéré, que chaque débitant ait en moyenne 3 employés, nous arrivons au chiffre respectable de 2 millions. Ajoutons-y leurs familles, et nous constaterons avec effroi qu'une bonne partie de la population française n'est occupée jour et nuit qu'à verser à boire à l'autre.

Aussi nous sommes *le peuple le plus alcoolisé* de la terre. Phénomène plus effrayant encore. La France s'engage de plus en plus loin dans la voie de l'alcoolisme, tandis que toutes les autres nations civilisées opèrent un sage mouvement de recul. Chez nous, la consommation de l'alcool continue à augmenter; partout ailleurs elle tend à diminuer, elle diminue même sensiblement. En 1855, au début du mal, nous tenions presque le dernier rang sur l'échelle de l'alcoolisme. Aujourd'hui, si nous comptons la consommation totale des boissons alcooliques, nous occupons le premier rang. Étrange primauté dont nous n'avons pas lieu de nous enorgueillir!

Et pendant ce temps là, notre population reste stationnaire. Nous nous laissons paisiblement distancer, quant au nombre des habitants, par tous les peuples d'alentour, et nous nous bornons à les dépasser par nos progrès dans la voie de l'alcoolisme.

Messieurs, toutes ces choses sont affligeantes à entendre. Mais ne trouvez-vous pas qu'elles sont bonnes à dire? Pour guérir un mal, n'est-il pas nécessaire de le connaître, de le palper, de prendre conscience de sa gravité? Si malades d'ailleurs que nous soyons, nous ne sommes pas inguérissables. Je vous le montrerai. Pour aujourd'hui, continuons de constater la plaie. Nous avons mesuré les progrès de l'alcoolisme.

II. Comptons *les victimes de l'alcoolisme.*

Les boissons spiritueuses jouent dans nos habi-

tudes un tel rôle, qu'il semblerait que l'homme ne
peut plus vivre sans elles. L'alcoolisme envahit
tout, notre vie publique et notre vie privée, la
ville et la campagne ; il ne respecte ni l'âge, ni le
sexe, ni la condition sociale.

Que l'alcoolisme sévisse terriblement *dans la
classe ouvrière*, ceci n'a pas besoin d'être démontré.
C'est trop clair. Dans cette bonne ville d'Orléans,
nous sommes relativement beaucoup moins atteints
par le fléau. Mais regardons ailleurs, par exemple
dans la Seine-Inférieure, dans le Pas-de-Calais,
dans le Nord, nombre d'ouvriers emploient à ces
alcools, 2 francs par jour sur un salaire de 4 francs.

La classe aisée est-elle ici sans reproche ? Non.
Le culte fervent du petit verre un peu plus que
quotidien, n'est pas spécial à la classe ouvrière.
C'est souvent au café qu'on dénonce le cabaret.
Seulement l'alcoolisme de l'homme aisé échappe à
la publicité, tandis que l'alcoolisme de l'ouvrier
est un fait patent. L'abus des violentes boissons
épuise moins vite la santé et la bourse de l'homme
aisé, tandis qu'il suffit de quelques litres de
mauvaise eau-de-vie pour dévorer les économies
d'un ménage ouvrier, et pour exténuer un organisme émacié de fatigue et mal soutenu par une
nourriture insuffisante. L'alcoolisme se répand
partout, non seulement dans les grandes villes,
mais dans les petites villes.

Et dans *les villages*, on boit partout de l'eau-de-
vie déplorable, de l'absinthe, des apéritifs. En
Normandie et ailleurs, *les femmes* s'alcoolisent
comme les hommes. Il y aurait beaucoup à dire sur
ce sujet, beaucoup de misères à dévoiler. Que ce
mot suffise. *Les enfants* eux-mêmes ne sont pas à
l'abri de la contagion. Au premier déjeuner, ils
trempent, comme leurs parents, leur pain dans
l'eau-de-vie. Arrêtez ce petit garçon ou cette petite
fille de six à douze ans, qui se rendent à l'école,
ouvrez leur panier dans lequel a été placé leur
déjeuner, vous y trouverez de l'eau-de-vie et du
pain. Des rapports d'inspecteurs primaires le con-
statent, et des maîtres se plaignent qu'après le repas,
les classes sont empestées d'une odeur d'alcool
difficile à faire disparaître.

Où l'alcool n'est-il pas? Le Dr Legrain dit ici :
« L'ouvrier se tue, croyant tuer le ver, il grève
son modeste budget de famille. — Le commerçant,
l'industriel, traitent leurs affaires, le verre à la
main. — Le bourgeois a transporté son salon à la
brasserie — on serait déshonoré en recevant ses
amis, sans les intoxiquer — on fait injure à son hôte
en refusant ses dangereux présents — on ne peut
marier sa fille, ou célébrer les lauriers d'un petit
bachelier sans s'abreuver d'alcool. — Le collégien
croit faire l'homme en savourant son absinthe. —
L'étudiant serait bien mauvais clerc, s'il n'abîmait

son intelligence en des ripailles de cabaret. —
L'alcool est enfin le plus puissant levier électoral.
On aime, on rit, on pleure, on chante, on se console, on tue, on s'enrichit, on vole avec l'alcool ; on
fait tout avec l'alcool. Sans lui on ne fait rien.
Bacchus est le dieu du jour ; tressons-lui des couronnes et offrons-lui un alambic d'honneur. C'est
ainsi que, voulant être libre, l'homme a enchaîné
sa liberté, et subit, sans qu'il s'en doute, la plus
méprisable et la plus dispendieuse des habitudes...

Il est tout à fait impossible de compter les victimes
de l'alcoolisme.

Elles sont innombrables. Elles sont légion.

Conclusion :

Messieurs, nous cherchons des noms ambitieux
pour notre xix⁰ siècle ? Appelons-le donc tout
bonnement le siècle de l'alcool, et cette étiquette
suffira à expliquer bien des choses. « Nous marchons
à grands pas vers une barbarie nouvelle, vers la
barbarie alcoolique, » dit le Dʳ Lefèvre. C'est vrai,
cela. La plaie de l'alcoolisme existe. Ce n'est pas
niable. Nous l'avons constaté aujourd'hui. Nous
en étudierons successivement les ravages, puis les
remèdes. Nous dirons tout. Prêtres et catholiques
laïques, nous ne pouvons pas, nous ne devons pas
nous désintéresser d'un tel sujet.

DEUXIÈME CONFÉRENCE

L'ALCOOLISME AFFAIBLIT LE CORPS ET ABRÈGE LA VIE

MESSIEURS,

On dit que l'homme est le seul animal qui boive sans soif. C'est vrai. Le cheval qui est attaché à la porte de l'auberge avale quelques gorgées d'eau fraîche, et, quand il a apaisé sa soif, il s'arrête. C'est une noble bête qui fait preuve de discrétion et de sagesse. Or, pendant ce temps-là, que fait le maître du cheval à l'intérieur de l'auberge? Il vide un verre, puis deux, puis trois. Il boit tantôt pour se désaltérer, et tantôt pour se réchauffer — aujourd'hui pour s'étourdir, et demain pour se réjouir. Il absorbe consommations sur consommations. Oh ! le joli mot moderne : *Consommation !* Consommation de la liqueur, consommation de la bourse, consommation de la santé, consommation de la pudeur, consommation de la famille, consommation des générations et de la société à venir ! Nous avons constaté la plaie de l'alcoolisme. Il faut maintenant en étudier les ravages. Ils sont affreux.

Et d'abord l'alcoolisme affaiblit le corps et abrège la vie. Dans un tel sujet je n'ai rien à inventer. Je veux m'abriter derrière des autorités indiscutables. Je vous apporte des faits et des témoignages : faits et témoignages authentiques et terrifiants. Les voici :

I. — *Les faits.*

1° *L'alcool n'est ni une boisson ni un aliment.* — Il n'est pas plus une boisson ou un aliment que le chloroforme, l'éther ou la morphine, nous disent les médecins. L'alcool est un imposteur, disent les Anglais. — En effet, il semble que l'alcool *réchauffe* le corps. C'est faux. Appliquez un thermomètre sur le corps d'un homme qui a bu de l'alcool, et vous constaterez que la température est moins élevée qu'avant l'ingestion. — Il semble que l'alcool favorise *les digestions.* C'est faux. L'alcool altère les sucs digestifs, vicie la muqueuse de l'estomac et entrave les fonctions digestives. — Il semble que l'alcool *nourrit.* C'est faux. Les forces qu'il donne sont purement factices et passagères. On l'a comparé avec raison au coup de fouet donné à un cheval fatigué et affamé, qui a besoin de repos et d'avoine, et non de coups, pour pouvoir avancer. L'alcool excite, il ne nourrit pas. Il donne l'illusion de la force, et non la force. Il n'est ni une boisson ni un aliment. Qu'est-il donc?

2° *L'alcool est un véritable poison.* — Il tue par intoxication.

Consultons la table *des décès.* Vingt pour cent des décès annuels sont dus à l'alcoolisme. En 1880, l'alcool couchait dans la tombe 5.000 individus. En 1898, la statistique a révélé 14.000 morts dûes à l'alcoolisme. Les victimes de cet empoisonnement sont surtout des jeunes hommes pleins de vie et de force, et susceptibles de fournir une longue carrière. 14.000 vies humaines supprimées annuellement chez nous, où nous manquons de bras!

L'alcool est particulièrement le fossoyeur *des classes ouvrières.* Honneur, santé, famille, avenir, tout tombe dans le gouffre béant creusé par ce perfide ennemi, qui guette sa proie à tous les coins de rue. Dans certaines villes industrielles on a calculé que sur 10 convois funèbres qui passent, l'alcool compte 6 ou 7 victimes qu'il va précipiter dans la fosse.

Aux conseils de revision, les villes, et notamment Paris, ne parviennent qu'à grand'peine à fournir leur contingent. Le nombre des scrofuleux, des rachitiques, des malvenus augmente d'année en année. Pourquoi? Demandez-le à l'alcool.

Visitez *les hôpitaux.* Voici à l'hôpital 5 cadavres étendus sur les tables de marbre. Sur ces 5 cadavres, 4 sont ceux d'hommes atteints d'alcoolisme chronique. Sur 100 individus qui meurent dans les hôpitaux, 80 sont tués par les spiritueux. Cela résulte des autopsies faites par les médecins.

La moyenne de la vie est très basse chez les buveurs de spiritueux. Pour un nonagénaire buveur d'alcool, on pourrait facilement compter 10.000 buveurs d'alcool frappés de mort avant l'âge.

D'ailleurs, pour mesurer exactement les ravages de l'alcool, il ne suffit pas de compter les milliers de victimes qu'il tue directement par intoxication. Il faudrait énumérer les maladies qu'il engendre et les accidents qu'il occasionne. Et ici encore les statistiques sont significatives.

3° *L'alcool est la source de beaucoup de maladies.*

Voici, par exemple, la tuberculose. En 10 ans elle couche dans la tombe près de 2 millions de Français. Or, sur 100 tuberculeux, il n'est pas rare de trouver 98 alcooliques. Ces chiffres me sont donnés par un médecin très sérieux que j'ai consulté et qui a bien voulu me communiquer les résultats de ses recherches et de ses observations.

Un vieux lord Écossais eut une attaque de goutte au milieu de la saison de la chasse. Cela tombait mal. Le médecin appelé n'y pouvait rien. Le malade était furieux. « Pourquoi, dit-il un jour dans un accès de crise, au lieu de tourmenter mon pied, n'attaquez-vous pas le mal à sa source? » Le docteur se leva alors, et avec son bâton il se mit à briser les flacons de vin fin et de liqueurs qui se trouvaient sur l'étagère. « Que faites-vous là? » s'écrie le vieillard plein de colère. Et le docteur de répondre avec calme : « Je détruis la source du mal ». Comme c'était bien trouvé! Si on voulait descendre à la racine de beaucoup de maladies, on y trouverait quoi donc? L'alcool. Et enfin, disons tout :

1° *L'alcool est la cause de beaucoup d'accidents...* dans les usines, dans les manufactures, dans les charbonnages, dans les chemins de fer. Il suffit d'un seul individu plus ou moins alcoolisé pour tuer des centaines d'hommes. La statistique universelle des chemins de fer attribue à l'alcool 43 0/0 des catastrophes et accidents. Un conducteur de train racontait dans une enquête qu'en une seule journée on lui avait offert à boire 31 fois. Il y a trois ans, à l'occasion de la perte du *Drummond Castle*, un journal anglais écrivait : « L'alcool est la cause certaine de la perte de 70 0/0 des navires anglais... Je pourrais multiplier les faits. C'est assez. Il est prouvé, archi-prouvé que l'alcoolisme affaiblit le corps et abrège la vie, qu'il détruit les forces physiques et la santé. L'alcool n'est ni une boisson ni un aliment. Il est un véritable poison. Il engendre beaucoup de maladies, et il occasionne beaucoup d'accidents.

Vous avez constaté les faits. Entendez maintenant :

II. — *Les témoignages*

1° *Les médecins* sont ici à peu près unanimes.
« L'alcool est par lui-même toujours un poison »,
dit le D⁺ Faidherbe. Et le célèbre D⁺ Lannelongue
dit : « L'alcoolisme n'est qu'une vieillesse anti-
cipée. L'homme bien portant est celui qui résiste
le mieux à tous les assauts de la maladie, or, le
buveur d'alcool a perdu toute résistance; à quarante ans, il a les tissus d'un homme de soixante
ans au moins ».

2° *Les philosophes*, les observateurs, disent la
même chose. Écoutez J. Simon : « Si l'on trouve
dans les ateliers tant d'ouvriers dont la main
tremble, dont la vue est trouble, dont les bras suc-
combent sous le poids du marteau, quelle est la
cause? Est-ce le feu de la forge et le fer incessamment frappé sur l'enclume? Non, le travail
fortifie. C'est la débauche qui tue, c'est elle qui fait
les invalides, qui peuple les rues de mendiants et
les hôpitaux d'incurables ».

3° *Les hommes d'État* ont sur ce sujet des paroles
terribles. En voici une, une seule. Elle est
de Gladstone. « L'alcool, dit-il, fait de nos jours
plus de ravages que ces trois fléaux historiques : la
famine, la peste et la guerre. Plus que la famine

et la peste, il décime ; plus que la guerre, il tue ; il fait plus que tuer ; il déshonore ». Tous ces hommes ne se sont pas entendus d'avance pour parler ainsi. Et cependant leurs témoignages sont identiques. Au nom de la science, au nom de la raison, au nom de l'intérêt national, ils disent la même chose.

4° *Les explorateurs et les généraux* ne sont pas d'un autre avis. Il me semble que leur conduite et leurs déclarations sont encore plus démonstratives :

Dans une des dernières expéditions d'Égypte, le général anglais Wolseley avait interdit à ses troupes l'usage de toute boisson alcoolique. L'interdiction était absolue et formelle, malgré même les observations des médecins du corps d'armée. Pas d'alcool à aucun prix, ordonnait impitoyablement le général en chef. Le général Wolseley était convaincu qu'il y avait inutilité et même danger à distribuer de l'eau-de-vie aux troupes en campagne.

En 1840, Livingstone partait pour l'Afrique emportant avec lui comme médecine une bouteille de cognac. Elle se cassa en route. Il ne la remplaça pas. En 1852, il écrivait : « Voilà plus de vingt ans que je ne fais aucun usage de boissons alcooliques. Elles sont inutiles et nuisibles ».

On dit que l'alcool convient aux climats chauds. Comment expliquer que Stanley refusa d'en donner

à ses hommes pendant la marche forcée qu'il
effectua à travers l'Afrique à la recherche d'Emin-
pacha ?

D'autres disent que l'alcool convient aux climats
froids. Et cependant dans sa fameuse expédition
au pôle nord, Nansen n'a pas embarqué une seule
goutte de boissons alcooliques. Pendant trois ans
l'équipage du *Fram* s'en est radicalement abstenu.
Preuve évidente qu'on peut sans alcool supporter
les travaux les plus durs et affronter résolument
les froids les plus intenses.

Le général Gallieni, gouverneur de Madagascar,
ne boit que de l'eau depuis douze ans. Il a fait lire
au dernier congrès antialcoolique de Paris un
rapport d'où il résulte que dans nos colonies, mieux
vaut pour la santé une eau même mauvaise qu'une
boisson alcoolique quelconque. Faute d'avoir
observé cette règle, certains peuples malgaches,
les Sakalaves en particulier, sont non seulement
en voie de décadence, mais sur le point de disparaître. Devant de tels témoignages, il faut s'in-
cliner.

Conclusion.

L'alcoolisme est l'ennemi de la santé. Il tue la
vie physique.

Au cimetière, si les tombes pouvaient parler,

vous les entendriez s'écrier : « C'est l'alcool qui nous livre vingt ans avant l'heure bon nombre de ceux qui dorment ici ».

Si la France doit périr un jour, ce ne sera pas par l'invasion du choléra asiatique, ni de la peste des Indes, mais bien par l'invasion sans cesse croissante de l'alcoolisme.

Comment le monde finira-t-il ? par réfrigération, par absorption de l'air, par combustion etc...? Les savants et les philosophes ne s'accordent pas. Eh bien ! si cela continue, ce n'est pas ainsi que finira le monde. Nous mourrons tout bonnement par l'alcool. C'est le poison qui détruira l'humanité. L'homme se tue lui-même. Que faire? Nous verrons cela. La question mérite d'être étudiée à fond.

TROISIÈME CONFÉRENCE

L'ALCOOLISME VOILE L'INTELLIGENCE ET DÉCHAINE LA BÊTE HUMAINE

MESSIEURS,

L'alcoolisme est une véritable plaie sociale. Nous avons mesuré ses progrès et compté ses victimes. Puis nous avons commencé à étudier ses ravages. Il use le corps de l'homme et abrège sa vie. Il va plus loin. Il atteint l'âme elle-même, et il la déprime étrangement. Il voile l'intelligence et il déchaîne la bête humaine.

Armons-nous de courage pour explorer ces régions désolées.

I. — *L'alcoolisme voile l'intelligence.*

Il ne se contente pas de pénétrer les tissus et de dévorer les organes. Il s'attaque au cerveau. Il le ronge lentement, mais jusqu'au bout, et par le cerveau, il atteint l'intelligence. Tous les médecins

qui ont étudié la question sont d'accord pour constater que l'abus de l'alcool entraîne à la longue
une véritable déchéance intellectuelle. Elle est peu
sensible évidemment quand l'abus n'est pas considérable. Elle arrive au gâtisme et à la folie quand
l'excès prend des proportions exorbitantes. Prou-
vons cela par des faits et des chiffres.

1° *Le nombre des aliénés suit à peu près la même
progression que la consommation de l'alcool.* C'est
un fait déjà très curieux. *En* 1865, la production
alcoolique n'était évaluée qu'à 873.000 hectolitres,
et on ne comptait que 14.000 aliénés. *En* 1892, le
chiffre des aliénés monte à 59.000, tandis que
celui des hectolitres d'alcool passe de 873.000 à
1.735.367. *A l'heure présente*, il existe en France
80.000 aliénés séquestrés. Sur ce nombre, 20.000
environ ont dû leur folie soit directement, soit
indirectement à l'influence de l'alcool. Dans la
seconde moitié de ce siècle, l'aliénation mentale a
suivi une marche ascendante à peu près parallèle à
l'accroissement de la production de l'alcool.

Sans doute, l'alcool n'est pas ici seul responsable. Il est certain cependant qu'il a sa très grande
part dans ce phénomène affligeant. Je vais vous en
donner la preuve topique.

2° *Ce sont les départements les plus ravagés par
'alcool* qui voient s'élever chez eux le nombre des

aliénés. Dans le département de *la Seine*, la proportion des aliénés par alcoolisme est de 38 0/0 chez les hommes, et de 12 0/0 chez les femmes. *En Normandie*, on a compté en 1894 jusqu'à 40 0/0 d'aliénés séquestrés pour cause d'alcoolisme. Au contraire, dans les régions moins contaminées par le fléau de l'alcool, l'accroissement du nombre des aliénés est beaucoup moins sensible. N'est-ce pas significatif ?

· 3° Et puis nous ne parlons là que des alcooliques internés. Mais combien d'alcooliques dont la mentalité est fortement atteinte, *sans être pour cela enfermés* dans un asile ! Combien d'individus sont devenus, sous l'influence de l'alcool, brutaux, querelleurs, colères, malfaisants, même à l'égard de leurs femmes et de leurs enfants ! Pour un aliéné véritable, combien d'alcooliques sur le seuil de l'aliénation mentale vaguent en liberté et ne sont pas compris dans les statistiques ! L'alcoolisme, alors même qu'il n'est pas à l'état aigu, a presque toujours pour résultat d'affaiblir la raison et de voiler l'intelligence.

Il fait plus encore. Il agit sur la volonté, et il la pervertit. Il ne conduit pas seulement aux asiles d'aliénés, il mène surtout au bagne et à la prison. Il engendre et il développe la criminalité.

II. — L'alcoolisme déchaîne la bête humaine.

L'anglais Ward, un jour qu'il voyageait dans les montagnes de l'Écosse, assis à l'impériale d'une diligence à côté du cocher, offrit à celui-ci de boire un coup à sa gourde d'eau-de-vie. Le cocher refusa, disant assez rudement : « Je ne bois pas d'alcool, je n'en veux pas boire, et il ne me plaît pas d'en voir boire près de moi. — Et pourquoi cela ? — Je suis comme ces montagnes que vous voyez là-bas. Regardez, elles ont leur sommet au frais sous la neige ; eh bien, au sommet de ma tête, il y a un cerveau, et je désire le garder sain et frais ; votre propre sécurité en dépend ». Il avait raison, ce cocher. L'homme alcoolisé n'a plus le cerveau frais et dispos. Il n'est guère capable de bien faire. Il peut faire beaucoup de mal et devenir fort nuisible. Voyez plutôt.

1° *Sous la poussée de l'alcoolisme, la bête humaine déchaînée se précipite dans des crimes sans nombre et dans les derniers excès de la démoralisation.*

a) Voici *chez nous* la situation à l'heure présente :

Sur 100 condamnés pour meurtre, on trouve 53 alcooliques ;

Sur 100 vagabonds et mendiants, 70 alcooliques ;

Sur 100 incendiaires, 57 alcooliques ;

Sur 100 condamnés pour outrages à la pudeur, 53 alcooliques ;

Sur 100 condamnés pour coups et blessures, 90 alcooliques ;

Au total, sur 500 condamnés, le Dr Legrain a rencontré 323 alcooliques, soit les deux tiers.

Le directeur d'une prison de Paris a trouvé 2.115 alcooliques sur les 3.000 pensionnaires dont il est chargé.

Chaque année, en France, l'alcoolisme produit en moyenne 87.600 inculpés de toute catégorie.

De plus, on a calculé que 65 0/0 de ceux qui subissent quelque peine infamante dans nos maisons centrales ont été amenés là par l'abus des boissons fortes.

Supprimez l'alcool, bannissez les boissons fortes, et vous pourrez fermer les trois quarts des prisons.

Et le crime du suicide, n'est-il pas en progression constante, et en progression parallèle avec la consommation de l'alcool? Le sixième des suicides est attribuable à l'alcoolisme. Telle est chez nous la situation. Elle n'est pas belle.

b) De l'autre côté de l'Océan le mal est pis encore. M. Everest, ministre des Affaires à Washington, écrit: « Depuis dix ans, l'alcool a coûté à l'Amérique une dépense directe de 3 milliards, une dépense indirecte de 600 millions. Il a détruit 300.000 individus, envoyé 100.000 enfants aux dépôts des pauvres, consigné plus de 150.000 per-

sonnes dans les prisons, et 10.000 dans les asiles
d'aliénés. Il a poussé à la perpétration de 15.000 as-
sassinats, causé 2.000 suicides, incendié ou détruit
pour 50 millions de propriétés, fait 200.000 veuves
et 1 million d'orphelins ». Ces chiffres sont effrayants.
Ils ne sont pas exagérés. Il faut seulement se rappeler qu'il s'agit là d'une période de dix ans, —
que l'Amérique compte 55 millions d'habitants, —
et qu'on y consomme en moyenne 8ᴸⁱᵗ,50 d'alcool
pur par tête et par an.

Mais laissons l'Amérique..., faisons notre examen de conscience national, et avouons que si,
depuis vingt ans et plus, la criminalité suit dans
notre pays une marche ascendante, l'alcool y est certainement pour quelque chose, pour beaucoup Il y
a de cela une preuve irréfutable.

*c) Les régions de France où il se boit le plus d'al-
cool, sont précisément celles où les crimes sont le
plus nombreux.* La distribution géographique de
l'immoralité coïncide exactement avec la distribution géographique de l'alcoolisme. Les trois départements de la Normandie qui sont les plus grands
consommateurs d'alcool, la Seine-Inférieure, le Cal-
vados et l'Eure, comptent près de 80 condamnés
pour 1.000 habitants. Les trois départements qui
ressortissent de la Cour d'appel d'Orléans, l'Indre-et-
Loire, le Loir-et-Cher, le Loiret, et dont la consommation alcoolique se rapproche de la moyenne,
ont un peu moins de 50 condamnés pour 1.000 ha-

bitants. Les trois départements du ressort de Limoges, Creuse, Corrèze et Haute-Vienne, où l'alcool rencontre le moins de faveur, sont aussi les moins criminels et n'offrent que 35 condamnés sur 1.000 habitants.

A moins de fermer obstinément les yeux, l'on doit reconnaître ici plus qu'une simple coïncidence. C'est prouvé... L'alcoolisme déchaîne la bête humaine et favorise la criminalité. L'alcoolisme jette journellement dans la société des milliers et des milliers de criminels.

2° *Quelques-uns prétendent que l'alcoolique n'est pas responsable*, qu'il est aveuglé par la passion, et que la passion lui enlève l'intelligence, donc la liberté, donc aussi la culpabilité. Ce n'est pas un criminel. Ce n'est qu'un malheureux.

Attention ! Cela demande explication. On ne répond que du mal que l'on fait librement. C'est vrai. Mais, quand l'homme s'est volontairement abandonné à une passion mauvaise, il répond de tous les effets, de tous les résultats de cette passion. Ayant posé la cause, toutes les conséquences lui sont imputables. Vous attachez un de vos semblables à la queue d'une cavale indomptée, et vous la chassez dans le désert. Sans doute, vous ne dirigez pas chacun des bonds de ce coursier fougueux, mais vous n'en êtes pas moins responsable de tout le sang qu'il a versé. Ainsi en est-il de tout homme

qui, loin de réprimer ses passions, se livre complètement à leur fougue. Ainsi en est-il de l'alcoolique.
Une fois qu'il a déchaîné en lui la bête humaine,
peut-être n'est-il plus capable d'en arrêter les déportements insensés. Qu'importe? Il est responsable quand même. Il est responsable de sa folie,
de son suicide, de ses crimes qui ont pris naissance
dans l'alcool accepté librement et ingurgité sans
mesure.

Conclusion :

Un publiciste très connu, Cornély, écrivait dernièrement, dans un grand journal, un article sur
le sujet qui nous occupe, et il terminait ainsi :
« Je n'entre jamais pour acheter un cigare ou une
boîte d'allumettes chez un débitant, sans saluer
d'un regard de rage et de terreur le casier où derrière sa tête s'alignent les bouteilles aux étiquettes
coloriées, et sans me dire : La voilà, l'armoire aux
poisons ; le voilà, le laboratoire infâme où s'éla-
borent les révolutions et d'où sortent la stérilité,
le rachitisme, la folie, la criminalité. Et quand je
traverse vers l'heure du dîner les boulevards bor-
dés de verres d'absinthe, j'ai envie d'y planter le
bout de ma canne, dans ces verres, pour en dé-
goûter les pauvres gens qui se détériorent cons-
ciencieusement le cerveau et la moelle épinière.

L'alcool pris à dose excessive aboutit, tout le monde le sait, à la folie furieuse; pris à dose passive, il développe en l'homme la méchanceté, les instincts pervers, la brute ».

C'est, Messieurs, ce que je voulais vous dire aujourd'hui, et je termine par une maxime que vous voudrez bien populariser autour de vous. La voici : « Éloignez le fumier de la porte de vos habitations, l'alcool de vos lèvres, la fraude de vos mains. De l'air pur, de l'eau pure, un cœur pur, c'est la santé et le bonheur ».

QUATRIÈME CONFÉRENCE

L'ALCOOLISME EST LA RUINE DU FOYER, DE LA RACE, DE LA NATION

MESSIEURS,

L'alcoolisme est une véritable plaie sociale, qui atteint l'individu dans son être physique, dans son être intellectuel et dans son être moral.

Ce n'est pas tout. L'alcoolisme est un fléau qui rayonne, qui frappe au loin, qui perpétue ses ravages. Il ruine le foyer, la race, la nation. Aujourd'hui encore constatons le mal. Dimanche, nous étudierons les remèdes.

I. L'alcoolisme est la ruine du foyer.

Interrogez vos souvenirs, *votre expérience*. N'avez-vous pas connu des familles honorables, jouissant d'une certaine aisance, ou même d'une certaine fortune, et qui ont été ruinées et déshonorées par l'alcoolisme? Sous la pression de l'alcool, ce pro-

priétaire influent, ce fermier laborieux, ce petit
cultivateur, ont été obligés de vendre peu à peu
toutes leurs terres, puis la maison paternelle. Ils
ont quitté le pays. Ils se sont réfugiés à la ville, et
là ils sont devenus de simples manœuvres, qui se
traînent incapables de tout travail sérieux et qui
mourront dans l'abjection et la détresse. L'alcoolisme est la ruine du foyer.

Interrogez les *économistes*, les statisticiens. Un
professeur belge établit ainsi la perte annuelle
faite en Belgique par l'ouvrier buveur d'alcool :
200 francs en excès de boissons ; 25 francs en excès
de tabac ; 150 francs en journées perdues ; 25 francs
de frais médicaux. Cela fait le joli total de 400 francs,
somme énorme qui, placée à intérêts composés à
4 0/0, produirait au bout de vingt ans plus de
12.000 francs, au bout de quarante ans près de
40.000 francs, une petite fortune ! Quand un ménage ouvrier est contaminé par l'alcoolisme, rien
n'y peut ramener l'aisance : ni les augmentations
de salaire, ni les institutions économiques les plus
ingénieuses, ni même l'intervention de la charité.
L'alcoolisme est la ruine du foyer.

Interrogez les *philosophes*, les philanthropes, les
conférenciers de Saint-Vincent de Paul. Ils vous
diront que, dans le nombre des familles pauvres,
secourues par l'assistance publique en Belgique, en

Angleterre et en France, il y en a 75 0/0 qui ont
été amenées à la misère par l'alcoolisme du père de
famille. « Pourquoi ce poêle éteint, écrit *J. Simon*,
ce lit sans matelas et sans couverture, cette armoire
vide, ces enfants mourant moitié de phtisie, moitié
de faim? Y a-t-il eu une crise industrielle? Les
ateliers refusent-ils de l'ouvrage? Le père de famille ne sait-il que faire de sa volonté et de ses
bras? Non, sa femme et ses enfants vivraient, s'il
le voulait; c'est lui qui leur vole leur lit et leurs
vêtements, lui qui les condamne au froid et à la
faim, à la mort, lui, le lâche, qui a bu leur subsistance avec l'alcool ». L'alcoolisme est la ruine du
foyer.

Interrogez les *souffre-douleurs* qui en sont les
tristes victimes. Ouvrier, ne marie pas ta fille à
l'homme qui boit, marie-la plutôt à l'homme le plus
laid, le plus mal tourné et le plus pauvre, pourvu
qu'il soit sobre et rangé. Car vraiment je ne connais
pas au monde de créature plus misérable que la
femme de l'alcoolique. Sa vie n'est qu'un long cal-
vaire, où d'étape en étape pleuvent sur elle les injures, les blasphèmes et les coups sanglants. Elle
pleure, et autour d'elle pleurent ses malheureux
enfants, victimes affolées de la débauche paternelle.
Aucun animal ne laisse crever ses petits de faim.
Lui, l'alcoolique, la bête sans nom, a bu le pain de
ses enfants, et il n'en a ni souci ni regret. Il n'a

plus de conscience. Il n'a plus de cœur. Il n'a même plus l'instinct de l'animal qui nourrit ses petits. Il est tombé au-dessous de la brute. L'alcoolisme est la ruine du foyer. Il tue dans la famille l'aisance, la joie, la concorde.

Et, si cela continue, il finira par corroder dans sa source toute la sève de notre race. Redoublez d'attention.

II. *L'alcoolisme est la ruine de la race.*

L'alcoolique en effet ne pourrit pas seulement son corps, son âme, son foyer; il pourrit sa race. Vous allez voir.

12 ménages d'alcooliques étudiés *aux États-Unis* ont donné le jour à 57 enfants, dont 25 sont morts dès la première semaine, 6 sont idiots, 5 sont mal conformés, 5 épileptiques, 5 malades, 2 alcooliques; 9 enfants seulement, un sixième, échappent à la malédiction. L'alcoolisme pourrit la race.

Revenons *chez nous*. Le Dᵉ Legrain a eu la persévérance d'étudier 215 familles d'alcooliques, ayant fourni un total de 814 descendants, répartis dans trois générations. Or, savez-vous ce qu'il est arrivé de ces 814 individus? 427 sont devenus alcooliques à leur tour. 60 0/0 présentaient des signes évidents de dégénérescence. 14 0/0 sont tombés dans le crime. 22 0/0 ont été emportés par

des convulsions infantiles. 17 0/0 ont abouti à
l'épilepsie, et 19 0/0 à l'aliénation mentale. Et
d'autres calculs très sérieusement faits par des
médecins et des statisticiens établissent que 50 0/0
des idiots sont fils d'alcooliques... et que parmi les
épileptiques 60 0/0 sont fils d'alcooliques. Est-ce
clair, Messieurs? L'alcoolisme pourrit la race.

Savez-vous ce qui se passe actuellement *en Nor-*
mandie, la région la plus gangrenée d'alcoolisme?
Tandis que la consommation moyenne atteint environ 5 litres d'alcool par habitant, et alors que
cette moyenne à Paris ne dépasse pas 7 litres 29,
elle se monte dans l'Eure à 12$^\text{lit}$,14 ; dans le Cal-
vados à 14$^\text{lit}$,12 ; dans la Seine-Inférieure à 15$^\text{lit}$,88).
Eh bien, savez-vous où en est arrivée la Nor-
mandie? De 1880 à 1895, en Normandie, la morte-
natalité et la mortalité infantile ont augmenté
de 20 0/0. Le nombre des conscrits ajournés ou
réformés pour vices de constitution a triplé. Le
chiffre des morts s'est élevé de 21 à 28 pour 1000,
et celui des naissances est tombé de 28 à 19... Je
le répète, Messieurs, l'alcoolisme pourrit la race.

Il pourrit la race *au physique et au moral.* Les
parents alcooliques forment une descendance vi-
cieuse et misérable. Ils pervertissent leur postérité,
non seulement en la plaçant dans un milieu de
mauvais exemples, mais en lui infusant avec le
sang le virus du vice et de la maladie. Ils jettent
dans la société des enfants dégénérés, une jeunesse

buveuse et criminelle, une foule croissante de rachitiques, de gàteux, d'hystériques, d'idiots, d'épileptiques... victimes inconscientes de l'alcoolisme des
ascendants, que la médecine est impuissante à
guérir et qui sont l'embarras de la société. D'où
cette parole sévère et terrible du Dr Legrain : « Un
peuple qui s'alcoolise et qui, par suite, fait souche
de dégénérés, d'idiots, d'épileptiques, d'aliénés, est
un peuple qui s'étiole. Un peuple alcoolisé, en
somme, est un peuple en voie de disparaître ».
Messieurs, redoublez d'attention.

III. — *L'Alcoolisme est la ruine de la nation.*

L'alcoolisme désole le foyer. Il pourrit la race.
Il épuise la nation.

1° Il épuise *les finances* de la nation. Savez-vous
ce qu'il coûte? Les statistiques anglaises évaluent
au chiffre énorme de 2 milliards et demi la somme
des salaires dépensés annuellement au cabaret par
les ouvriers de l'Angleterre. Chez-nous on boit
annuellement pour 1 milliard d'alcool. Il faut
ajouter à cela les journées perdues par suite d'alcoolisme, soit 1 milliard 340 millions; et puis les
suicides et morts accidentelles dus à la même cause,
soit 5 millions.

On dit que l'alcool est pour *l'État* une source de
revenus. Quelle pitoyable erreur! L'État encaisse

l'impôt de l'alcool, c'est vrai; mais pour réparer les méfaits de l'alcool, quelles dépenses ne doit-il pas s'imposer? Il dépense par an 10 millions pour les aliénés perdus par l'alcool, 9 millions pour la répression des crimes engendrés par l'alcool, 70 millions pour l'entretien dans les hôpitaux des victimes de l'alcool. Si nous totalisons toutes les sommes versées soit par les particuliers, soit par l'État, nous constatons que l'alcoolisme nous coûte 2 milliards et demi par an; avec cela il y aurait de quoi améliorer le sort de tous les déshérités, de quoi résoudre la question sociale. L'alcoolisme épuise les finances de la nation.

2° Il épuise *la vitalité* de la nation. Où en sommes-nous au point de vue de la *population?* C'est effrayant. Si les choses continuent comme elles sont en train de marcher, avant quinze ans l'Allemagne aura deux conscrits, tandis que la France n'en aura qu'un. Nous reviendrons bientôt sur ce capital sujet. Disons seulement pour aujourd'hui que l'alcoolisme contribue grandement à la diminution de la natalité. Dans les départements où l'alcoolisme est le plus répandu, comme en Normandie, la population diminue graduellement.

Et puis l'alcoolisme n'empêche pas seulement de naître, il empêche encore de vivre... Il use, en quelque sorte, la nation par les deux bouts, en augmentant la mortalité et en diminuant la natalité.

Et enfin que produit-il, sinon *des dégénérés ?* des êtres inférieurs? des débilités physiquement et intellectuellement? des soldats qui n'ont pas la taille ou qui n'ont qu'un sang gâté, empoisonné? Tenez : le paysan généralement n'est pas alcoolique; aussi fournit-il à l'armée des gaillards solides qui peuvent tenir un drapeau et défendre un pays... tandis que, s'il était alcoolique, il n'enverrait au régiment que des enfants rachitiques, impuissants à venger une patrie.

Gare à vous ! L'alcoolisme est une ruine pour les peuples. Il épuise les finances de la nation, la vitalité de la nation.

3° Il épuise *l'âme* de la nation. Il détruit la vie familiale, si nécessaire au bon fonctionnement de la société. Il enfante le désordre et la corruption. Il rend impossible l'ascension du travailleur à un état intellectuel et moral plus élevé. Il prépare la décadence irrémédiable et l'abrutissement définitif des esprits et des volontés. Il tue dans la nation toutes les parties nobles; il n'en laisse subsister que les parties basses et rampantes. J'ose le dire, si l'anarchie faisait sauter la moitié des maisons de Paris, si un peuple donnait le signal d'une guerre universelle, ni l'anarchie, ni la guerre n'arriveraient à causer à la France autant de désastres réels que lui en inflige le liquide frelaté qui tombe par torrents sur notre génération. L'alcoolisme est la ruine du foyer, de la race, de la nation.

Conclusion :

Il est inutile d'insister. Je vous ai dit le mal. Il
est impossible de le contester. Dimanche nous
étudierons les remèdes. C'est assez pour aujourd'hui.
Prions, Messieurs. Demandons à Dieu d'avoir pitié
de nous. Orgueilleux que nous sommes, humilions-
nous dans l'aveu de nos misères et de nos dégrada-
tions.

O civilisation abusée, reviens à Dieu et supplie-
le de ne pas te laisser périr dans un accès de délire
alcoolique !

CINQUIÈME CONFÉRENCE

QUE FAIRE? — LE DEVOIR DE L'ÉTAT

MESSIEURS,

Un homme d'État belge, très compétent dans les questions sociales, M. Lejeune, a dit ces paroles si justes et si autorisées: « Les questions sociales nous enveloppent et nous obsèdent. Vous ne réussirez pas à les résoudre avant d'avoir vaincu l'alcoolisme; par lui toutes les réformes sont vouées d'avance à la stérilité ». C'est vrai. L'alcoolisme est un épouvantable fléau qui atteint les ressources morales, les richesses matérielles, les forces vives de la nation. Il faut nécessairement lutter contre ce fléau, le diminuer, le neutraliser, le vaincre autant que possible.

Que faire? ah! que faire? c'est là que vous m'attendez. Eh bien! en toute sincérité, après y avoir mûrement réfléchi, je vous dirai ce que je pense là-dessus. Je n'ai pas la prétention de vous amener tous à partager ma manière de voir. Je veux au moins vous proposer les remèdes que je crois possibles et nécessaires. Je viens vous offrir les solu-

tions du terrible problème. Vous restez libres de
les discuter...

Que faire donc contre l'alcoolisme ? A cela je
réponds : « Que tout le monde s'y mette, l'État et
les particuliers ».

Étudions aujourd'hui le devoir de l'État.

1° L'État, chez nous, a quelque chose à faire ;

2° L'État, chez les peuples étrangers, a déjà fait
beaucoup contre l'alcoolisme.

I. — *L'État, chez nous, a quelque chose à faire.*

Il y aurait pour l'État un moyen radical de vaincre
l'alcoolisme : ce serait d'imiter ce roi nègre, dont
les sujets quoique nègres étaient toujours gris. Il
prit une mesure très simple et très efficace :
« Défense de vendre ou de détenir quelque alcool
que ce soit sous peine de mort ». Le remède est par
trop violent. Mettre les gens à mort est une manière peu heureuse de les préserver et de les con-
vertir. L'État a autre chose à faire.

Quelques-uns lui demandent *de monopoliser* la
fabrication de l'alcool, ou tout au moins sa recti-
fication. Le procédé aurait peut-être pour résultat
d'améliorer les qualités des boissons alcooliques.
Aurait-il aussi pour effet d'en réduire la quantité ?
c'est beaucoup plus douteux. Et puis l'État a déjà

assez de monopoles. Il ne me semble guère expédient de lui confier encore celui de l'alcool.

D'autres demandent à l'État *d'élever les droits* sur l'alcool. Ils attachent une efficacité considérable à ce moyen. Nous ne payons que 156 fr. 25 par hectolitre[1], alors que l'hectolitre est grevé de 455 francs en Russie et de 477 francs en Angleterre. On peut essayer d'élever les droits. Mais, en essayant, ne perdons pas de vue le détail suivant. C'est que l'impôt qu'il s'agit d'élever a déjà subi depuis 50 ans plusieurs augmentations. De 60 francs en 1855, il a été porté à 90 francs en 1860, à 150 francs en 1871. et au chiffre actuel en 1893. Or, c'est pendant la même période exactement que la production de l'alcool est montée de 714.813 hectolitres à 1.865.000. Le remède semble donc peu efficace, on pourrait quand même l'employer.

Mais il y a plus et mieux à faire. Quoi? Voici un certain nombre *de mesures législatives* qui me semblent possibles, utiles, nécessaires même. Beaucoup d'hommes sérieux, compétents, autorisés, les préconisent. Je crois avoir le droit, non pas de vous les imposer, mais de vous les proposer. Vous en penserez ce que vous voudrez.

Appliquer sérieusement la loi du 23 janvier 1873 sur l'ivresse publique ;

Priver l'alcoolique plusieurs fois condamné du

1. Depuis lors, les droits sur l'alcool ont été chez nous sensiblement majorés.

droit électoral, et même de la tutelle paternelle ;

Voir une circonstance aggravante dans le fait d'un délit commis sous l'empire de l'alcool ;

Priver de ses droits d'éligibilité tout candidat à une fonction élective convaincu d'avoir distribué de l'alcool à ses électeurs ;

Interdire à tout agent d'une administration publique d'ouvrir en son nom ou sous le nom de sa femme un débit de boissons alcooliques ;

Condamner avec la plus rigoureuse sévérité les débitants qui versent à boire aux enfants;

Décréter que les dettes de cabaret ne seront acquittées que subsidiairement aux dettes contractées chez le boulanger.

Je viens de parler des cabarets. Le progrès de l'alcoolisme tient évidemment pour une très large part à l'augmentation du nombre des cabarets, cafés et débits de tout genre. De ce côté l'État a quelque chose à faire.

Il doit *restreindre le nombre des cabarets.*

Le nombre des cabarets! Nous avons en France 500.000 cabarets échelonnés sur le sol de notre malheureux pays pour aspirer les sueurs du monde ouvrier. 500.000 sans compter les débits clandestins, ni les débits de la capitale qu'on évalue au moins à 30.000, c'est-à-dire un cabaret par moins de 20 électeurs. En Normandie il y a un cabaret pour 16 électeurs. Tel faubourg de Lille a 1 cabaret sur 3 maisons. Roubaix a 2.050 débits pour

110.000 habitants, et compte 29 cabaretiers dans son conseil municipal. La loi du 17 juillet 1880 a accordé la liberté absolue de la profession de cabaretier. Cent mille débits nouveaux sont venus accroître chez nous la plaie rongeante de l'alcoolisme.

Cette multiplicité est un immense danger. — Messieurs, je ne suis candidat à aucune élection, je suis indépendant, je puis dire la vérité ; je suis prêtre, et je dois la dire. Le cabaret, ouvert partout, est un péril, un grand péril. Le nombre des cabarets est toujours mathématiquement inverse de la moralité publique, de la santé publique. Le cabaret offre l'occasion à la tentation de boire. Ce paysan, qui chez lui ne boirait pas de liqueurs alcooliques ou en boirait avec modération, vient au village ou à la ville pour traiter une affaire, pour conclure un marché, ou simplement pour se promener ; le cabaret l'attire, le saisit, le passionne, l'appauvrit et l'abrutit. En allant à son ouvrage, ou en revenant, cet ouvrier passe devant le cabaret ; il y entre, et il se livre à la boisson. Voilà un homme perdu... et cet homme s'appelle légion. Voilà une vraie plaie sociale.

Et vous ne me ferez jamais croire et dire que *l'État a droit d'entretenir et de cultiver une telle plaie.* — L'alcoolisme, dit-on, est un vice avantageux à l'État. Il rapporte beaucoup de millions au Trésor. Qu'importe ? Il tue la nation. Économistes, médecins, jurisconsultes, moralistes n'ont qu'une voix pour dénoncer les effets de ces breuvages mortels pour le corps, pour l'intelligence, pour le cœur et pour les enfants à naître. Donc il faut endiguer ce fléau. Donc il faut augmenter le taux de licence. Donc il faut limiter le nombre des cabarets, ou au moins décider comme à New-York que l'ouverture d'un nouveau débit ne ser   accordée qu'en échange de la fermeture d'un ancien. Et d'ailleurs la limitation du nombre des cabarets serait-elle si défavorable aux débitants? Nullement. Moins nombreux, ils auraient chance de mieux gagner leur vie.

Voilà le devoir de l'État. Tout le monde le pense. Personne n'ose le dire. Les législateurs se taisent et s'abstiennent. Et cependant il s'agit de l'avenir de la France. J'ai parlé. Que les autres agissent. Toutes les nations à l'heure présente nous donnent un exemple à suivre. L'État, chez nous, a quelque chose à faire.

II. — *L'État, chez les peuples étrangers, a déjà fait beaucoup.*

Tenez, je vais vous présenter ce qu'on pourrait appeler le plébiscite des nations sur la question qui nous occupe.

Commençons par l'Europe. — *La Russie* était envahie comme nous, plus que nous par l'alcoolisme. Depuis dix ans elle fait machine en arrière. Et au-

jourd'hui, grâce aux lois draconiennes de l'Empire,
à l'élévation des droits de régie qui ont triplé de
1862 à 1898, grâce surtout à la réduction du
nombre de débits, nos amis les Russes boivent
moitié moins. L'État, comprenant son rôle, a pris
en mains la lutte contre l'alcoolisme et il a fait
reculer le fléau. — *La Suisse* réputée le pays du
lait était devenu le pays de l'alcool. Elle vient de
limiter le nombre des débits de boissons. — Le
gouverneur de la *Basse-Autriche*, par un décret
tout récent, prescrit la fermeture des débits de spiritueux le samedi à 5 heures et le dimanche à
midi. — En *Hollande* une loi de 1881 a réglé le
nombre des cabarets sur la population des communes, en maintenant les droits acquis pour une
période de vingt ans. Le total des cabarets se mon-
tait alors à 43.000. En 1891 il n'atteignait plus que
25.000. Il sera réduit à 12.000 en 1901, quand la
loi produira son plein effet. En *Belgique* une loi
de 1889 a établi la licence qui n'existait pas, elle a
défendu en outre de payer les salaires au cabaret
et de cumuler la vente des liqueurs avec d'autres
commerces. Cinq ans après, le chiffre des cabarets
avait diminué de 14.000. — C'est en *Suède et
Norvège* que l'État a le mieux manœuvré. La
vente des spiritueux y est confiée à des sociétés phi-
lanthropiques, dont les bénéfices sont attribués soit
aux communes, soit aux hospices, écoles ou bibliothèques populaires. Les électeurs sont libres d'or-

ganiser ainsi le débit des boissons ou de le supprimer totalement. La consommation de l'alcool est
tombée par tête d'habitants de 16 litres à 1^{lit},7, c'est-
à-dire de près des neuf dixièmes. Qu'on ne vienne
donc pas nous dire que le mal est sans remède.

2° Passons maintenant en dehors de l'Europe.
— La même croisade contre l'alcool est organisée
et se poursuit avec succès. A *New-York* on a décidé
qu'on ne pourrait ouvrir un débit nouveau qu'en
échange de la fermeture d'un ancien. En dix-huit
mois le chiffre des cabarets a passé de 8.219 à
7.310. A *Chicago* on a élevé la licence exigée pour
la fondation d'un cabaret de 260 francs à 2.500 francs.
Quinze ans plus tard le nombre des débits avait
passé de 1 pour 150 habitants à 1 pour 200. A *Saint-
Louis* du Missouri, où la licence avait été portée de
850 francs à 3.000 francs, la proportion des cabarets
tombait bientôt de 1 pour 208 à 1 pour 300 — Au
Canada c'est encore mieux. Neuf provinces du Canada
viennent de voter l'interdiction de la fabrication, de la
vente et de l'importation de l'alcool. Allons maintenant au Sud de l'Afrique, au *Transvaal*, chez les Boërs.
Ce petit peuple, que tout le monde admire en ce moment et qui donne un si bel exemple de courage
et d'énergie, nous offre au point de vue de la tempérance un plus bel exemple encore de sagesse. Savez-
vous que dès le début de la campagne le général
Joubert a interdit formellement la vente et la distribution aux troupes de toutes espèces de spiritueux.

Conclusion

En voilà assez, Messieurs. Ce que j'ai appelé le
plébiscite des nations me semble suffisamment pro-
bant. De tous ces exemples il ressort qu'on peut
lutter avec succès contre l'alcoolisme. De tous ces
exemples il ressort qu'on se trompe en prétendant
qu'il n'y a rien à faire. Pardon. L'État peut et doit
faire quelque chose.

Mais ici attention! Le devoir de l'État ne sup-
prime pas notre devoir. Et d'ailleurs l'État ne fera
rien, si nous n'agissons pas, il ne marchera qu'après
nous. Et enfin, l'État, c'est vous, c'est moi, c'est nous
tous. Et si l'État manque à sa mission, c'est chaque
citoyen qui doit se frapper la poitrine et dire son
mea culpâ. L'action de l'État ne sera que la résultante
de l'initiative privée. Il faut combattre l'alcoolisme.
Tout le monde doit s'y mettre : l'État, je l'ai dit
aujourd'hui — mais aussi et surtout les particuliers.
je le dirai dimanche. Venez et faites venir. La
chose en vaut la peine.

SIXIÈME CONFÉRENCE

QUE FAIRE? — L'INITIATIVE PRIVÉE

MESSIEURS,

Beaucoup de braves gens, quand on leur parle du fléau de l'alcoolisme, vous disent bravement qu'il n'y a de remède que dans l'intervention de l'État. J'ose affirmer qu'ils se trompent. Est-ce que vous pensez vraiment qu'en Angleterre, en Allemagne, en Danemark, en Suède, en Norvège, c'est le gouvernement qui a commencé l'action anti-alcoolique? Non. C'est l'initiative privée qui a commencé, et qui a fini par entraîner l'action des pouvoirs publics.

Après avoir tracé le devoir de l'État, il faut donc que je vous signale le devoir des particuliers. Le recours à la loi et à la réglementation est nécessaire. L'initiative privée est plus nécessaire encore. Que tout le monde s'y mette : les parents dans la famille, les maîtres dans l'école, les officiers à la caserne, tous les bons citoyens, le clergé et les catholiques en première ligne.

I. — *Dans la famille.*

C'est dans la famille que se prennent les habitudes que l'on gardera toute sa vie. Que les pères et les mères soient donc très attentifs sur le régime qu'ils font suivre à leurs enfants, et qu'ils se rappellent deux principes incontestables : 1° que les boissons alcooliques proprement dites, les spiritueux sont inutiles et nuisibles ; 2° que les boissons fermentées, vin, cidre, bière, ne sont inoffensives que si on en consomme modérément.

Parents, ne créez pas à vos enfants des besoins factices et dangereux. La race des intempérants est une race sans énergie et sans valeur. Les sobres seuls sont forts ; il savent s'abstenir et résister, donc aussi agir et vaincre. La lutte contre l'alcoolisme doit être intraitable au foyer domestique. Dans beaucoup de familles, il y a quelque chose à faire, des précautions à prendre, des habitudes à réformer, un nouveau régime à instituer.

II. — *A l'école.*

L'influence des maîtres et maîtresses d'école peut être aussi très considérable pour combattre l'alcoolisme. Ils doivent agir sur l'esprit de leurs élèves par des leçons orales, par des devoirs écrits, par des images et des sentences collées aux murs de la classe.

Le ministre de l'Instruction publique, M. Ram-baud, dans une circulaire de mars 1897, rappelle qu'aux programmes de l'enseignement secondaire et primaire ont été ajoutées des notions sur les dangers de l'alcoolisme, et il demande aux professeurs et aux instituteurs de lutter contre l'alcool avec la conscience de faire œuvre de bien public. C'est juste.

Voyez ce qui se passe en Angleterre. Après un demi-siècle d'efforts on y compte 22.903 sociétés enfantines de tempérance avec 2.902.805 abstinents ; aussi la criminalité diminue-t-elle sensiblement chez nos voisins les Anglais, qui n'ont pas certes toutes les qualités, mais qui en ont cependant quelques-unes.

Sur ce terrain de la croisade antialcoolique nous sommes distancés par l'Angleterre et par beaucoup d'autres peuples. Ne serait-il pas temps de nous y mettre, et de sauver l'avenir en préservant l'enfance et la jeunesse ?

III. — *A la caserne.*

Après la famille, après l'école, vient la caserne. L'alcoolisme ruine plus de santés et enlève plus de soldats à la France que les fatigues de la guerre et les balles de l'ennemi. Les médecins militaires pourraient nous dire combien de jeunes gens sont

conduits à l'hôpital, victimes directes ou indirectes
de l'homicide liqueur. Les chefs de notre armée
ont donc ici un grand devoir à remplir, un devoir
militaire, social et patriotique. On me dit que dans
toutes les casernes de la garnison de Paris viennent
d'être apposés des placards illustrés, destinés à
exposer aux yeux des soldats, les ravages produits
par l'alcool sur l'organisme, — que ces pancartes
sont affichées dans les chambrées, les postes, les
lavabos, les réfectoires avec une notice explica-
tive qui énumère les funestes effets de l'alcool au
point de vue pathologique et au point de vue moral. C'est bien. Et pourquoi ce qui se fait à Paris
ne se ferait-il pas dans tous les régiments? Que
tout le monde s'y mette : les parents dans la famille, les instituteurs à l'école, les chefs de l'armée
à la caserne.

IV. — *Tous les bons citoyens.*

Tous les bons citoyens par l'exemple, par la parole, par la presse, par l'association.

Bourgeois, riches, gens aisés, messieurs corrects
et de distinction, donnez l'exemple. Les exemples
bons ou mauvais, viennent de haut et descendent
peu à peu dans les couches inférieures de la société.
L'alcoolisme dévergondé de l'homme du peuple
n'est-il pas discrètement encouragé par le consom-

nateur de bonne tenue qui absorbe en public
'abondants spiritueux ? Le petit verre aurait reçu
ne atteinte sérieuse le jour où il deviendrait établi,
ar une de ces conventions tacites qui règlent les
usages de la bonne société, que boire des liqueurs
entre ses repas est une manière de faire qui ne
onvient plus, qui est passée de mode. Les mauvaises
habitudes se généralisent. A notre génération qui
'alcoolise, nous devons tous aujourd'hui l'exemple
'une incontestable sobriété.

Les patrons ont en cette matière une grande et
edoutable responsabilité. S'ils le veulent, ils peuvent
beaucoup contre l'alcoolisme. C'est l'intérêt de leur
nersonnel, et c'est aussi leur propre intérêt qui est
n jeu. Qu'ils usent donc des exhortations et des
éprimandes, des peines et des récompenses. Qu'ils
e montrent sévères pour les alcooliques, bien-
eillants pour les tempérants. Qu'ils bannissent de
eurs économats toute boisson distillée. Qu'ils
igissent sur leurs ouvriers ou par eux-mêmes, ou
ar leurs contremaîtres. Qu'ils préservent surtout
es enfants et les jeunes gens. Qu'ils fassent appel à
a conscience des pères de famille. En un mot
u'ils tentent le possible et l'impossible pour pré-
enir ou guérir la plaie de l'alcoolisme.

Les ouvriers doivent eux aussi, eux surtout, s'ar-
ner de courage pour résister à la tentation de l'al-
ool. Un socialiste belge, de *Laveley* a écrit : « Si
s ouvriers épargnaient seulement les sommes

énormes qu'ils consacrent aux boissons alcooliques
qui les abrutissent, en vingt ans ils pourraient
acheter toutes les manufactures où ils travaillent ».
Et un autre socialiste, député au parlement belge,
Vandervelde, s'écriait un jour dans un Congrès :
« L'ouvrier veut aujourd'hui dominer le monde,
qu'il commence par se dominer lui-même ». Dans
un mandement qui a fait du bruit le cardinal de
Rennes, *Brossais Saint-Marc*, disait un jour à ses
diocésains : « Peuple breton, quand tu pourras
passer devant un cabaret sans t'y arrêter, tu seras
le premier peuple du monde. » J'adresse la même
apostrophe à tous les ouvriers, et je leur dis : Au
nom de votre bourse, qui s'en trouvera bien, au
nom de votre santé, plus précieuse que tous les
trésors, au nom de votre famille qui vous en bénira,
au nom de la France qui périt d'alcool, fuyez l'alcool ». Bourgeois, patrons, ouvriers, mettons-nous
y tous.

Faisons l'opinion. Créons contre l'alcoolisme un
puissant courant d'opinions.

Donnons notre nom, notre adhésion, notre appui
aux ligues anti alcooliques et aux société de tempérance.

Collons sur les murs tableaux, gravures, images
photographies où l'empoisonnement alcoolique
éclate aux yeux des plus indifférents.

Faisons des conférences, écrivons des articles,
répandons des brochures qui décriront les dangers

et les résultats de l'alcool : les foyers détruits, les familles ruinées, les enfants pourris dans le germe et la patrie elle-même menacée par l'affaiblissement de la race.

Faisons l'opinion, et amenons ainsi peu à peu la masse honnête à comprendre, ensuite à désirer, à réclamer enfin les mesures légales que je vous signalais dimanche.

« Comment avez-vous fait, disait-on à Neal Dow, pour obtenir dans votre État du Maine une loi aussi radicale, une loi interdisant de vendre de l'alcool ailleurs que dans les pharmacies ? » — « J'ai répandu, répliquait-il, la presse antialcoolique avec une telle profusion, que si tous ces papiers étaient jetés sur le sol de notre territoire, on en aurait jusqu'au genou ». — Encore une fois donc que tout le monde s'y mette : tous les bons citoyens.

V. — *Le clergé et les catholiques* en première ligne.

Nous sommes en retard. Sur le terrain de la croisade antialcoolique les protestants nous ont devancés. Cela peut s'expliquer de deux façons : 1° D'abord le clergé et les catholiques ont générale- ment une peur exagérée de se mettre en avant. Ils ont peur des coups. Ils préfèrent les douceurs de la paix aux hasards de la lutte. Ils sont plus habi-

tués à l'obéissance passive qu'aux initiatives aven-
tureuses ; 2° Et puis l'alcoolisme ayant sévi d'abord
dans les pays du nord qui sont de religion en majorité protestante, c'est là que se sont fondées les
ligues antialcooliques, auxquelles] tout naturellement se sont ralliés les protestants français. Mais
aujourd'hui que le mal nous a gagnés à notre tour,
la question est mûre pour tout le monde, et il
importe que le clergé et les catholiques entrent
vigoureusement dans le mouvement.

Le clergé doit s'y mettre. « Dans ce grand combat
déclaré à l'alcoolisme, dit Léon XIII, il est nécessaire que les prêtres marchent à la tête de tous ».
Ce n'est pas un conseil, c'est un ordre que le pape
nous donne. Veuillez bien, Messieurs, ne pas me
reprocher d'apporter dans la chaire un sujet en
apparence étrange. J'obéis à mon chef. Oui, le devoir
du clergé est ici évident. Il doit étudier avec la
plus grande attention cette très grave question de
l'alcoolisme. Il doit favoriser les sociétés de tempérance et leur susciter des adhérents. Il doit s'élever
avec force contre l'alcoolisme pendant les retraites
et les missions, dans l'enseignement du catéchisme,
dans les patronages, dans les réunions d'hommes,
de jeunes gens, de mères de famille. C'est ce que
j'essaie de faire, Messieurs.

*Que tous les catholiques fassent plus et mieux
encore.* Qu'ils s'émeuvent. Qu'ils parlent. Qu'ils
agissent. Que chaque jour devienne plus nombreuse

et plus ardente la légion des chrétiens décidés à
combattre et à vaincre le fléau envahissant, le fléau
corrupteur et homicide, le fléau destructeur de
toute civilisation.

Conclusion.

Je vous ai dit le devoir de l'État et le devoir des
particuliers. Je pourrais m'en tenir là... Non. Je
sens que je n'ai pas été assez précis. Je veux aller
jusqu'au fond de cet important sujet. Je veux poursuivre l'alcoolisme et vous montrer à l'atteindre
dans ses causes, dans ses sources. Nous ferons cette
étude dimanche prochain. Encore un peu de patience, et je vous dirai tout. Que Dieu bénisse ma
parole, afin qu'elle reste courageuse et qu'elle ne
soit pas tout à fait inutile!

SEPTIÈME CONFÉRENCE

QUE FAIRE? — AVOIR UN FOYER

MESSIEURS,

Pour guérir un mal, il ne suffit pas de le poursuivre dans ses manifestations extérieures; il faut
aller à sa racine et le tarir dans ses sources; il faut
remonter de l'effet à la cause, et à la méthode cu-
rative joindre la méthode préventive.

L'alcoolisme n'est souvent qu'un résultat, le
résultat d'une situation matérielle précaire et insuffisante. Pour le guérir, mettons-nous-y tous, État
et particuliers, et allons saisir le fléau jusque dans
ses sources.

Je vais m'expliquer et vous convaincre en met-
tant sous vos yeux un fait, un idéal, un devoir.

I. — Un fait.

*L'insuffisance du foyer est une cause fréquente
d'alcoolisme.* Voilà le fait. Représentons-nous la

situation d'un bon nombre d'hommes, nos semblables, nos voisins, nos frères, voués par naissance et par nécessité aux occupations matérielles.
Ils nous apparaissent attirés vers l'alcool par une
double tentation.

D'abord par *la tentation de la fatigue.* Les travaux du corps exténuent les muscles et les nerfs,
font jaillir la sueur, sollicitent parfois des efforts
brusques et vigoureux, et constituent beaucoup plus
que les labeurs intellectuels une excitation permanente à la consommation des boissons violentes.
A boire une liqueur forte, on se sent pendant
quelques secondes une énergie qui produit l'illusion de la force. Cette énergie factice est aussitôt
suivie d'une dépression, qui appelle de nouvelles
libations.

Puis, à la tentation de la fatigue vient se joindre
la tentation du cabaret, tentation lancinante et fas-
cinatrice. Le cabaret est là sur le chemin, avec son
atmosphère chaude, sa lumière brillante, sa grosse
gaieté, avec ses boissons épicées qui donnent l'ou-
bli passager, avec ses camaraderies louches qui
triomphent des résistances les plus déterminées...

Tels nous apparaissent les travailleurs manuels :
doublement tentés d'alcoolisme, par la fatigue qui
les épuise et par le cabaret qui les attire. Ah ! si
seulement ils avaient un foyer, un vrai, un bon
foyer pour se reposer, pour se réjouir, pour se
retremper dans la vie de famille ! Mais hélas !

beaucoup n'ont pas de foyer, ou, ce qui revient au même, n'ont qu'un foyer nu, mal installé, dépourvu de charme, étroit, ruiné, qui ne rappelle que des tristesses sans jamais réveiller de joies, qui ne leur inspire aucun attachement. De retour au logis, ils trouvent le désordre partout, des enfants et une femme sans caresse, une maison sans confortable, sans lumière et sans air. Ils se déplaisent chez eux, et ils vont s'empoisonner d'alcool chez le marchand de vin.

Voilà le fait. Je ne dis pas qu'il est universel : ce serait exagéré; mais je dis qu'il est fréquent : et c'est la pure vérité. *L'état défectueux des logements ouvriers* est un des principaux facteurs de l'alcoolisme, et les discussions des divers congrès d'hygiène et d'antialcoolisme ont prouvé d'une manière irréfutable comment l'ouvrier, honteux et dégoûté de son misérable logement, se réfugie à l'estaminet. Il a tort, et nous avons le droit de le réprimander. Mais si nous étions dans sa situation, serions-nous beaucoup plus sages? Plaignons-le, et avisons.

Je viens de mettre sous vos yeux un fait. Permettez-moi maintenant de vous présenter

II. — *Un idéal.*

Un idéal, ce n'est pas ce qui est, mais ce qui

devrait être... c'est le but qu'on n'atteindra peut-être
jamais, mais vers lequel il faut toujours marcher.
Or, pour vos frères les ouvriers, Messieurs, pour
leur rendre la vie tolérable et la vertu possible,
j'entrevois un idéal, dont vous ne pouvez contester
ni la beauté ni la légitimité. Je leur souhaite un
foyer, un foyer agréable, un foyer possédé.

1° *Un foyer*, c'est-à-dire un endroit dans l'espace
bien chaud comme un nid, bien recueilli comme un
sanctuaire — un coin d'air libre — un abri où se
réfugie la famille. On vit dans la famille; en
dehors on ne vit pas, ou on vit mal; en dehors
c'est le désordre, la condition des sans feu ni lieu,
qui, à force de rouler de par le monde, en arrivent
facilement à n'avoir plus ni foi ni loi... J'ai dit :

2° *Un foyer agréable.* Avec la maisonnette plan-
tée dans de vastes terrains séparés en petits jardins, la famille ouvrière est bien chez elle, à l'abri
des voisinages gênants ou mauvais. Le père est
retenu loin du cabaret par la culture du jardin, par
la présence de sa femme et de ses enfants, par
l'air, la lumière, la propreté qui embellissent sa
demeure. Mais la maisonnette n'est pas toujours
possible, et elle a l'inconvénient de repousser l'ouvrier dans les faubourgs, loin de son atelier. Le
foyer du travailleur peut être placé au centre d'une
ville, dans une vaste construction. Qu'importe ?...

pourvu qu'il donne à chaque famille l'illusion et la
sécurité du chez-soi, et qu'il reste salubre, aéré,
bien clair, agréable à revoir et à habiter. — Pour
l'homme qui travaille du matin au soir, son foyer
est le rêve de toute sa journée. L'étoile ne luit pas
dans le ciel avec tant de douceur que les rayons de
la lampe ou les reflets de l'âtre à la vitre de la
maison de famille, lieu de son repos et de ses joies,
vers lequel il s'achemine le soir en pensant ou en
priant...

Mon idéal, Messieurs, est encore plus élevé, et
je souhaite à l'ouvrier non seulement un foyer et
un foyer agréable, mais

3° *Un foyer possédé*, dont il aura plus que l'usage
transitoire, dont il acquerra par amortissement ou
par son épargne accumulée le fonds substantiel et
permanent, la vraie et rigoureuse propriété. Je
m'explique.

Quand il gagnerait comme les lamineurs américains 25 ou 50 francs par jour, le salarié qui n'a
rien devant lui est à la merci du moindre accident,
d'une maladie, d'un chômage, du caprice de celui
qui l'emploie. Propriétaire de son foyer, l'ouvrier
est *libre*. Il est à soi, parce qu'il est chez soi;
maître chez lui, il est maître de lui. L'inviolabilité
de son domicile est la sauvegarde, l'affirmation de
l'inviolabilité de sa personne, de sa conscience, de
son vote, de sa famille.

S'il n'a rien sous le soleil, pas un coin à lui pour s'y abriter, comment voulez-vous qu'il s'intéresse à la conservation d'une société, dont les droits et les progrès lui sont à peu près indifférents? Propriétaire de son foyer, l'ouvrier est *ami de l'ordre*. Il repousse les conseils perfides, les espérances inavouables, les antagonismes qui divisent et qui perdent. Il met son espoir non dans les catastrophes, mais dans le progrès normal et harmonieux. La propriété est conservatrice

Et moralisatrice. L'homme qui possède un foyer a moins de peine qu'un autre à rester *honnête*. Il brave les bruits de la cité, les bruits de la nature, les rumeurs de la foule, les sifflements du vent et de la pluie. Assis chez lui dans l'honneur et dans la paix, il murmure avec son cœur, sinon avec ses lèvres, la parole du livre inspiré : « Mieux vaut le repas du pauvre sous son toit de chaume que des festins splendides dans la demeure étrangère ». Et il échappe de la sorte à toutes les séductions du dehors.

Un foyer, un foyer agréable, un foyer possédé... voilà l'idéal! Cet idéal, peut-on le réaliser complètement et immédiatement? Non. Peut-on s'en rapprocher par des efforts constants et de sérieuses tentatives? Oui, on le peut et on le doit. Je vous ai présenté un fait et un idéal. Je vous propose maintenant

III. — *Un devoir.*

Je vous ai dit ce qui est désirable. Il me reste à vous dire ce qui est possible. La question des logements ouvriers est une question capitale qui intéresse la société tout entière : État, ouvriers, patrons et dirigeants.

1° *L'État*, sans doute, n'a pas mission de se faire constructeur et de créer lui-même des logements ouvriers. Mais, par tous les procédés en son pouvoir, il doit faciliter cette œuvre de première utilité.

Il exercera son devoir de *police*, relativement aux logements insalubres.

Il créera des moyens de *transport* commodes permettant d'aller vite dans les faubourgs où les constructeurs trouveront des terrains plus vastes et moins coûteux.

Il diminuera ou même il supprimera tout à fait l'*impôt* sur le foyer familial. Il n'y a pas d'impôt sur le pain. Est-il téméraire de dire que le foyer est un bien minimum presque aussi nécessaire à la vie que le pain? Est-il téméraire de dire que l'abri de la famille pourrait et devrait être exempté de l'impôt? Laissez-moi la liberté de le penser, comme d'ailleurs je vous laisse la liberté de penser le contraire.

Mais à l'action de l'État doit se joindre ici l'action des particuliers, et d'abord

2° L'action de l'*ouvrier* lui-même, directement et personnellement intéressé dans la question. Qu'il se réveille donc de son apathie, qu'il travaille à son propre relèvement, qu'il forme avec ses camarades des sociétés de construction, comme font les ouvriers anglais et les ouvriers américains. Tantôt ces sociétés prêtent au constructeur pour bâtir sa maison; tantôt ces sociétés font construire, et l'ouvrier, mis en possession de la maison, rend peu à peu, au moyen des loyers, le prix déboursé et devient ainsi propriétaire. Il faudrait, Messieurs, aiguiller les ouvriers dans cette voie, leur faire comprendre ce dont ils sont capables avec de la sagesse et de la prévoyance, les encourager et les aider à résoudre ce problème de l'habitation qui les touche de si près.

La femme de l'ouvrier peut beaucoup aussi pour entretenir la salubrité, l'aisance, je dirai même la splendeur du foyer. Un médecin a dit : « Si toutes les femmes savaient leur devoir et connaissaient leur rôle, nous n'aurions pas besoin de prêcher la lutte contre l'alcoolisme ». Il y a beaucoup de vrai là-dedans. Nous avons trop de brevetées, et pas assez de ménagères. Nous avons des multitudes de jeunes ouvrières qui savent ou du moins qui apprennent la botanique et la chimie, et qui ignorent l'art de faire une soupe et de bien tenir une maison.

3° Encore un mot. Je voudrais voir *les citoyens influents* entreprendre une campagne sur le sujet qui nous occupe aujourd'hui, et s'intéresser sérieusement à la question des habitations ouvrières. Il ne s'agit pas, remarquez-le bien, de faire une aumône, mais de participer à une opération humanitaire et chrétienne, qui, à ses avantages moraux et sociaux, joint souvent des résultats satisfaisants au point de vue financier. On ne fera pas une fortune, mais on retirera la plupart du temps la modeste et convenable rémunération des risques courus. La chose vaut la peine d'être étudiée. Je la livre à vos méditations, à votre souci du bien public, à votre amour judicieux des classes populaires.

Conclusion

Messieurs, l'alcoolisme est un redoutable fléau. Je vous ai demandé aujourd'hui d'aller le saisir dans l'une de ses sources... et je ne crois pas avoir perdu mon temps. Est-ce à dire que si tout le monde était bien logé, c'en serait fait du règne de l'alcool? Je n'ai pas dit cela, et je serais naïf de le penser. Il faut améliorer telles ou telles situations matérielles. Mais il y a autre chose et plus encore à faire. Beaucoup de foyers sont précaires et insuffisants. Encore plus d'âmes sont malades, démoralisées, déchristianisées.

Je vous dirai cela dimanche, et j'en aurai fini avec la question de l'alcoolisme, et j'aurai délivré ma conscience!

HUITIÈME CONFÉRENCE

CONCLUSION

MESSIEURS,

J'achève aujourd'hui ma longue étude sur l'alcoolisme. Je vous ai dit le mal. Je vous ai dit les remèdes.

J'ai oublié, ou plutôt j'ai réservé le principal, le plus énergique, le plus efficace, le remède moral et religieux. Pour vaincre l'alcoolisme, il ne suffit pas d'améliorer la situation matérielle de nos frères, et de leur procurer, autant que possible, le bienfait du foyer. Pour vaincre l'alcoolisme, il faut surtout moraliser la nation, et pour la moraliser il faut la christianiser, lui rendre une croyance et un idéal.

Voyons cela brièvement, et aujourd'hui même mettons-nous à l'œuvre.

1. — *Le fait est certain.*

Dans une série d'articles intitulés : *la Lutte*

contre *l'alcoolisme*, notre illustre compatriote, Jules
Lemaître dit : « Le plus nécessaire, ce serait de
réveiller ou de créer chez ceux que menace l'alcoolisme, une force spirituelle capable de lui résister. »
Voilà qui est parfaitement vrai.

*1° L'alcoolisme ne peut être vaincu que par une
force spirituelle.*

Vous montrez à l'alcoolique les conséquences
désastreuses de son vice. Mais ces conséquences ne
sont pas à ce point fatales qu'il n'espère y échapper.
Il vous dira que certains buveurs d'alcool sont
morts très vieux et que certains buveurs d'eau sont
morts très jeunes. Il vous dira que, la maladie et la
mort étant inévitables, il aime mieux la vie courte
et gaie que longue et sans plaisir.

Vous essayez de prouver à l'alcoolique qu'il ne se
fait pas seulement tort à lui-même, mais qu'il fait
tort à sa famille, à sa descendance, à son pays. Il
vous dira : Tant pis! Après moi le déluge! » Je ne
sais plus qui a dit que l'égoïste mettrait le feu à la
maison de son voisin pour faire cuire un œuf.
Ainsi l'alcoolique. Sa passion est irréductible, si
elle est affranchie de tout frein moral. L'alcoolisme
ne peut être vaincu que par une force spirituelle.

*2° Cherchez la force spirituelle capable de vaincre
l'alcoolisme.*

Vous nommez le sentiment de la dignité humaine

le sentiment de la solidarité familiale et nationale, la bonté, la charité naturelles. Certes, toutes ces nobles idées ne sont pas à dédaigner, et on ne saurait trop les faire flamboyer aux regards de l'homme que la passion sollicite et entraîne. Mais il y a plus. Il y a mieux. Il faut autre chose.

Il faut mettre dans l'homme une force spirituelle, plus haute que l'homme, et supérieure à ses instincts, *la force religieuse*. En effet, l'abstinence exige des sacrifices. Au nom de quels principes se les imposer à soi-même et les imposer aux autres? Pour se sentir obligé de défendre sa race et soi-même contre un empoisonnement qui dégrade, mais qui plaît, il faut avoir conscience d'une loi morale supérieure, et croire qu'il y a des raisons de vivre haut. Il faut avoir une foi, une croyance, un idéal. Il faut posséder en soi la force religieuse.

C'est ce que proclame l'illustre savant J.-B. Dumas, parlant du sujet qui nous occupe : « Il est nécessaire de réveiller chez l'homme le sentiment de la responsabilité morale, le respect de lui-même, l'amour de sa famille, l'idée de la patrie, et la crainte de Dieu ». J.-B. Dumas se rencontre ici avec l'évêque de Liège, qui, s'adressant à ses prêtres, leur dit : « Le remède par excellence est le remède religieux. Les autres ne sont pas à négliger, au contraire, mais, sans celui-là, ils n'auront qu'une efficacité restreinte ».

En somme, Messieurs, il faut en revenir au

Catéchisme. « Qu'est-ce que la tempérance chrétienne? dit le catéchisme. — R. La tempérance chrétienne est une vertu qui nous fait user de toutes choses avec modération et selon la loi de Dieu ». Faisons des chrétiens, bien pénétrés de leurs devoirs envers Dieu et envers eux-mêmes, et l'alcoolisme sera arrêté, refoulé, sinon tout à fait vaincu.

3° Non, *objectent quelques-uns*, la force religieuse est impuissante devant l'alcoolisme, comme d'ailleurs elle est impuissante devant les passions de l'homme.

À cela je réponds trois choses :

a) D'abord l'homme est *libre.* La religion respecte sa liberté. Elle aide la bonne volonté, mais elle ne sauve pas ceux qui refusent obstinément d'être sauvés.

b) De ce que la religion n'arrête pas infaillible-ment les passions humaines, est-ce que cela prouve qu'elle ne les arrête jamais? Selon *Montesquieu,* dire que la religion n'est pas un motif réprimant, parce qu'elle ne réprime pas toujours, c'est dire que les lois civiles ne sont pas un motif réprimant non plus.

c) Est-il juste d'accuser la religion d'impuis-sance, quand on la prive de sa liberté d'action, de sa pleine *indépendance?* Que n'a-t-on pas fait dans ce siècle pour contrarier la force religieuse, pour la comprimer, pour la paralyser, pour la supprimer même? On nous reproche de ne pas faire assez

pour moraliser la nation. Qu'on nous permette donc
de la christianiser. C'est là, Messieurs, qu'est le
nœud de la question sociale; c'est là qu'est le secret
du relèvement national; c'est là qu'est la solution
de tous les problèmes qui nous préoccupent et nous
agitent.

II. — Aidez-nous.

Aidez-nous, Messieurs, et travaillez avec nous à
christianiser la nation. Ensemble appliquons-nous à
cette besogne, non moins patriotique que religieuse.

1° Pas de découragement!

a) A *quoi bon* gémir et nous décourager? Le pes-
simisme, le découragement n'est pas une doctrine,
ni même une opinion, ni même une méthode.
C'est une paralysie. C'est l'excuse des inactifs.
C'est la maladie des vaincus.

b) Le découragement n'est pas seulement inutile
et dangereux. Il est *injuste*. Sans doute nous
sommes malades, parce que le sang chrétien s'est
appauvri dans nos veines; mais nous ne sommes
pas morts; la force religieuse palpite encore dans
notre sein. Comme Lamartine, ce siècle pourrait
dire : « J'ai été élevé dans le christianisme; j'ai été
formé de sa substance; il me serait aussi impos-

sible de m'en dépouiller que de me dépouiller de
mon individualité, et si je le pouvais je ne le voudrais
pas, car le peu de bien qui est en moi vient de lui
et non de moi ». Non, Messieurs, l'idée chrétienne
n'est point éteinte. A cette heure même, elle reprend
son empire dans les portions supérieures de notre
littérature. Nos hommes les plus intelligents et les
plus honnêtes retrouvent les chemins de la croyance.
Tous ceux qui réfléchissent proclament que c'est
fini de rire, que le moment n'est plus aux amuseurs
et aux sceptiques, et qu'il faut revenir au christianisme, moyen unique et nécessaire de santé et de
guérison pour les âmes et pour la société. Les idées
comme les pluies descendent des sommets. L'idée
chrétienne descendra d'étage en étage jusque dans
la plaine, et elle ira imbiber et vivifier l'immense
multitude. A nous, Messieurs, l'honneur et le
devoir de précipiter l'idée chrétienne, de la mettre
en circulation, de lui donner sa plénitude, son
rayonnement, son universalité, sa prépondérance
définitive.

2° *Par nos exemples*, par nos paroles, par nos
démarches, par notre apostolat.

Ce n'est pas assez que les prêtres soient apôtres,
il faut que les laïques le redeviennent. Personne à
l'heure présente n'a le droit de se désintéresser des
destinées de la religion. Ceux qui la poursuivent
ne la ménagent pas. Ceux qui la professent, peu-

vent-ils rester neutres, inertes, impassibles? Ce n'est pas possible. Il ne nous suffit pas de rendre hommage au bien que l'Église catholique a fait dans le passé, et de la laisser dans le présent se tirer d'affaire comme bon lui semble. Il faut mettre à son service notre activité, notre courage, notre générosité, notre enthousiasme. Il faut ne lui marchander ni notre adhésion ni notre concours. Il faut la faire resplendir dans notre vie publique comme dans notre vie privée.

Jamais la religion n'a été plus nécessaire que de nos jours. Soyons ses disciples. Mieux que cela. Soyons ses apôtres. Faisons-la rentrer dans les lois, dans les mœurs, dans les institutions, ayons une foi, non pas languissante et solitaire, mais ardente et communicative. Ensemble travaillons à christianiser la nation.

LA

DÉSERTION DES CAMPAGNES

PREMIÈRE CONFÉRENCE

Le chemin suivi et à suivre.

MESSIEURS,

Je voudrais vous expliquer aujourd'hui le plan de nos conférences dominicales depuis onze ans, et vous annoncer le sujet particulier qui va nous occuper désormais jusqu'à la fin de la présente année.

I. *Depuis onze ans* nous avons ensemble remué beaucoup d'idées, nous avons fait beaucoup de besogne.

Pendant un an nous avons étudié Dieu et son œuvre — pendant deux ans, Jésus-Christ et son œuvre — pendant quatre ans, l'Eglise et son œuvre.. Puis encore pendant quatre ans, l'Eglise au XIXᵉ siècle. Enfin, cette année, j'ai ouvert une nouvelle série de conférences sous ce titre : Nos grandes plaies sociales. Et déjà, de nos grandes plaies sociales, j'en ai scruté et analysé deux : la profanation du dimanche et l'alcoolisme.

Voulez-vous me permettre, Messieurs, de vous faire remarquer le caractère spécial de cet enseignement? Ce n'est point un enseignement vague, sentimental et purement théorique; c'est un enseignement très précis, très positif, j'ose le dire, *très populaire*. Rarement je vous ai fait voyager dans le domaine de la spéculation; presque toujours j'ai mis des faits et des réalités sous le regard de votre intelligence. Nous venons de traverser deux siècles de rationalisme échevelé. Au sortir de ces orgies notre raison est mal à l'aise. Systèmes, raisonnements, hypothèses, architectures personnelles, nous n'en avons cure. Nos générations meurtries, brisées, sans équilibre ni certitude, ont soif de lumière simple. Il m'a paru que le meilleur moyen d'instruire et d'intéresser était d'exposer tout uniment le christianisme dans sa splendeur nue, et dans ses trésors vrais, avec la voix du siècle, avec son accent imparfait et son allure. L'enseignement que je vous distribue depuis onze ans est un enseignement positif, *très actuel* et très moderne. Quelques-uns, ceux qui ne viennent pas, m'en ont fait un reproche. Je n'en suis point ému, et je reste convaincu qu'un prêtre qui vit à la fin du XIXᵉ siècle ne doit point prêcher comme on prêchait vers 1830, vers 1780, comme on prêchait à la cour du grand roi. Je reste convaincu que de tous les genres le plus détestable est le genre ennuyeux, et que la première qualité de la parole publique est d'être intelligible, donc adaptée aux besoins de l'auditoire, donc actuelle et moderne. Les tailleurs ne font pas des habits pour les gens du moyen âge. Les prédicateurs d'aujourd'hui doivent parler pour les gens d'aujourd'hui. La vérité ne change pas, mais le vêtement d'un jour que nous lui donnons se diversifie sans cesse. Depuis onze ans j'ai abordé dans cette chaire les questions les plus vitales et les plus actuelles.

II. **Pendant cette douzième année** je vais continuer mon œuvre. Je vais continuer devant vous l'étude de nos grandes plaies sociales. Après vous avoir parlé de la profanation du dimanche et de l'alcoolisme, il me reste à vous entretenir de la désertion des campagnes. La désertion des campagnes... je crois bien que ce sujet à lui tout seul va nous retenir longtemps.

1° *La désertion des campagnes... voilà un sujet bizarre !* diront peut-être quelques-uns.

Pas si bizarre que cela. *Je l'étudie depuis longtemps.* Je le porte depuis longtemps dans ma tête. Originaire de la campagne et voué depuis 22 ans à l'apostolat dans la ville, je suis effrayé du déplacement de population qui se fait journellement des champs à la cité. Il y a là un phénomène singulier qui a plus d'une fois sollicité mon attention et éveillé ma vigilance. Ce phénomène, je viens de le considérer de très près, j'y ai découvert je ne sais combien d'aspects, certainement capables de vous intéresser autant qu'ils m'ont fait réfléchir moi-même. Tenez... que je vous cite une parole autorisée.

Au mois d'août dernier j'avais l'occasion de faire une visite à l'archevêque de Paris. Le vénéré cardinal m'accueillait avec ce sourire de paternelle bienveillance que tout le monde lui connaît, il engageait avec moi une, longue conversation sur la situation religieuse de la France en général et de Paris en particulier, et à la fin il me disait avec un accent de conviction émue qui m'a beaucoup frappé: « Oh! monsieur le curé, Paris est de plus en plus envahi par la province. Dites bien aux paysans et aux ouvriers que vous pouvez connaître de ne pas venir se fixer dans la capitale. La désertion des campagnes est un mal incommensurable. » Voilà, Messieurs, une parole grave dite par quelqu'un qui s'y connaît. Je me suis promis, en l'entendant, de vous la redire. C'est fait.

J'ai encore un autre témoignage à vous citer. Ces jours derniers, je recevais la visite d'un jeune lieutenant, admirable d'intelligence et de dévouement. Il me racontait les industries et les efforts de son zèle à l'égard des hommes de sa compagnie. « Je voudrais, me disait-il, leur ennoblir la vie de

caserne, leur continuer la vie du foyer domestique, leur donner un idéal, leur insuffler l'enthousiasme patriotique. Je voudrais les déprendre
des faux prestiges de la ville, et souvent je leur
répète : vous, hommes des champs, restez aux
champs. La désertion des campagnes est un fléau
qui menace de tuer la nation ». Qu'en dites-vous,
Messieurs? ne trouvez-vous pas que le sujet que je
vous propose vaut la peine d'être étudié?

D'ailleurs, à première vue... qu'est-ce que la campagne? qu'est-ce que la terre? n'est-elle pas aussi
indispensable à l'homme qu'à la plante? n'est-elle
pas la condition indispensable de la production de
ses aliments, de son vêtement, de son habitation,
et le seul bien matériel fondamental que Dieu ait
donné à l'humanité? N'est-ce pas dans son sein que
sont renfermées toutes les richesses minérales qui
assurent le bien-être et la prospérité des sociétés?
N'est-elle pas la source féconde et jamais tarie où
individus, familles, sociétés, puisent une force
constante et toujours nouvelle? n'est-elle pas
l'expression matérielle et la substance même de la
patrie? D'autre part, la question agraire ne domine-
t-elle pas de son importance l'histoire de tous les
peuples anciens et modernes? Et aujourd'hui encore, même chez nous, en dépit de la puissance
fantastique de l'argent et du crédit, n'est-ce pas
elle encore qui, de toute sa hauteur, domine la
question sociale? Donc, cette question-là, la ques-

tion de la terre, la question de la désertion des campagnes, mérite bien les honneurs d'une sérieuse et minutieuse attention.

2° *Mais un tel sujet convient-il à la chaire catho-lique ?* diront peut-être quelques-uns. Pourquoi pas ?

Dans cette question de la désertion des campagnes de *grands intérêts* sont en jeu : un intérêt maté-riel, car il s'agit de la dignité et de la grandeur de l'agriculture, et par contre-coup de la prospérité générale de la nation — un intérêt patriotique, car il s'agit des liens de la famille et des principes pre-miers de la morale et de la vertu — un intérêt reli-gieux, car il s'agit de conserver dans nos populations les trésors de la foi chrétienne et de sauver en France l'avenir de la religion. — Or aucun des intérêts des peuples n'est étranger au cœur, au ministère du prêtre. Un clergé qui se désintéresse-rait des questions vitales qui agitent la nation, qui resterait dans sa stalle quand les maisons brûlent autour de son clocher, qui n'aurait pour les besoins de son temps ni une pensée, ni une émotion, ni une parole, ni un regard... serait un clergé fini. L'humanité veut vivre, et elle a le droit de deman-der à son clergé les remèdes contre la mort, les lois de la vie et les secrets de la résurrection.

On dit que le monde est en travail d'un nouvel ordre de choses. Et c'est vrai. Il y a dans le monde contemporain des aspirations et des transformations qui se précipitent à la manière d'un torrent. L'ingénieur ne se déclare pas indifférent et impuissant devant le torrent; il met en œuvre toutes les ressources de son art pour discipliner ces forces dévastatrices, leur faire enfanter des merveilles... et, par une sorte de stratagème scientifique, il prendra au torrent lui-même la force dont il a besoin pour le dompter. Ainsi le prêtre en face du monde contemporain. Qu'il n'aille pas le maudire : ce ne serait ni sage, ni chrétien. Il doit l'aimer, l'étudier, le connaître à fond... pour l'améliorer et pour tourner au bien ce qu'il a d'inquiétant. La désertion des campagnes est une de nos plaies sociales. Le clergé a le droit et le devoir de scruter cette plaie, d'en approfondir les causes et les conséquences, et d'en rechercher les remèdes. C'est ce que nous allons faire ensemble pendant une année, si une année entière nous est nécessaire pour épuiser le sujet.

Conclusion. — *Venez et faites venir.*

Un certain nombre de chrétiens ont une sainte horreur de la prédication et se contentent le dimanche d'une simple messe basse de 20 à 25 minutes. Ils trouvent nos grands offices trop longs. Ce n'est pas nouveau. Une dame se plaignait un jour à Mgr de la Mothe, évêque d'Amiens, de la longueur de la messe

du dimanche. « Ce n'est pas la messe, lui répondit
le prélat, qui est trop longue, c'est votre dévotion
qui est trop courte ». Cette spirituelle réponse con-
viendrait à pas mal de chrétiennes... et de chrétiens
de nos jours : on ne peut pas faire à notre messe des
hommes le reproche d'être trop longue ; avec la conférence elle dure à peine 3 quarts d'heure. Venez
et faites venir.

Ici on prie en commun. C'est bon à l'âme — Ici
on s'édifie mutuellement. C'est doux au cœur — Ici
on chante sa foi. Cela réchauffe les tièdes et récon-
forte les faibles et entraîne les indécis. — Ici on
entend des choses très instructives, très variées,
très intéressantes. Ici on entend une parole qui
n'est pas toujours aussi préparée qu'elle voudrait
l'être, mais qui, je vous l'affirme, est toujours
très sincère et très désireuse de vous faire du
bien. Cela peut être utile à tous. Restons unis,
Messieurs, sous le regard de Dieu, dans le culte de
la vérité, pour le plus grand bien de nos âmes, de
notre pays et de notre siècle !

Amen !

DEUXIÈME CONFÉRENCE

I. Le Mal

1° *LE DÉPLACEMENT UNIVERSEL*

Messieurs,

Pendant cette douzième année de conférences, je me propose d'étudier avec vous une de nos grandes plaies sociales, la plaie de la désertion des campagnes. Et déjà, je vous ai fait pressentir que, de toutes les questions qui agitent notre temps, aucune peut-être n'est plus digne de concentrer toutes les sollicitudes et tous les efforts du vrai patriotisme.

Mais, avant d'approfondir les causes, les conséquences et les remèdes du mal, il faut constater son existence, son étendue, sa gravité, son caractère aigu et angoissant. C'est ce que nous allons faire aujourd'hui. 1° Tout le monde se déplace; 2° Tout le monde va de la campagne à la ville. Jetons un premier regard, un regard général et superficiel,

sur le double phénomène du déplacement universel
et de l'émigration rurale.

I. *Le Déplacement universel.*

Autrefois on avait *l'amour de son clocher...* on ne
s'en éloignait guère, et là, à l'ombre du clocher,
croissaient de vigoureuses et solides qualités : culte
des traditions, sentiment de toutes les fidélités,
moralité supérieure, plus de délicatesse dans les
affections, plus de désintéressement dans les vues,
plus d'aptitude à exercer une influence utile et bienfaisante sur un entourage où nul n'était un inconnu.
Le clocher était l'emblème de la stabilité, laquelle
d'ailleurs n'exclut pas le progrès — on peut aimer
son clocher, sans pour cela jalouser ni dédaigner
les groupements d'alentour. Tous les clochers sont
frères et se disent bonjour de loin. Napoléon, dans
une métaphore splendide, décrivait l'aigle impériale
volant de clocher en clocher jusqu'aux tours de
Notre-Dame. Transposons la formule du domaine
militaire dans le domaine social, et disons que tous
les clochers de France, bien loin de s'exclure, sont
faits pour s'entendre, pour se répondre, et pour
propager de proche en proche les idées justes et
les fécondes initiatives. Autrefois donc on avait
l'amour de son clocher.

Aujourd'hui c'est le *déplacement universel*. Nous sommes déracinés. Nous ne tenons plus en place. Nous allons partout, et nous ne sommes nulle part. Plus d'assiette fixe, tous et tout en l'air. Il est passé le temps où le dimanche, après l'office, sur la place du village, autour de l'église on pouvait voir le vieux curé au milieu des anciens de la paroisse se connaissant tous de père en fils — au milieu des jeunesses de la paroisse en qui le sang coulait généreux et battait plein — au milieu des bouviers et des pastourelles qui chantaient alors et qui se sont tus depuis longtemps... De nos jours, on fuit le murmure discret du clocher natal, et l'on va se précipiter dans le vacarme des villes. Avec une cloche, on n'entendait qu'un son ; avec mille on n'en entend plus du tout — on avait peut-être des préjugés dans le périmètre étroit de son clocher ; avec la multiplicité des cloches entendues, on n'a plus que des doutes — on prêtait le flanc au ridicule peut-être ; mais on échappait plus sûrement au vice et au désespoir. Ah ! clocher, bon petit clocher, rien ne saurait valoir la fraîcheur de ton ombre absente !

Nous sommes dans le siècle de la houille et de la vapeur, dans le siècle du déplacement universel. Nous allons sans trêve ni raison d'un lieu à un autre, d'une ville à une autre ville, et surtout de la campagne à la ville.

II. *L'Émigration rurale* fonctionne avec une régularité désespérante, avec une intensité toujours croissante.

Tout le monde prend en dégoût le salutaire séjour du village et de l'humble hameau où vécurent heureux nos anciens. Il faut à chacun le mouvement des cités populeuses, leurs plaisirs, leurs distractions, hélas ! aussi et leurs démoralisations. Le plus grand comme le plus petit, le riche comme le pauvre veut aller en ville, vivre en ville, travailler en ville, s'amuser en ville. C'est une attraction universelle, une sorte de fièvre qui pousse les jeunes et les vieux, les garçons et les filles vers les grandes agglomérations urbaines, au risque de les surcharger, de les faire regorger, et finalement de les faire mourir de pléthore... au risque de vider les campagnes, de les appauvrir et de les anémier, et finalement de les faire mourir d'inanition. Un écrivain remarquable, René Bazin, a écrit un livre que vous feriez bien de lire, si vous en avez l'occasion, et qui est intitulé : *La terre qui meurt*. La terre qui meurt, Messieurs, c'est notre belle terre de France, c'est la province délaissée pour la capitale, le village pour la grande ville. La terre, la vieille terre nourricière pleure ces désertions, en attendant qu'elle meure. Si encore les déserteurs trouvaient ailleurs le même bonheur, la même vie calme, pure et

simple qu'ont connue leurs ancêtres ! Hélas ! voyez
plutôt.

Le paysan de plus en plus se désaffectionne du sol,
et regarde du côté de la ville. La locomotive qui
passe le dégoûte de la charrue qui demeure. Pendant que l'on tire un feu d'artifice, personne ne
regarde le ciel étoilé. Tel l'homme de la terre. Il
entrevoit la vie artificielle de la cité, et il oublie les
étoiles de son beau ciel de village. Il émigre. Le
voilà sur le pavé urbain, on dirait un arbre déra-
ciné, *une branche morte*. Lorsqu'une branche cesse
de puiser la sève au tronc de l'arbre, elle dépérit,
elle se dessèche, elle perd ses proportions normales,
elle devient frêle et aisément cassante ; on devine que
le premier coup de vent la brisera, si la serpe de
l'émondeur tarde à la supprimer. C'est l'image du
paysan devenu citadin. Le voilà dans son taudis
urbain, réduit à l'état de *prolétaire*, ne possédant
plus rien, détaché du sol et suspendu dans le vide,
nomade de la civilisation moderne, vivant au jour
le jour d'un gain toujours incertain, courant d'un
bout à l'autre du pays à la poursuite d'une position
plus sûre et mieux rétribuée, qu'il ne rencontre
jamais. Son état est bien autrement dur que celui
de l'esclave antique. L'esclave antique au moins
était logé et nourri, même en temps de chômage...
tandis que le prolétaire moderne est libre de mourir
de faim, s'il n'a pas de travail — et malade il peut

aller à l'hôpital, s'il y a de la place. Nous reviendrons là-dessus. Pour aujourd'hui je constate seulement le fait de l'émigration rurale. Le fait n'est pas niable. Il éclate aux yeux de tous les observateurs attentifs. Et il se révèle en particulier par

La pléthore des villes. Les campagnes sont abandonnées; les villes sont encombrées. Il suffit, pour s'en convaincre, d'interroger les statistiques les plus récentes et les plus autorisées. Ne parlons que de Paris. Savez-vous que les colonies provinciales forment la très grosse majorité de la population parisienne? Laissez-moi vous donner ici le tableau abrégé de cette situation. Il y a actuellement à Paris:

150.000 Bretons,
133.000 Normands,
115.000 Bourguignons,
80.000 Aveyronnais,
62.000 Auvergnats,
52.000 Berrichons,
79.000 Champenois,
70.000 Francs-Comtois,
82.000 Flamands,
68.000 Limousins,
78.000 Lorrains,
50.000 Languedociens,
70.000 Picards,
41.000 Tourangeaux,
61.000 Orléanais,

En tout 1.614.000 provinciaux.

Et le phénomène n'est pas spécial à la capitale.
Partout en France les villes s'emplissent et re-
gorgent au détriment des campagnes.

Conclusion.

Ceci n'est pas normal. Il y a là un désordre. La
vie fondamentale d'un peuple n'est pas à la ville,
mais à la campagne.

Quand on voit le luxe, la prospérité des villes,
les maisons hautes, les voies larges, les squares
ombreux, les moyens de communication multipliés
et rapides, tous les avantages enfin que les agglomérations offrent à ceux qui les composent, on est
tenté de se faire illusion et de crier au progrès.
On est tenté de dire ; ça va bien, ça va « de mieux
en mieux! »

Eh bien non! le progrès n'est pas là. D'abord
parce que ces brillants dehors cachent souvent
d'effroyables misères qui font songer aux sépulcres
blanchis de l'Évangile. — Ensuite et surtout parce
que c'est ailleurs qu'il faut chercher les marques
véritables du progrès. Ce n'est pas dans les villes
que se trouve la force d'un pays. Ce n'est pas dans
les hautes maisons, ce n'est pas dans les voies larges,
ce n'est pas dans les squares ombreux des grandes
cités qu'habitent, que circulent, que se rencontrent
les forces vitales d'un peuple. C'est sous le grand

ciel bleu, dans la chaumière au toit modeste, sur les routes poudreuses, dans les champs où paissent les grands bœufs, où jaunissent les blés, qu'il faut chercher les forces vitales d'un peuple.

Étudions donc cette question capitale, Messieurs, combattons les préjugés, redressons les idées fausses, et toutes les fois que nous aurons gardé à la vie des champs un homme de race paysanne qui voulait venir habiter la ville, regardons cela comme une très bonne œuvre, une des meilleures que nous puissions accomplir pour garder des âmes à l'Église et de bons citoyens à la Société.

Amen !

TROISIÈME CONFÉRENCE

I. Le Mal (suite)

2° *LA JEUNESSE DÉSERTE LES CAMPAGNES*

Messieurs,

La terre est la grande leçon vivante que nous ne voulons plus écouter. Elle enseigne le travail, la famille, la prière. Hélas! le travail pèse, la famille gêne, la prière humilie. Grand docteur des peuples, on redoute, on méprise, on fuit ses enseignements sauveurs. La manie de fuir dans les villes est passée à l'état aigu. Tout le monde veut aller des champs à la cité, tout le monde, même et surtout la jeunesse, la jeunesse cultivée, la jeunesse populaire, la jeunesse féminine. Attention! J'ai à vous dire là des choses généralement inaperçues, et pourtant de la plus haute gravité.

Il a des gens, d'honnêtes gens qui ne se préoccupent pas, qui ne veulent pas se préoccuper des besoins, des aspirations, des maladies de leur siècle. Ils trouvent que tout va bien, tant qu'on ne touche pas à leur pot au feu. Ils marchent avec le calme des somnambules au milieu des problèmes les plus

actuels et les plus angoissants. J'estime que la désertion des campagnes est un de ces problèmes. Il est
difficile de le résoudre... c'est vrai. Mais il est nécessaire de l'étudier... ce n'est pas contestable.

I. *La jeunesse cultivée* déserte les campagnes.

Tenez. Combien y a-t-il *de jeunes gens* qui se préparent par des études spéciales à l'agriculture,
comme on se prépare par des études spéciales à
l'armée, à la magistrature, à la médecine, au nota-
riat? Il y a en France 1.000 ou 1.500 jeunes
gens, plus ou moins lettrés, n'appartenant même
pas tous aux classes dirigeantes, qui font de hautes
études agricoles, et se préparent à l'agriculture ou
à des professions en rapport immédiat avec l'agriculture. Qu'est-ce que ce chiffre en regard des
25.000 étudiants de tous ordres, des 9.000 étudiants
en droit, des 8.000 étudiants en médecine, des
3.000 étudiants en pharmacie, des 5.000 candidats
aux licences des lettres et des sciences? On s'imagine dans les classes dirigeantes que l'agriculture
n'est pas une carrière, et qu'en somme ne sont
agriculteurs que ceux qui ne peuvent pas faire
autrement. Le préjugé est ancien; mais il n'en est
pas meilleur pour cela. Nous le verrons.

Plus encore que les jeunes gens, les jeunes filles
de la classe cultivée ont horreur de la campagne.

Elles ne comprennent pas qu'on y puisse vivre, et dans leur conviction le comble du malheur est de quitter la ville... Se marier à un propriétaire campagnard... Oh! non, mille fois non. Et maintenant descendons d'un étage.

II. *La jeunesse populaire* déserte les campagnes.

Le dédain du travail manuel est une de nos grosses erreurs contemporaines. *A la ville* les ateliers ont de la peine à recruter des apprentis. Certaines maisons de banque, certaines administrations, celle des télégraphes notamment, draînent bon nombre d'enfants intelligents et relativement instruits, qui seraient d'heureuses acquisitions pour l'industrie. Les parents donnent la préférence à ces emplois bureaucratiques, parce que le salaire est immédiat, et l'enfant, qui aime mieux la liberté de la rue que la discipline de l'atelier, se fait le complice des parents. C'est une pitoyable erreur et un mauvais calcul. On sacrifie l'avenir au présent. L'enfant placé dans un bureau pour tenir une plume ou pour faire des courses gagne tout de suite quelques sous. Mais demain, dans cinq ou six ans, à quoi sera-t-il bon? Il n'aura pas de métier dans les mains, il végétera dans l'incapacité et dans la médiocrité. Le dédain du travail manuel en aura fait un impuissant et un déclassé.

La même manie qui éloigne le petit citadin de l'atelier sévit *à la campagne* sur le jeune villageois et l'arrache à la charrue paternelle. Le travail des champs qui fit vivre les vieux, qui leur donna sinon la richesse, du moins l'aisance et l'indépendance, répugne aux jeunes, qui rêvent à présent un labeur moins pénible, une vie plus large, un horizon moins borné. La charrue leur paraît trop lourde. La faulx qui lasse le bras, le fléau qui meurtrit les mains sont pour eux outils démodés qu'ils dédaignent et dont ils rougissent, la cervelle emplie de chimères. La grande ville est là qui les attire, toute pleine d'enchantement, d'inconnu — d'un inconnu qui les fascine tel qu'un miroir à alouettes destiné à les briser bientôt.

Je serai instituteur, commis de banque, clerc d'huissier ou calicot, pense tout bas et dit tout haut celui qui se croit un grand homme, parce qu'il est parvenu à achever tant que bien que mal, plutôt mal que bien, son instruction primaire, et à décrocher son certificat d'études.

Et cet autre à qui de belles ambitions sont interdites parce qu'il sait lire à peine, se promet d'être garçon de bureau, facteur, agent de police, employé d'octroi, ou à défaut de tout cela domestique.

Et c'est par centaines, par milliers, que chaque année, les jeunes hommes quittent la campagne pour aller chercher fortune, ou meilleur salaire, ou situation plus douce, dans les grandes villes ou les

grands centres de l'industrie. Et cela, comme nous
le verrons, au détriment de leur santé, de leur
vertu, et même de leur bien-être matériel. Ils sont
légion les jeunes villageois qui s'enfuient à la
ville. Ce n'est pas tout. Ce n'est que la moitié du
mal.

III. *La jeunesse féminine* déserte les campagnes.

Là encore, là surtout, allais-je dire, dans le
monde féminin sévit la fièvre du séjour urbain.

Où trouver *des jeunes filles bien posées* que la
perspective de vivre à la campagne n'effraie point?
Où découvrir la jeune fille qui ne rêve point
d'épouser un militaire, un magistrat ou un avoué?
Je ne demande pas que les rois épousent des ber-
gères. Mais serait-ce un bien grand mal, si les
jeunes filles qui sont toutes reines par la grâce et
par la beauté, consentaient parfois à épouser des
bergers?

Hélas! nous en sommes loin. Le villageois un
peu aisé, le fermier qui se respecte élèvent leurs
filles comme de belles demoiselles, qui se croiraient
disqualifiées si elles apprenaient à surveiller la
cuisine et la basse-cour. Victimes d'une éducation
faussée, ces pauvres enfants conçoivent une répul-
sion instinctive pour la vie des champs. Elles nourrissent des espérances auxquelles leur dot ne cor-

respond pas. Elles font des rêves que la réalité s'apprête à démentir bientôt. Elles se déclassent. Elles se trompent de chemin.

Autre phénomène remarqué dans le monde féminin. Les filles du peuple dans les grandes villes se font ouvrières, mais ne se mettent pas en condition. Ce sont les campagnes qui fournissent les recrues de cette levée incessante. Que de jeunes filles qui pourraient trouver de l'ouvrage dans leur pays, dans leur village, *le quittent pour se rendre à Paris* ou dans la ville voisine! Tous les conseils, toutes les instances pour les retenir sont inutiles. L'une a un parent à Paris dont elle ne connaît même pas l'adresse d'une manière bien précise... et l'autre tombe dans la grande ville sans relations et sans protection... *Que feront-elles là-bas?* Elles ne le savent pas. Celle-ci rêve d'être femme de chambre, et celle-là espère se hisser jusqu'à la situation de demoiselle de commerce. A Paris, pensent-elles, il y a de l'ouvrage pour tout le monde... et du plaisir par-dessus le marché. A Paris on gagne de l'argent? Ce n'est pas si sûr que cela, et, d'ailleurs, si on gagne de l'argent à Paris, on en dépense davantage encore... Les voilà parties... *Que vont-elles devenir?* O parents mille fois aveugles, vous vous étonnez quand vos enfants vous oublient. Vous attendez avec une anxiété douloureuse les secours qu'ils vous avaient promis et qui ne viennent pas. Ces secours, ce n'est pas

vous qui les recevez de leur reconnaissance, ce
sont eux qui les réclament de votre indigence. Et
puis, quand ils sont de retour auprès de vous,
vous les regardez, et souvent vous ne les reconnais-
sez pas. La simplicité de leurs vêtements, la sérénité de leur front, la joie de leur sourire, la foi de
leurs premières années, comme l'affection de leur
cœur, tout a disparu. Vous pleurez. Il est trop tard.
Vos enfants sont perdus. Chaumières de nos villages, qui abritez pourtant de si nobles et si fortes
vertus, foyers entourés si longtemps de paix, de
félicité et d'honneur, combien de fois vous avez vu
les larmes des pères et des mères !... des pères et
des mères oublieux de leurs devoirs et punis par
où ils ont péché ! Ils ont laissé partir leurs filles
pour les Babylones de perdition.

Ou bien encore ce sont des orphelines de la
campagne que l'on place imprudemment *dans des
ouvroirs de ville*. Là elles sont élevées avec une
délicatesse relativement considérable. Habituées au
linge fin, elles dédaignent bientôt la grosse toile.
Elles rêvent d'être couturières, tailleuses, modistes.
Quel attrait voulez-vous que leur offre un honnête
campagnard qui les demanderait en mariage ?
Elles lui préfèrent un valet de chambre, un soldat,
un employé de manufacture, un garçon de bureau
qui les laisse à la ville... Et cependant ne vaudrait-
il pas mieux en général que les orphelines de la

campagne restent à la campagne? Il y a quantité
de travaux champêtres qui conviennent surtout aux
femmes, et qui semblent même ne convenir qu'à
elles. A quoi bon encombrer les orphelinats des
villes, et vider de plus en plus les chaumières, les
fermes et les villages?

Je termine en vous citant la parole *d'un fermier
vendéen*. Son curé lui demandait : « Combien me
donnerez-vous pour la construction de votre
église? » — Monsieur le curé, je vous donnerai
1.000 francs ; mais je ne ferai pas de charrois ». —
« J'accepte vos 1.000 francs, mais pas votre refus.
Pourquoi ne voulez-vous pas faire de charrois?
— « Parce que mes gars iraient à la ville, et je ne
veux pas qu'ils se perdent. » La parole du fermier
vendéen est significative. Autant que possible, les
jeunes gens et les jeunes filles qui sont nés à la
campagne feraient bien d'y rester. C'est leur berceau. En s'en éloignant, ils risquent de perdre la
pureté, l'ingénuité, la candeur, toutes ces choses
fraîches et matinales qui avoisinent les berceaux.
La jeunesse déserte les campagnes. Le phénomène
est inquiétant. Je viens de le constater. C'est assez
pour aujourd'hui.

Amen!

QUATRIÈME CONFÉRENCE

I. Le Mal (SUITE)

3° *LES DIRIGEANTS DÉSERTENT LES CAMPAGNES*

MESSIEURS,

Je porte cette année dans la chaire un sujet très spécial : la désertion des campagnes. Je vous prie de n'en point être étonnés. En effet, sans s'être donné le mot, nombre d'écrivains et d'orateurs étudient ce même sujet et en sont préoccupés. Deux mille ans après Virgile, les observateurs attentifs élèvent la voix pour redire le *fortunatos nimium* du poète, et ils appuient leur dire non seulement sur des motifs bucoliques, mais sur des considérants ultra-modernes que Virgile ne connaissait pas. Saluons cet heureux symptôme, Messieurs; souhaitons qu'il s'accentue encore et qu'il serve de préface à de consolantes réalités.

Je continue donc avec confiance le sujet commencé, et je constate le mal de la désertion des campagnes. Tout le monde veut aller des champs à la ville, surtout la jeunesse, et les dirigeants comme le peuple. L'exode des dirigeants vers la ville... étudions ce phénomène dans le passé et dans le présent. De siècle en siècle, l'histoire se répète, attention !

I. **Dans le passé** on a vu plus d'une fois les dirigeants déserter les campagnes et se précipiter dans les villes. Cela a toujours été un prélude et une cause de décadence.

1° *L'Empire romain* en est mort. Dès le règne d'Auguste, il est de bon ton de paraître étranger aux choses de la campagne. Beaucoup de propriétaires ne daignent même pas visiter leurs domaines : on ne vit plus que pour la ville et la cour. On habite Rome, et l'on possède des fermes et des pâturages en Sicile, en Asie, en Afrique, en Espagne. C'est un placement de capitaux, mais ce n'est plus la forte et douce relation de l'homme avec la terre, qui crée de l'un à l'autre des rapports presque personnels. La terre est délaissée, comptée pour rien. Sous le règne de Domitien, on voit de riches débauchés aliéner leurs terres pour acheter des chars d'or, ou de beaux esclaves, de ces esclaves de plaisir, dont chacun avait, selon Martial, la valeur d'un domaine entier.

L'abandon de la campagne par l'aristocratie romaine amena vite le déclin et la *ruine de l'agriculture*. D'abord la campagne romaine cesse d'être cultivée et est livrée presque tout entière aux pâturages. Là où jadis la charrue avait passé, le pâtre indolent pousse devant lui son troupeau. Rome, qui n'a plus de blé chez elle, est obligée d'aller en demander aux provinces conquises, surtout à l'Égypte et à l'Afrique. Mais bientôt les provinces elles-mêmes tombent en jachères, et Domitien, par un édit inutile autant qu'absurde, ordonne d'arracher les vignes dans toutes les provinces, et de semer du blé à la place. La production des céréales diminue partout, et la population décroît avec elle. Le sol et la race s'appauvrissent en même temps. L'aspect même des lieux change peu à peu. Les champs autrefois cultivés deviennent des landes, puis des bois. Dans les Gaules, dans l'Italie même commencent à naître ces grandes forêts, qui ne seront défrichées qu'au bout de cinq ou six siècles par les fils de saint Benoît.

2° *La monarchie française* a été victime, comme l'empire romain, de la désertion des campagnes par les dirigeants. *Henri IV*, en homme intelligent qu'il était, a vu poindre le danger, et il en a été effrayé. *Richelieu* et *Mazarin*, au contraire, pour fonder l'omnipotence royale sur les dernières ruines de la féodalité, commencèrent à réduire à l'impuissance la race des grands propriétaires terriens. Cela a été une des grandes erreurs et des fautes les plus lamentables de *Louis XIV* d'arracher les familles nobles à leurs terroirs et à leurs manoirs pour en faire les satellites du soleil de Versailles. Il écrivait à Colbert : « Nous voulons que les grands de notre royaume quittent leurs châteaux pour venir, chaque année, habiter Paris, au moins pendant six mois ». Louis XIV avait parlé. L'élan était donné. La mode s'en mêla. Les dirigeants affluèrent de la province à Paris.

La marquise *de Courcelles* demande à son mari de s'engager par contrat à ne la jamais mener à la campagne.

Mme *de Rambouillet* déclare que « les esprits doux et amateurs de belles-lettres trouvent rarement leur compte à la campagne ».

La comtesse *de Fiesque* vend un jour, pour acheter un miroir de grand prix, raconte Saint-Simon, une méchante terre qui ne lui rapportait que du blé.

Au milieu du XVIIe siècle, la désertion des campagnes était devenue presque générale. Il ne restait guère aux champs que les nobles pauvres, particulièrement ceux de l'Anjou, de la Bretagne et de la Vendée. Aussi, quand vint l'heure de la Révolution, ce fut dans ces trois provinces que la monarchie trouva ses meilleurs défenseurs, et la religion ses fidèles les plus intrépides. Ailleurs l'inintelligence et le mépris de la campagne étaient

portés au comble... c'était le prélude de terribles
catastrophes. Voilà pour le passé.

II. **Dans le présent** le même phénomène de la
désertion des campagnes par les dirigeants se reproduit encore sous nos yeux.

1° *Paris* exerce de nos jours dans la nation la même
puissance d'attraction et de séduction qu'exerçait
autrefois le Roi-Soleil.

Paris a les *grandes fêtes*, les grands spectacles,
les grandes réjouissances, les grandes expositions.

Paris absorbe les *victuailles* de la province, au
point de les raréfier et de les renchérir aux lieux
mêmes qui les produisent.

A Paris sont les *meilleures places* à prendre.
Chaque réforme nouvelle se traduit par la création
d'une nouvelle série de fonctionnaires, dont les
mieux payés résident à Paris, et dont les moins
payés ne rêvent que Paris.

Paris fait les *réputations* littéraires et artistiques
et ne tolère pas qu'un provincial ait du talent s'il
n'a pas pris le chemin de fer pour venir le faire
estampiller à la capitale.

Paris concentre dans son sein le *plus d'institutions publiques* : musées, bibliothèques, écoles
ordinaires ou spéciales, théâtres... entretenus avec
l'argent de tout le monde. Le paysan breton ou
beauceron paie sa quote-part de la subvention de

l'Opéra où il n'entrera jamais. Il paie pour l'entretien du Louvre et de la Bibliothèque nationale, dont
il ne soupçonne pas l'existence. Il paie pour l'École
des langues orientales, pour le Collège de France,
pour la Sorbonne, dont les cours ne peuvent être
suivis que par des personnes domiciliées à Paris.
Il paie peut-être son fermage à un propriétaire
habitant Paris, et, en ce cas, le propriétaire donne
une partie de cet argent pour que Paris soit infiniment mieux pavé, mieux éclairé, mieux fourni
d'agréments divers que le petit coin de Bretagne
ou de Beauce, d'où l'argent lui est parvenu.

Et même, s'il prend à un grand personnage la
fantaisie de faire quelque exceptionnelle *largesse*
aux pauvres, cette manne royale tombe exclusivement sur les mendiants de Paris.

En somme aujourd'hui, comme du temps de
Louis XIV, tout le monde veut être un monsieur
de la ville, et la ville par excellence, la ville-soleil,
la ville-lumière c'est Paris, le seigneur Paris.

2° *La foule des dirigeants* se précipite donc vers
la capitale ou vers les grandes cités. Ils s'en vont.
Ils laissent nos vieilles églises de campagne dans
la poussière et dans la nudité — les pauvres qui
entourent le clocher sans assistance — les rares
ouvriers que rive au sol natal la famille sans ouvrage — le pasteur de la paroisse rurale dans une
bicoque insalubre et dans l'impuissance d'un zèle

qui manque de point d'appui — les reliques de
leurs morts au milieu des ronces et des ossements
dispersés d'un immonde cimetière. Ils subissent et
ils accélèrent, sans s'en douter, le mouvement cen-
tralisateur qui, de nos jours, attire à la ville toutes
les attentions et toutes les forces vives de la nation. Je touche là à une des deux ou trois causes
les plus efficientes du manque d'influence, de la
quasi-déchéance dont sont frappés les principaux
détenteurs du sol en cette fin de siècle : l'absen-
téisme.

Et remarquez-le, ce n'est pas là seulement maladie de grand seigneur. *Les enrichis*, ceux dont les
parents ont fait fortune dans les cuirs et dans le
commerce des bestiaux et acheté les domaines de
leurs maîtres, s'évertuent à fuir la campagne, à
l'instar du marquis de Carabas, leur voisin. Ils se
figurent que des gens bien rentés ne sauraient dé-
cemment vivre aux champs. Invisibles aux paysans,
ils apparaissent au milieu d'eux une fois l'an, en
coup de vent, entre deux trains, comme des dieux
dans un nuage, ou comme des étrangers ennuyés
au milieu d'une population ennuyeuse.

3° *Les femmes* de la classe dirigeante sont, en
général, encore plus éloignées de la vie rurale que
les hommes. Dans leur conviction, le comble du
malheur est de quitter la ville. « Comment, se
disent-elles, à 20, 40, 50 kilomètres de la ville,

comment pourrais-je trouver la bonne faiseuse, la modiste de goût, toutes les ressources du ménage, une bonne musique, des soirées variées, et les amis choisis avec qui j'échange des visites quotidiennes? Et enfin comment pourrais-je remplacer les instructions et les conseils si pleins d'onction de mon curé de ville? Voulez-vous que je vive sur les prônes d'un pauvre curé de village? » De telles récriminations, Messieurs, contre la vie rurale ne sont pas fondées.

A la campagne, on est à l'abri des futilités ruineuses et sottes, des plaisirs malsains, des absurdes conventions mondaines, des vices et des ridicules de la vie factice de nos grandes cités.

A la campagne, les arts, les sciences et les lettres peuvent avoir leur place.

A la campagne, les relations de famille et d'amitié sont agréables sans être périlleuses ni dispendieuses.

Et, au point de vue religieux, on trouve généralement chez le pauvre curé de village les mêmes solides conseils et toutes les ressources spirituelles que peut distribuer le prêtre de ville. Il n'y a pas deux Évangiles, et la religion que prêche l'humble desservant dans sa vieille église dénudée est absolument la même que celle qui s'abrite sous les voûtes resplendissantes de nos grandes églises de ville.

Je voulais constater le mal de la désertion des

campagnes. C'est fait. La France se déruralise, et, par suite, s'urbanise de plus en plus. Tout le monde veut aller à la ville : les garçons et les filles, les jeunes plus encore que les vieux, et les dirigeants comme le peuple. Voilà la plaie... Mais est-ce bien une plaie, est-ce un vrai mal? Oui. Dimanche nous mettrons le doigt sur cette plaie, et nous étudierons les conséquences du mal. Ah! qu'il y a là-dessus de choses nécessaires à dire! Que Dieu m'assiste pour que, sans jamais blesser personne, je puisse faire du bien à tous!

Amen!

CINQUIÈME CONFÉRENCE

II. Les Conséquences

1° *LA MISÈRE*

MESSIEURS,

La désertion des campagnes est une véritable plaie sociale. J'ai constaté le mal. Je dois maintenant vous en dire les conséquences. Elles sont multiples. Je vous signale aujourd'hui la plus apparente. La désertion des campagnes amène la misère à la ville. Touchons du doigt :

1° La misère dans les villes.
2° La misère à Paris.

1. *La misère dans les villes.*

Au village, la misère est moins profonde, les épreuves du chômage, de la maladie et de la pauvreté sont moins cruelles généralement qu'à la ville. Au village, on vit de peu, et les aliments sont d'un prix bien modique. Au village, on se connaît, et la pauvreté ne peut échapper longtemps aux regards de la charité. L'assistance des voisins fait rarement défaut. Il suffit de l'aumône d'un peu de blé ou d'autres produits des champs pour écarter au moins de grandes souffrances. Et d'ailleurs, avant de fuir le village, il faudrait savoir si on ne sera pas plus malheureux à la ville. On ne jette pas un vieux seau à l'eau, sans savoir si le neuf, par lequel on veut le remplacer, tient l'eau. Hélas! la misère du village n'est rien auprès de

1° *La misère des grandes villes.* 1. D'abord à la ville *les dépenses* sont beaucoup plus considérables qu'à la campagne. Tout y est plus cher : le logement, le vêtement, la nourriture. Les occasions de dépenser sont de tous les instants, et il est bien difficile de résister à ces occasions... Mais on gagne davantage? ce n'est pas toujours vrai, et, quand ce serait vrai, cela n'avancerait guère. En effet, — 2. *Le travail* à la ville est souvent rare et très dur. L'ouvrier des villes est presque toujours condamné à un labeur sans merci et sans trêve, malgré ses fatigues et malgré l'altération visible de sa santé. Quelques jours de repos l'exposent à perdre sa place... car pour une place qui devient libre, il y a généralement vingt ou quarante postulants qui la sollicitent. La désertion des campagnes fait affluer aux portes des villes des armées de nouveaux can-

didats au travail de l'industrie, du commerce et des
bureaux, des armées de gens qui, n'ayant pas de
métier, sollicitent n'importe quel emploi, et ces nouveaux venus déterminent entre les travailleurs une
concurrence toujours accrue et de plus en plus
désastreuse. Les bras surabondent. Les salaires
baissent. L'ouvrage manque. L'homme de la campagne se dit : « Je gagnerai à la ville 3 francs,
5 francs par jour ». Et en disant cela il songe à tel
privilégié de la fortune, à tel villageois devenu citadin que des circonstances heureuses et exceptionnelles ont favorisé. Hélas ! il oublie que, pour un
qui réussit, non sans peine, la masse des vaincus
est innombrable. Il oublie tant de jeunes gens qui
sont venus de la campagne à la ville pour y mourir de consomption à la fleur de l'âge. Il oublie ces
multitudes d'ouvriers urbains qui perdent, dans des
travaux écrasants, dans des entreprises malheureuses, leur vigueur, leur joie, qui vivent dans la
souffrance et qui meurent dans le désespoir. —
3. Sans doute, il y a à la ville *la charité*. Mais comment
voulez-vous qu'elle subvienne à tous les besoins?
Quelque industrieuse et active qu'elle soit, elle ne
peut découvrir et soulager tous les infortunés dans
ces quartiers immenses des grandes cités, où ils se
multiplient avec le flot toujours montant de la population ouvrière. La misère entre donc en maî-
tresse et s'installe victorieuse dans la demeure du
paysan devenu citadin. Que faire alors?

? *Revenir au pays*. C'est le seul parti raisonnable. Quelques-uns s'y résignent. On les voit reprendre, l'oreille basse, le chemin qui mène au clocher du village et au gîte paternel.

Ce jeune homme était parti, l'illusion dans le cœur et l'inexpérience dans la conduite, à la recherche d'une place ou d'un service plus en rapport avec ses goûts de dépense et de plaisir. Hélas! en courant après la richesse, il n'a recueilli que la misère et les vices qui en sont l'escorte obligée. Il est tombé de chute en chute dans les plus bas-fonds de la société, et il revient au pays malade, honteux, déconfit. *Cet autre*, dans un moment de vertige, a vendu l'héritage familial pour aller à la ville voisine se livrer à des entreprises et à des spéculations pour lesquelles il n'était pas fait. Voyez-le revenir ruiné, découragé, déconsidéré, déshabitué du travail honnête, écrasé sous le poids de la misère physique et morale. Je n'en finirais pas si je voulais vous raconter toutes les déceptions qu'entraîne après elle la désertion des campagnes. Les moins malheureux et les plus sages sont encore ceux qui y reviennent. Hélas! c'est l'infime minorité.

Presque tous restent à la ville. Ils n'ont pas le courage, ou ils n'ont pas le moyen de la quitter. Et là que font-ils? Ils traînent une existence plus ou moins précaire, ils végètent dans des emplois plus ou moins aléatoires, et beaucoup, après bien des années consacrées aux plus durs travaux, meurent abandonnés dans une mansarde ou sur un lit d'hôpital. La misère dans les grandes villes est beaucoup plus intense qu'au village. Et pour vous mieux convaincre et vous impressionner par des faits et par des chiffres, laissez-moi vous dire ici quelque chose de

II. *La misère à Paris.*

Il y a, Messieurs, sur le pavé de Paris 2 à 300.000 prolétaires venus de la province et qui, à des degrés divers, sont des déclassés, des meurt de faim, des misérables.

Ils cherchent des places. Ce n'est pas facile à trouver. A la préfecture de la Seine pour onze cents places, l'année dernière, se présentaient 76.000 postulants, soit 75 postulants pour une place. C'est la moyenne des compétitions pour les emplois dans les administrations publiques.

Ils n'ont pas de métier. Que faire? C'est l'enfer qui s'ouvre devant eux, au lieu du paradis rêvé. Parce qu'il faut vivre, ils acceptent les plus répugnantes besognes, les plus pénibles et les moins rétribuées, celles dont personne ne veut. Ils sont portefaix, manœuvres, hommes de peine.

Ils vivent au jour le jour, sans avance, ayant souvent derrière eux femme et enfants, gagnant juste de quoi ne pas mourir de faim, mal nourris, mal logés, mal vêtus, exposés par suite à toutes les intempéries, privés la nuit de l'air nécessaire, préparés aux atteintes de la première épidémie. Ils vivent? Que dis-je là? non ils ne vivent pas. Ils ne peuvent pas vivre.

C'est l'assistance publique qui les fait vivre. L'assistance publique à Paris a un budget annuel de 60 millions. C'est splendide, et c'est monstrueux. Cela révèle en même temps l'immensité de la charité, et l'immensité de la misère parisienne. Et n'allez pas croire qu'un tel budget soit suffisant. Les miséreux de la grande ville constituent une armée devant laquelle la charité publique et privée est impuissante. Pour vous en convaincre,

Entrez *dans les crèches, dans les monts-de-piété, dans les refuges de nuit, dans les hôpitaux...* tout cela est plein, tout cela regorge de monde. Tous ces palliatifs de la misère sont en pleine prospérité.

Les crèches. Je n'ai pas de statistique là-dessus. Mais je sais qu'il y a dans les crèches de Paris des milliers et des milliers d'enfants qui sont là à cause de la misère des parents, et qui devraient être à la maison sur les bras et sur le sein maternel. Le prolétaire parisien ne peut élever ses enfants. Il les jette à la crèche. Souvent il ne peut même pas garder son petit mobilier. Il l'envoie

Au mont-de-piété. Un indice de la misère à Paris, ce sont les affaires du mont-de-piété. J'ai la statis-

tique du 31 décembre 1898. Pendant l'année 1898
il a été déposé au mont-de-piété, 1.951.240 gages
de toute nature, sur lesquels le mont-de-piété a
prêté 68 millions de francs. Sur ce nombre
135.157 gages n'ont pu être retirés par les dépo-
sants. Cela suppose 135.157 individus tombés dans
la dernière misère... Quand on est dépouillé de
tout, quand on n'a plus ni feu ni lieu, on échoue
dans

Les refuges de nuit. En 1897, onze asiles ou refuges de nuit ont fonctionné dans Paris, offrant un
abri gratuit et temporaire, avec distribution de
soupe ou de pain à l'arrivée et au départ, à 140 mille
personnes, hommes, femmes et enfants. N'est-ce
pas l'indice d'une misère effrayante? En 1899,
l'œuvre libre de l'hospitalité de nuit a hospitalisé à
elle seule 66 mille individus, dont 46 mille provinciaux. Mais le refuge de nuit n'est qu'un abri
momentané. Il y a autre chose, plus et mieux. Il y
a à Paris

Les hôpitaux. Depuis qu'on les a laïcisés, ils
coûtent beaucoup plus cher... c'est tout ce qu'on y
a gagné. Les malheureux n'y sont plus soignés par
les mains virginales des religieuses; ils n'en sont
que plus à plaindre. Leur nombre d'ailleurs ne fait
que croître. *Il faut des hôpitaux* pour subvenir à
certains besoins particuliers, par exemple, quand
un accident de travail vient briser malheureuse-
ment un membre ou une articulation, — quand

une affection particulièrement grave exige des soins
extraordinaires que la science ne pourrait donner
à domicile, — quand un cas de maladie contagieuse
expose toute une famille à la contamination et à
la mort, — quand toute une population se trouve
sous le coup d'un désastre ou d'une calamité
publique. Mais, ne l'oublions pas, *l'hôpital n'est
qu'un pis-aller* et ne devrait être qu'une exception.
C'est à son foyer que tout homme veut être soigné
et mourir. J'en appelle à tous les médecins qui ont
signé des billets d'admission dans les hôpitaux :
tous vous diront les angoisses des malades qui s'y
rendent, le désespoir de ceux qui restent, et les
intimes douleurs de ces poignantes séparations. Or,
à Paris, les hôpitaux sont remplis et ne peuvent
pas recevoir tout le monde. Il sont un indice,
ajouté à beaucoup d'autres, de la misère profonde
qui tenaille et dévore une partie notable de la
population parisienne.

Messieurs, à la fin de ce siècle qui a tant promis,
voilà qu'on entend à Paris et dans les grandes villes
le cri de la faim : Du pain, du pain ! que mangerons-nous aujourd'hui ? — Quoi donc ? Est-ce que
notre France est frappée de malédiction ? Est-ce
que son sol généreux se refuse à produire les moissons abondantes ? Loin de là. Contemplez plutôt la
vaste plaine de la Flandre, l'inépuisable plateau
de la Beauce, la ceinture dorée de la Bretagne. De
partout un hymne d'allégresse semble jaillir du

sein de la nature. Partout l'homme semble répéter :
« Je sème, et le ciel bénit mes efforts; dans l'épi
qui grandit sur le sillon Dieu multiplie la graine
au centuple ». Et pourtant le long des chaussées
des villes le bataillon des miséreux grossit sans
cesse et le cri de la faim retentit comme un glas
funèbre... C'est une des conséquences de la désertion des campagnes. Je vous laisse méditer ce grave
sujet.

Amen!

SIXIÈME CONFÉRENCE

II. Les Conséquences (SUITE)

2° *LA DÉMORALISATION*

MESSIEURS,

La désertion des campagnes a des conséquences terribles. Elle amène la misère... nous l'avons vu dimanche — et avec la misère, la démoralisation... nous allons le voir aujourd'hui. J'appelle votre attention sur les deux pensées suivantes :

1° La vie des champs est moralisatrice.

2° La vie des grandes cités est démoralisatrice.

I. *La vie des champs est moralisatrice.*

Ici entendons-nous bien, et établissons une distinction nécessaire entre les hommes des champs et la vie des champs. Je dis que la vie des champs est moralisatrice. Mais je ne dis pas que les hommes des champs sont des types de moralité, d'honneur et de vertu.

1° *Les hommes des champs* peuvent très bien ne

pas tirer parti des avantages que leur offre la campagne, et s'abandonner à des vices détestables. La
campagne est bonne par elle-même, mais ceux qui
l'habitent restent toujours libres de résister à son
action vivifiante. *Et de fait* il y a dans les classes
rurales, surtout depuis qu'on a cherché à les séparer de Dieu et de la pratique de la religion, bien
du mal et bien des défauts. L'antique simplicité
des mœurs tend à disparaître en beaucoup d'endroits. Découronné de l'idéal religieux qui faisait
sa grandeur et spiritualisait ses pensées, le paysan
se laisse aller de plus en plus à une vie matérielle
et vulgaire. En cessant d'être chrétien, il devient
facilement barbare... car il n'a même plus, pour
échapper à la barbarie, ce vernis de politesse qui
survit dans les villes à l'idéal disparu, et qui en
donne encore l'illusion. Des instincts grossiers, des
habitudes de désordre et d'intempérance, des mœurs
relâchées prennent le dessus là où Dieu a pris le
dessous, et, du moment qu'elles sont dépossédées
de leurs habitudes religieuses, nos populations
rurales presque aussitôt, j'allais dire presque fatalement, s'éloignent des vertus antiques et de la
dignité primordiale. Non. La vie des champs n'améliore pas toute seule, par la vertu de son simple
attouchement, et souvent les hommes des champs
ne sont pas meilleurs que ceux des grandes cités...
Et cependant je maintiens mon affirmation, et je
dis, et je vais prouver que

2° *La vie des champs* est moralisatrice, plus saine, plus salutaire, plus préservatrice, plus reposante pour le corps et pour l'âme que la vie brûlée des villes, que la vie aventureuse des grandes cités.

A la campagne, sous le vieux toit du village, si modeste soit-il, on a *des traditions* de respect et d'honneur dont le plus hardi hésite à s'écarter, car on se connaît, on s'observe, on fait partie d'un tout, on se sent solidaire. On appartient à un groupe, à une famille, à une maison, dont l'histoire est d'ordinaire très honorable, quoique très humble, et l'on ne voudrait pas rompre avec la correction d'un passé et d'un milieu irréprochable. Bonne renommée vaut mieux que ceinture dorée... c'est la maxime du village.

A la campagne on se livre à *un travail* qui est moralisateur, j'allais dire sanctifiant. L'agriculture est d'institution divine. Quand Dieu eut créé Adam et sa compagne, il les introduisit dans un verger délicieux, qu'il avait lui-même planté et qu'il leur donna à cultiver. Et après leur faute la terre, bien que maudite, resta le théâtre de leur condition nouvelle, et le moyen de réparer ce que leur désobéissance avait compromis. La culture des champs, la garde des troupeaux, l'exploitation de l'héritage ancestral ont quelque chose d'antique et presque de divin. — Et puis le travail de la terre est dur, crucifiant. Il pressure la chair, et avec la sueur qui coule la fumée des passions mauvaises s'évapore

plus facilement. — Et enfin dans les champs, sur
le grand théâtre de la nature végétale, sous le bleu
firmament, l'air est plus pur, le ciel plus ouvert,
Dieu plus accessible et plus familier, on lit son nom
écrit partout, au ciel en lettres de feu, sur la terre
en lettres de fleurs. On touche du doigt son action,
son intervention, son indispensable présence.
L'homme qui laboure et qui sème sent qu'il n'est
que l'humble collaborateur du Créateur qui arrose
et qui féconde. Oh! quel malheur que les missionnaires de l'impiété aient ravagé nos excellentes
populations rurales! Livrées au travail des champs
et transfigurées par la foi religieuse, elles s'élève-
raient à un niveau de moralité supérieure.

A la campagne, en même temps qu'on est absorbé
dans un travail vivifiant et moralisateur, on est
préservé de bien des tentations et de bien des séductions. On est à l'abri des excitations étrangères, des
fêtes troublantes, des plaisirs malsains. On est
courbé vers la terre, mais on n'est pas à genoux
devant les hommes. On est obligé de peiner, mais
on n'est pas obligé de ramper et de s'avilir, pour
vivre. On travaille fort, mais on est indépendant.
On s'use, mais on s'appartient. On a le silence. On
peut réfléchir et prier. On est plus près de Dieu, et
partant, plus près du bonheur. La vie des champs
est moralisatrice.

II. *La vie des grandes cités est démoralisatrice.*

Ici encore je dois établir une distinction nécessaire entre l'homme des villes et la vie des villes. Je dis que la vie des grandes cités est démoralisatrice. Mais je ne dis pas que l'homme des grandes cités est démoralisé.

1° *L'homme des grandes cités* peut très bien réagir contre les inconvénients que lui offre la ville et pratiquer des vertus admirables. La ville est dangereuse par elle-même, et risque de contaminer ceux qui l'habitent. Oui. Mais on est toujours libre de se soustraire à ses influences pernicieuses, et de s'immuniser contre le microbe de la corruption urbaine. *Et de fait*, il y a dans les villes, surtout dans nos villes de province, surtout quand la religion y est en honneur, beaucoup de bien et beaucoup de belles âmes. Pour ma part, depuis 22 ans que je suis dans cette ville d'Orléans, mêlé à toutes les âmes et en contact journalier avec toutes les classes de la société, j'y rencontre partout, dans les salons et dans les maisons ouvrières, sous la bure et sous la soie, une dignité de vie, une correction de mœurs, un respect de soi et des autres, et souvent un héroïsme dans le devoir et dans le dévouement qui m'édifient, me consolent et m'encouragent. A mesure que la religion reprend son empire dans les villes, les villes s'améliorent, s'épurent et se transfigurent. L'homme de la ville, quand il est saisi et pénétré par la foi, devient meilleur que l'homme des champs qui a perdu la foi. Il échappe aux dangers dont il est entouré, et il monte à un beau degré de vertu... Mais de ce que certains tempéraments se portent bien dans une région insalubre, cela ne prouve rien en faveur de cette région... et, quelles que soient les vertus des citadins, il reste vrai que

2° *La vie des grandes cités* est démoralisatrice. Ce n'est pas niable.

L'entassement des populations *dans les grands centres* est une cause effroyablement active de deux sources de mort étroitement unies : une extrême misère et une extrême démoralisation. Non, ne me parlez pas de ces amoncellements d'êtres humains, où chacun apporte bien plus ses détériorations que ses qualités. Ne me parlez pas de ces immenses foyers de corruption, où en un seul jour et en une seule nuit se consomment des milliers et des milliers de souillures et d'iniquités!... Et si vous me trouvez trop sévère, si vous m'accusez d'exagération, laissez-moi vous citer ici l'écrivain dont l'autorité est universellement reconnue, et qui a étudié de plus près la condition des ouvriers.

Dans les cités industrielles. Au chapitre XLIX du livre VI de *la Réforme sociale*, Le Play écrit :

« Beaucoup de familles vertueuses et prévoyantes,
« attirées par l'appât du gain dans les nouvelles
manufactures, y ont subi l'influence funeste d'un
milieu corrompu. À chaque retour du chômage,
les populations se trouvent soumises alors aux
privations les plus dures. Leur dénûment est d'autant plus pénible qu'il succède à des habitudes
de superflu contractées aux époques d'activité
fiévreuse de la fabrique, et qu'il ne peut être
adouci par les ressources du travail agricole. Sous
ces mauvaises influences, les mœurs se corrompent
facilement. Les femmes et les enfants, soumis
comme le chef de famille au travail manufacturier,
et retenus constamment hors du foyer, prennent
des habitudes d'indépendance et de promiscuité
incompatibles avec tout ordre domestique. Les narco-
tiques et les spiritueux deviennent la seule diversion
aux fatigues du travail et aux soucis de l'existence. Ils
ajoutent à la perte du sens moral la dégradation
physique. Ils rendent la misère permanente, malgré l'élévation du salaire, qui avec de bonnes
mœurs eût assuré le bien-être de la famille... Les
grands ateliers, où l'interruption des rapports de
patronage laisse les subordonnés sans direction,
offrent, les jours de paye, des spectacles plus révol-
tants que les plus odieuses scènes de la vie
sauvage. On y voit les femmes et les enfants, affa-
més et dénués de toute ressource, errant avec
anxiété autour du cabaret, où le chef de famille

dissipe en débauche le salaire qui est l'unique
ressource de la maison. » Et le Play continuant
cette description tragique ajoute :

« Les éléments de la vie morale commencent à
manquer à *Paris*. Notre capitale reproduit peu à
peu le type que le christianisme semblait avoir
détruit, de ces antiques cités où l'espèce humaine
s'est éteinte dans le désordre. » Depuis Le Play,
Messieurs, c'est-à-dire depuis trente ans nous avons
marché, et marché à grands pas dans le sentier
descendant de la démoralisation. Paris, de plus en
plus déchristianisé, devient chaque jour davantage
la terreur des mères jalouses de la pureté de leurs
fils. Ses boulevards sont une foire aux scandales,
son enceinte un vaste établissement de plaisirs
sensuels, sa vie une perpétuelle sarabande, son
peuple une proie palpitante livrée à toutes les séductions. Comptez, si vous le pouvez, tout ce qu'il y a
à Paris de faux ménages, d'enfants naturels, de suicides, de turpitudes cachées ou publiques, de vertus
qui tombent, de vices qui se perdent, d'âmes qui se
damnent. Oui, certes, il y a du bien à Paris, il y en
a beaucoup... Mais combien peu relativement au
mal qui s'étale, qui prédomine, qui triomphe ! La
vie des grandes cités est démoralisatrice... Com-
mencez-vous à comprendre que la désertion des
campagnes est une plaie sociale, une terrible plaie
sociale ? Et pourtant je suis loin d'avoir tout dit.
Je continuerai dimanche.

SEPTIÈME CONFÉRENCE

II. Les Conséquences (suite)

2° *LA DÉMORALISATION* (suite)

MESSIEURS,

Un homme respectable, ces jours-ci, m'a fait une objection. Il m'a dit : « Vous parlez de la désertion des campagnes. Mais cette désertion n'est-elle pas nécessaire, donc légitime ? Quand on ne peut pas gagner sa vie à la campagne, n'est-il pas permis de venir la gagner à la ville ? Et nous, gens des villes, est-ce que nous avons tort de prendre comme servantes les filles de la campagne ? »

Cette objection, Messieurs, repose sur une confusion qu'il est important de dissiper tout de suite. Je n'ai jamais dit que tout départ de la campagne à la ville était un désordre. Ce que je condamne, ce que tous les observateurs attentifs condamnent avec moi, ce qui est un mal et une véritable plaie sociale, c'est *l'exode en masse* des champs vers les grandes cités. — Qu'un certain nombre de villageois et de villageoises, pour des motifs légitimes, passent de la vie des champs à la vie urbaine, rien n'est plus naturel, rien n'est moins blâmable. Que

lo trop-plein du village so déverse à la ville pour y
trouver un emploi lucratif et y exercer des services
nécessaires, la chose est on ne peut plus régulière,
normale, profitable à tous. Mais, à l'heure présente, l'émigration qui se fait de la campagne à la
ville prend des proportions qui dépassent toute
mesure, tout besoin et toute raison. *Il y a excès.* Il
y a désertion. Et c'est la désertion, c'est l'excès que
je combats. Ceci étant une fois dit et bien compris,
ma thèse devient inattaquable, et les esprits les
plus exigeants pourront peut-être en discuter
quelques détails, mais ne pourront guère en contester la solidité et l'opportunité.

Je vous ai dit et prouvé dimanche que la vie des
grandes cités est démoralisatrice. J'ai besoin d'y
revenir, et je dois vous signaler aujourd'hui un point
particulièrement navrant de la démoralisation
urbaine. Il s'agit du sort qui est fait dans les
grandes cités à la fille du peuple, à la fille de nos
villages. Vous êtes des hommes sérieux, et j'ai de
vous cette opinion que vous êtes de force à entendre toute la vérité. Disons donc la vérité, rien
que la vérité, mais toute la vérité.

* *

La fille de nos villages débarque sur le pavé d'une
grande ville, à Paris, pour se mettre en condition,
pour gagner sa vie, pour se créer une situation sor-
table. Imaginez *son embarras.*

Je fais l'hypothèse la plus favorable. Je la suppose recommandée d'avance à des parents ou à des compatriotes. Mais connaît-on bien ceux à qui on la confie? Il y a longtemps peut-être qu'ils ont quitté le village. Sont-ils restés fidèles aux devoirs de la religion et de la morale? Sont-ils dignes d'estime? Sont-ils capables d'une surveillance utile et leurs travaux leur en laissent-ils le loisir? Autant de questions qu'on a oublié de se poser.

Et puis la jeune fille qui arrive de son village à Paris a-t-elle seulement un endroit sûr où elle puisse aborder? Elle doit avoir une recommandation, pensez-vous. Fort bien. Mais si elle ne rencontre pas la personne à qui elle est recommandée? — On n'a pas pu la laisser partir sans adresse. Admettons-le. Mais si l'adresse est mal écrite, ou difficile à découvrir? — Elle a probablement quelque place en vue. Je le crois. Mais si elle ne peut y entrer? — Autant d'hypothèses qui ne sont point chimériques, et dans lesquelles la pauvre villageoise est abandonnée à ses propres ressources, et par conséquent aux conseils du premier venu. Et ici devinez l'hôtel borgne et louche, la maison meublée de dernière catégorie où elle peut tomber, les multiples dangers qui vont la guetter au passage.

Enfin elle trouve *une place*... mais quelle place souvent? Attirée loin du clocher natal par des annonces fallacieuses, des promesses fantastiques et des gains hypothétiques, enfiévrée d'espoirs et d'illusions, elle prend n'importe quelle place. Elle va d'elle-même offrir ses services en aveugle dans le premier magasin qui lui est indiqué — dans le premier atelier qui manque de bras — à la première brasserie qui réclame un personnel féminin — au premier patron qui offre un plus fort salaire — à une famille entièrement inconnue. Elle peut très mal tomber. Et la plupart du temps elle tombe très mal. Du matin au soir elle est soumise, la pauvre créature, à des conversations honteuses, à des contacts impurs, à des influences pervertissantes. Ignorante et naïve, la voilà jetée avec l'ardeur de ses 20 ans, au milieu des tentations et des périls.

Est-elle capable de résister *aux séductions de la vie urbaine?* Elle contemple dans la grande capitale les spectacles du luxe, les manifestations enivrantes du plaisir, les succès insolents du vice. Le vertige la saisit. Elle sacrifie d'abord à la vanité ses petites épargnes, ses gains très modiques. Bientôt son modeste salaire ne peut plus faire assez large la part de sa toilette et de ses plaisirs... Et la porte est ouverte à tous les dangers, à tous les dérèglements, aux chutes les plus lamentables.

Elle court à une existence d'étourdissement et d'infamie, jusqu'à lui sacrifier hélas! son âme consacrée peut-être à Dieu par les larmes d'une mère, son âme pour laquelle peut-être tant de prières

silencieuses étaient montées au ciel. Elle perd peu
à peu et enfin tout à fait le sens moral, jusqu'à se
faire hautement gloire de son déshonneur. Et l'on
voit, avec un véritable effroi, la jeune fille, elle
que sa faiblesse seule devait rendre plus réservée
et plus timide, rivalisant d'impudeur et de provo-
cations honteuses avec l'autre sexe, laisser gaiement tomber sa couronne virginale de son front
flétri... et rapporter au sein d'une famille désho-
norée le fruit criminel de ses précoces dérèglements.
Oui, de ces pauvres créatures déchues,

Quelques-unes reviennent au village... dans
quel état, grand Dieu ! Cette jeune fille n'a pas
voulu être servante de ferme et pastourelle dans
le hameau, humble couturière ou petite fermière
dans son village. Des compagnes légères comme
elle l'ont attirée dans la grande ville. Elle a ri
d'abord, elle s'est fait des toilettes, elle s'est, assure-t-
elle, bien amusée. Mais l'amusement a bientôt pris
fin pour faire place aux pleurs, aux désespoirs et
aux chutes. Avec la ville et ses occasions tous les
naufrages sont venus. Les déboires les plus cruels
ont suivi l'allégresse du départ. La déchéance
morale a suivi la misère physique. Elle revient au
village découronnée, flétrie, découragée. C'est le
tout petit nombre d'ailleurs qui revient au village.

La plupart restent à la ville... et là que de-

viennent-elles? Beaucoup de braves gens croient que
les pauvres filles du peuple qui se perdent à Paris
et dans les grands centres l'ont bien voulu, et
qu'on ne saurait être trop impitoyable à l'égard de
ces créatures comparables à la boue du ruisseau et
dignes de toutes les malédictions. Soyons, Messieurs, moins sévères et plus justes. Beaucoup de
ces malheureuses ont été saisies par la vie parisienne
comme dans un engrenage meurtrier et savant.
Elles ont été mises, presque sans s'en douter, sur
le chemin de la honte et du déshonneur. Elles ont
été les victimes, souvent inconscientes, de ce qu'on
appelle la traite des blanches, plus odieuse mille
fois que celle des noirs, puisqu'elle s'exerce au
milieu de nations qui se disent encore civilisées et
chrétiennes. Voilà le mal.

Pour le prévenir et pour le réparer, on a créé
dans presque toutes les grandes villes des institutions qui ont pour objet le placement, le patronage et la protection des jeunes filles venues de la
campagne et de la province.

Et parce que le mal que je viens de vous signaler sévit à peu près dans toutes les grandes capitales, on a fait le rêve humanitaire et chrétien de
le combattre par une œuvre universelle.

Il y a trente ans *les protestants* ont fondé l'Association des *Amies de la jeune fille* et à l'heure qu'il est, cette association a des correspondants dans les plus petites localités d'Europe, même dans des pays entièrement catholiques, et son action s'étend encore en Afrique, en Asie et dans les pays d'outre-mer.

Les catholiques eux aussi se sont ébranlés et, il y a quatre ans, ils ont fondé à Fribourg en Suisse l'œuvre internationale de la protection de la jeune fille. Cette œuvre continue d'avoir son siège central à Fribourg sous la présidence de la baronne de Montenach. Elle existe en Autriche-Hongrie[1]. Elle est établie depuis deux ans en France. Elle a été installée l'année dernière en Angleterre, à Mayfair près de Londres, grâce au zèle toujours vigilant de la communion catholique dans ce pays[2]. Il faudrait qu'elle arrive à couvrir tous les pays civilisés d'un réseau complet et sans lacunes.

Quelle est sa manière de procéder? Elle essaie de prévenir le mal plus encore que de le guérir. Elle poursuit un but matériel et moral, et c'est souvent par les avantages matériels qu'elle atteint le but moral.

Elle reçoit et elle guide les jeunes filles du village quand elles débarquent dans les villes... et elle leur offre des maisons d'accueil et des bureaux de placement sérieusement contrôlés.

1. En Italie, en Allemagne, en Belgique.
2. Elle a tenu cette année à Paris un Congrès international.

Elle fait une large réclame en faveur des places et des institutions qui offrent des garanties sérieuses. Et elle surveille, elle dénonce les annonces fallacieuses, la publicité louche, au moyen desquelles on cherche à exploiter l'ignorance et la crédulité des jeunes filles.

Elle a un livret-catalogue très complet qui donne l'adresse de toutes les maisons ou institutions affiliées à l'œuvre, et même de celles qui, pour n'être pas en rapports directs avec elle, lui paraissent recommandables.

A des besoins nouveaux il faut des remèdes nouveaux. La désertion des campagnes accélère les progrès de la démoralisation urbaine, et quand le fleuve déborde, il est nécessaire de lui opposer des digues, je veux dire des œuvres intelligemment conçues.

Intéressons-nous, Messieurs, à ces œuvres. Connaissons-les d'abord, et ensuite, si c'est possible, prenons-y notre part de coopération. Ne s'occuper que de soi, ce n'est pas permis, c'est méconnaître le précepte de l'Évangile, violer la loi de charité, et se réfugier derrière la réponse du fratricide Caïn : « Est-ce que je suis le gardien de mon frère? » Mais oui, tous, plus ou moins, nous sommes les gardiens de nos frères. Hélas! Il y a une religion qui s'allie avec la sécheresse du cœur, il y a des gens qui croient faire leur devoir et qui n'ont jamais aimé. Est-ce là la vraie religion? Est-ce là la foi qui sauve? Non, c'en est la contrefaçon déplorable. La foi qui sauve, c'est la foi qui nous porte à sauver les autres. La vraie religion, ce n'est pas celle qui laisse le cœur sec, mais bien celle qui sollicite avec énergie le dévouement et le sacrifice. Marchons, Messieurs, dans cette voie. Elle a ici-bas ses difficultés et ses luttes, et là-haut son terme et sa récompense!

Amen!

HUITIÈME CONFÉRENCE

II. Les Conséquences (SUITE)

3° *L'ABAISSEMENT DU NIVEAU RELIGIEUX*

MESSIEURS,

La désertion des campagnes a des conséquences
terribles, qui s'appellent la misère et la démoralisation. Ce n'est pas tout. La désertion des campagnes
produit encore l'abaissement du niveau religieux.
J'ai dessein de vous montrer aujourd'hui combien
la religion est facile dans les campagnes et menacée
dans les villes. Et, pour prévenir et résoudre une
objection que vous pourriez me faire, je vous dirai
un mot de la situation religieuse exceptionnelle de
notre ville d'Orléans, par rapport aux campagnes de
notre département.

*
* *

Dans les campagnes, la religion généralement
est *facile à connaître et à pratiquer.*

Quel est en effet *l'atelier* où se passe la vie de
l'habitant des campagnes? Son atelier, c'est le sol
qui a porté ses premiers pas, cette terre que ses

bras remuent pour la rendre féconde, et à laquelle
le ciel envoie ses clartés, ses ombres et ses chauds
rayons. Son atelier, ce sont ces vignobles, ces
prairies, ces champs qui s'étendent à perte de vue...
et tout cela recouvert de milliers d'astres, comme
des clous d'or fixés dans une tapisserie d'azur. Le
laboureur qui trace ses sillons, le pâtre qui conduit
ses troupeaux, le vigneron qui aligne ses cépages
est en communication perpétuelle et intime avec *la
nature*... Et la nature est un ostensoir et un encen-
soir; elle fume de tous les parfums de la divinité,
et elle révèle à qui la regarde l'existence et les
attributs du Dieu Créateur. Là, dans les champs,
on voit Dieu, on travaille avec Lui, on ne peut pas
ne pas Le servir.

1° L'homme des champs *voit Dieu*. Il le voit dans
les infiniment grands et dans les infiniment petits.
Il devine sa puissance, sa sagesse, son immensité,
sa beauté et sa bonté dans ces plaines immenses et
fécondes, où la vue semble errer sans fin sur des
blés verdoyants, et dans ce firmament, où évolue la
grande armée des astres sous la main toujours
tendue du Législateur suprême. Et d'ailleurs, pour
voir Dieu dans la nature, il n'est pas besoin de
regarder ni si haut ni si loin. L'homme des
champs n'a qu'à prendre un brin d'herbe, un épi
de blé, le dernier des insectes. Une fleur est une
merveille. Un épi de blé est une merveille. Un

insecte microscopique est une merveille. Newton trouvait Dieu dans la marche des cieux, et Chateaubriand le trouvait dans un nid de rossignol, placé sur un rosier. Dieu est si vivant, si visible, si palpable dans la nature, que si une erreur était possible au milieu des champs, ce ne serait pas l'affreux matérialisme qui ne le voit nulle part, ce serait le panthéisme qui le voit partout.

2° L'homme des champs *travaille avec Dieu*. C'est Dieu qui amène tour à tour *le printemps* avec ses jours sereins et sa sève généreuse, l'été avec ses brillants rayons et ses ardeurs fécondes, l'automne avec ses crépuscules plus sombres et ses récoltes savoureuses, l'hiver avec son manteau de neige et ses nuits plus longues. L'homme des champs travaille avec Dieu. Dieu *agit* plus que l'homme. C'est Dieu qui envoie ses rosées et ses pluies bienfaisantes, qui fait croître les moissons et mûrir les fruits, qui multiplie les troupeaux dans les bergeries et le froment dans les greniers. C'est Dieu qui tient dans sa main *les fléaux*, la grêle, la foudre, la gelée des nuits et les soleils brûlants, qui les déchaîne dans sa justice ou les arrête dans sa miséricorde. Aussi, au milieu des travaux des champs, l'adoration s'impose comme un facile devoir.

3° L'homme des champs *ne peut pas ne pas servir Dieu*. Tout lui prêche la religion : les croix plantées

à tous les angles des routes — les doux tintements
de l'Angelus — la flèche de l'Église dressée au sein
du village comme un doigt levé vers le ciel — les
bons exemples et les traditions des familles chrétiennes que l'on voit de plus près — les exhortations du pasteur que l'on entend de moins loin. Oh !
qu'il est beau *le foyer du paysan resté religieux !* La
prière s'y fait en commun. On va à la messe
ensemble, le laboureur, sa femme, ses enfants et ses
serviteurs. On a sur le mur un vieux et beau
crucifix, et sous le crucifix de l'eau bénite, qui
fortifie le matin les doigts du père et de la mère qui
vont travailler, et qui protège le soir le lit des
enfants qui dorment. Gloire aux chaumières de nos
villages dont la religion est encore l'inspiration et
la vie ! C'est de là que la France épuisée tire ce
qui lui reste de vigueur et d'espérance.

* *
*

A la ville, en général, la religion est plus difficile
à connaître et à pratiquer qu'à la campagne.

1° *On oublie Dieu* assez vite dans les rues étroites
des grandes cités, dans des ateliers sombres, au
milieu de la fumée des usines, des bruits incessants
de la foule, du mouvement fiévreux des affaires.
Quand, dans les rues d'une immense cité, vous
vous heurtez un jour de fête à ces multitudes
bruyantes d'êtres légers et frivoles, rendus plus

frivoles encore par leur rapprochement même
— quand vous voyez défiler devant vous, tous ces
visages sur lesquels vous ne surprenez aucun rayon
de lumière et d'espérance divine — quand quelque
ignoble refrain monte de cette foule comme l'expression cynique de ses goûts et de ses pensées...
n'éprouvez-vous pas un effet étrange de scepticisme
et d'ébranlement intérieur ? N'êtes-vous pas tentés
alors de ne voir dans l'humanité, qu'une fourmi-
lière immense, qu'une masse indistincte et confuse ?
Au sein des grandes agglomérations humaines, le
ciel se voile, l'éternité s'éclipse, Dieu disparaît.
On l'a remarqué depuis longtemps, le sentiment
religieux se conserve avec bien plus d'intensité
chez les hommes qui vivent solitaires au sein de
la nature. Le marin sur la mer, le montagnard dans
le silence des hautes vallées, l'Arabe dans le
désert sont naturellement religieux.

2° *On a de la peine à servir Dieu* dans les grandes
cités. On entend retentir le blasphème, les plaisante-
ries sacrilèges contre les choses saintes et les personnes consacrées à Dieu. On voit s'étaler au grand
jour la liberté de la débauche, la liberté du cabaret
et des plaisirs déshonnêtes, la liberté des lectures
immorales et des négations impies — Et avec cela
on est souvent privé de la liberté du dimanche
chrétien. Or, quand cette loi fondamentale du
dimanche chrétien est violée, la religion s'en va :
les notions les plus élémentaires de l'instruction

religieuse disparaissent rapidement; tous les actes
du culte sont supprimés. C'est la destruction de la
religion elle-même.

3° *Voyez les étrangers qui arrivent de la campagne
à Paris.* Originaires, pour la plupart, de pays
demeurés chrétiens, de la Savoie, de l'Auvergne, de
la Flandre, de la Bretagne, ils végètent dans la
misère, oubliés de tous, sans églises et sans pasteurs,
et leur foi ne tarde pas à sombrer dans cette atmosphère de corruption, de préjugés et d'irréligion. Ils
espéraient trouver à Paris des écoles pour leurs
enfants, des églises avec des prêtres en qui ils
pourraient se confier comme au pays. Hélas! les
écoles chrétiennes sont rares et insuffisantes. Les
églises sont loin des usines... Et les pauvres
émigrés de Bretagne et de Savoie s'y sentent mal
à l'aise. Les églises de Paris sont peu hospitalières
pour le petit monde. Et alors tout ce petit monde
venu de la campagne se détériore et se paganise
très vite dans la grande ville. Son intelligence
s'obscurcit et son cœur se trouble. Les enseignements
du catéchisme sont oubliés. Il ne sait plus prier ni
appeler les bénédictions de Dieu sur ses journées
écrasantes et sur ses nuits si sombres. Quand il
revient, brisé par le travail, dans sa pauvre mansarde,
c'est pour maudire, de concert avec sa femme et
ses enfants, cette civilisation qu'on lui avait vantée,
et dont il ne connaît que les duretés impitoyables.
Au pays il était croyant, il pratiquait sa religion; il

respectait l'autorité du prêtre, qui était pour lui un père autant qu'un chef. A Paris, il devient facilement un païen et un athée. En résumé, la désertion des campagnes est dangereuse au point de vue religieux, et ceux qui laissent le village pour venir dans les grandes cités, sont menacés d'y perdre la foi.

.·.

Ici vous m'arrêtez pour me faire une objection qui n'est point à dédaigner. Vous me dites : « Et pourtant, est-ce que notre ville d'Orléans n'est pas plus religieuse que les campagnes du département? Est-ce que bon nombre d'hommes venus de la campagne à Orléans, n'y trouvent pas plus de facilités pour connaître la religion que pour la pratiquer? »

C'est vrai. La chose m'a été dite par beaucoup de braves gens, par beaucoup de braves chrétiens qui sont plus facilement religieux ici que dans leur village. Ici, à Orléans, les *bons exemples* abondent; les familles les mieux posées, les plus honorables, les plus influentes, non seulement respectent la religion, mais la pratiquent et l'accréditent. La religion est en honneur. Ici, à Orléans, *le clergé* formé par de grands évêques, et élevé dans des séminaires modèles, lutte pour Dieu et pour les âmes avec une ardeur que rien ne déconcerte. Il parle, il agit, il crée des œuvres multiples, il court à toutes les détresses morales et physiques, il prend

contact avec toutes les classes de la société. La
religion est en bonne posture. Ceux-là seuls ne la
voient pas, qui ne veulent pas la regarder. Ceux-là
seuls ne la pratiquent pas, qui ont le parti pris de
la dédaigner. Ici, à Orléans, la sagesse est prover-
biale, le respect humain est en décroissance, beaucoup
plus d'hommes qu'autrefois ont le courage de leurs
convictions. En un mot, notre niveau religieux est
plus élevé que dans les campagnes du département. C'est vrai. Il est généralement plus facile de
pratiquer sa religion ici qu'au village. C'est vrai.
Beaucoup me l'ont dit, et je l'ai constaté plus
d'une fois. Mais

Nous sommes une exception. Presque toujours et
presque partout, la désertion des campagnes se fait
au détriment des idées et des pratiques religieuses :
telle est la loi générale. Cette loi ne s'applique pas
à nous ? Tant mieux. Il faut en bénir le ciel. Il faut
rester ce que nous sommes, et devenir meilleurs
encore, Messieurs. Raffermissons nos autels, car
c'est de leur abandon et de leur ruine que le poète
romain disait autrefois, que venaient tous les malheurs de la patrie : *Hoc fonte derivata clades in
patriam populumque fluxit.*

Raffermissons nos autels. Ce n'est pas assez. Ne
nous contentons pas d'avoir la foi pour nous.
Tâchons de la répandre autour de nous. Améliorons
de plus en plus l'esprit public. Faisons comprendre
à tous nos concitoyens qu'il est possible, qu'il est

raisonnable, qu'il est utile, qu'il est aujourd'hui indispensable de croire à la religion et de la pratiquer. Qu'un grand exemple de christianisme soit donné à tout le département par cette ville d'Orléans, par vous, Messieurs. C'est par la tête que pourrit le poisson. Les villes ont été déchristianisées avant les campagnes. Que le salut vienne donc aussi des villes... Et que des sommets la lumière descende dans les vallées et dans les plaines!

Amen!

NEUVIÈME CONFÉRENCE

II. Les Conséquences (SUITE)

4° LA DÉCOMPOSITION DE LA FAMILLE

Messieurs,

La désertion des campagnes est une source de misère, de démoralisation et d'irréligion. Elle est de plus un mal familial. Elle multiplie d'une manière inquiétante les familles déracinées et les familles désordonnées. Je vais toucher là une plaie saignante de notre peuple contemporain. Attention !

L'éducation populaire, Messieurs, est l'une des plus vives et des plus justes préoccupations de notre époque, et le moyen qui paraît à plusieurs le plus efficace pour atteindre ce noble but, c'est l'école. L'importance de l'école, j'en conviens, est considérable. C'est une féconde vérité qu'on a bien fait de mettre en lumière, mais qu'il ne faudrait pas pourtant exagérer. Partout, mais surtout en France, il n'y a rien de plus redoutable que les vérités exagérées. Même dans les régions de l'éducation supérieure, ce n'est pas l'école qui donne la science profonde des idées et des choses, l'expérience de la vie, des hommes et des faits. Combien

moins encore le pourra-t-elle dans la sphère plus
modeste et plus pratique de l'éducation populaire!
Si importante que soit l'école, elle n'a pas la solution de l'avenir des masses par l'éducation. Cette
solution, c'est surtout à la famille qu'il faut la
demander. Les éducateurs de la vie réelle, ce sont
les parents. Le foyer par excellence de la civilisation, c'est le foyer domestique,

Or, à ce point de vue, la désertion des campagnes
est désastreuse. Elle entame et elle altère le foyer
domestique. Elle multiplie d'une manière inquiétante les familles déracinées et les familles désordonnées.

I. Les familles déracinées.

1° *Il importe extrêmement que la famille soit
stable.* L'homme qui a une famille a besoin d'un
lieu, d'un coin sacré pour y étendre la couche de
son épouse et pour y poser le berceau de ses enfants. Et, autant que possible, ce lieu, ce coin sacré
de la famille doit être stable. C'est une condition
d'indépendance, de bonheur et de moralité. La famille qui s'enracine à un foyer stable est *indépen-
dante*, libre et souveraine chez elle. Elle a des
frontières que nul être au monde n'osera franchir
sans son assentiment. Elle est *heureuse*. Elle brave
les bruits de la cité, les bruits de la nature, le tu-

multe troublé de la foule, les sifflements du vent,
la pluie qui fouette les vitres, furieuse mais impuissante. Elle a toute chance d'être *morale*. Vous, enfants des villes tumultueuses et mouvantes, quand
vous revoyez après des années le simple appartement qu'avaient loué vos parents, la maison où
vous êtes nés, ou vous avez grandi, la brique et la
pierre qui composent cette maison et les vieux
meubles qui la remplissent, vous sentez une bles-
sure qui s'ouvre à votre cœur, des larmes saintes
qui coulent involontairement de vos yeux, et vous
vous écriez avec le poète : « Objets inanimés, avez-
vous donc une âme qui s'attache à notre âme et la
force d'aimer? » Mauvais, on redevient bon, et bon
on devient meilleur, quand on retrouve la maison
des ancêtres, quand on peut se rattacher à un foyer
stable. Il importe extrêmement que la famille soit
stable.

2° *Dans les campagnes les familles généralement
sont stables.* Comme il a un vêtement pour se couvrir contre les intempéries de l'air, le paysan a une
maison, qui est comme le vêtement de pierre de sa
famille. Là, il est enraciné. Là, il reçoit librement la
lumière et la chaleur du soleil, il jouit des dons pri-
mitifs de Dieu. Là, il se tient debout, sans que personne ait le droit de l'écarter. Et, tout autour de sa
demeure, en enfonçant dans le sol sa bêche, sa pioche
ou sa charrue, le paysan sait que rien ne sera perdu

de ses travaux — qu'il y a auprès de lui une femme et des enfants qui vivent de ses sueurs — qu'il y aura après lui des êtres chéris qui diront : « C'est ici le champ de mon père ; voici la haie qu'il a semée, les arbres qu'il a plantés, le lopin de terre qu'il a défriché ». Et tout radieux à la pensée de se survivre dans un bienfait, il sent la vigueur revenir à ses bras épuisés. Le foyer à la campagne est stable. C'est pour cela qu'il est bon à l'âme et inspirateur de toute vertu.

3° *Dans les grandes cités les familles sont souvent déracinées.* On vit dans un état de déménagement universel et perpétuel. Voyez un peu comment se comporte le monde populaire urbain. Il ne tient pas en place. L'ouvrier est obligé de changer, de se déplacer constamment pour chercher un logement moins cher et moins incommode, avec la certitude de ne pas le rencontrer — ou pour suivre le travail, courir après, sans être bien sûr de l'atteindre. Sans doute, de tout temps il a dû exister une population ouvrière flottante. Mais il y a quelque cinquante ans, elle se composait à peu près exclusivement des ouvriers faisant leur tour de France en attendant de s'établir. Depuis, en vertu de la désertion des campagnes, la population flottante des villes s'est considérablement accrue... et l'instabilité est devenue le partage d'un très grand nombre de familles. Entendez-les raconter leurs

odyssées souvent très compliquées. Voyez-les solliciter partout un emploi assuré, durable — courir
les ateliers pour trouver du travail — passer d'un
bout d'une ville à l'autre bout pour ne pas manquer une place très aléatoire, et quelquefois voyager
sans fin d'une ville à une autre ville. On n'a pas de
chez soi. On est sans feu ni lieu, et parce qu'on n'a
ni feu ni lieu, on en arrive facilement, à force de
rouler de par le monde, à n'avoir plus ni foi ni loi.
La désertion des campagnes multiplie d'une manière
inquiétante les familles déracinées.

II. *Les familles désordonnées.*

1° *Il importe extrêmement que la famille soit bien
ordonnée.* C'est le berceau qui fait un homme. Ce
sont les foyers qui font un peuple. Or, qu'est-ce
qu'un foyer bien ordonné? Est-ce un foyer riche?
Non. La richesse n'est pas un obstacle au bonheur
et à la vertu, mais elle ne fait ni le bonheur, ni la
vertu. Il me semble qu'un foyer bien ordonné est
surtout *un foyer qu'on aime,* dans lequel père,
mère, enfants sont heureux de se trouver ensemble
et de jouir le plus possible les uns des autres. Le
foyer peut n'être qu'une chaumière, qu'une médiocre masure. Qu'importe... pourvu qu'on s'y
trouve heureux? « Mieux vaut, dit le Livre inspiré,
mieux vaut le repas du pauvre sous son toit de

chaume, que des festins splendides dans la demeure étrangère ! » Tant que la famille ne sera
pas bien ordonnée, c'est-à-dire très unie dans ses
membres, elle portera dans ses flancs un trait dont
toutes les enquêtes et toutes les lois ne la guéri-
ront jamais. Dans la famille bien ordonnée, on
trouve son plaisir ensemble, et des joies, même
légitimes, semblent toujours incomplètes, quand
elles ne sont pas partagées. Le foyer, le foyer...
on ne connaît, on ne cherche rien au-delà. On y
puise la vie du cœur et la vie du corps. Avec le
prophète on dit : Ah ! j'ai vu le foyer, je m'y suis
réchauffé. *Vah ! calefactus sum, vidi focem !*

2° *Dans les campagnes, les familles sont en général
bien ordonnées.* Les vrais foyers du peuple, les plus
beaux, les plus sains, les plus purs, les meilleurs
à l'âme et au corps, sont à la campagne. Si le toit
est humble et modeste, il est toujours riant. L'enfant ne quitte pas sa mère, et, dès qu'il peut marcher, le premier apprentissage qu'il fait de la vie,
du travail, c'est en voyant la sueur qui tombe du
front de son père dans les sillons. L'homme ne
quitte pas sa compagne, ou, s'il la quitte pour le
travail des champs, il la revoit à midi, et le soir
quand il revient à pas lents vers le toit qui fume.
A la campagne on a la vie de famille, pourvu cependant que le village ne se laisse pas envahir par la
corruption urbaine, par le cabaret qui isole l'homme

de sa compagne, et qui dès l'adolescence arrache
l'enfant à son père, par le cabaret où l'homme
trouve deux liqueurs malsaines : un alcool qui tue
son corps, et un journal qui empoisonne son âme.
Dans les campagnes, les familles sont en général
bien ordonnées.

3° *Dans les grandes cités les familles sont souvent
désordonnées.* Je parle des familles ouvrières, telles
que les a faites ce siècle de la houille et de la
vapeur. Les populations, judis agricoles, sont deve-
nues industrielles. Et, une fois déracinée, la famille
est vite désordonnée. Un chômage, une maladie la
réduisent au dénuement. Elle ne peut plus ni soigner ses malades, ni protéger ses orphelins, ni
garder ses vieillards, car elle est absorbée par l'intensité du travail et dispersée entre divers ateliers.
Ce n'est pas avec de tels éléments, Messieurs, et
dans de telles conditions que l'on fait un grand
peuple. Si nous voulons restaurer la patrie, il faut
de toute nécessité imprimer à l'œuvre de la richesse
matérielle le cachet de l'ordre moral. Il faut en particulier relever la famille, la reconstituer sur ses
bases naturelles, c'est-à-dire sur la permanence de
la mère au foyer domestique. Et pour vous prouver
que je ne suis ni dans l'utopie ni dans l'exagération, laissez-moi vous lire une page d'un philosophe rationaliste, de Jules Simon. Dans son ouvrage intitulé l'*Ouvrière*, J. Simon écrit. Le mal,

c'est que la femme « devenue ouvrière n'est plus une femme. Au lieu de cette vie abritée, cachée, pudique, entourée de chères affections, et qui est nécessaire à son bonheur et au nôtre même par une conséquence indirecte, mais inévitable, elle vit sous la domination d'un contre-maître, au milieu de compagnes de moralité douteuse, en contact perpétuel avec des femmes, séparée de son mari et de ses enfants. Dans un ménage d'ouvriers, le père et la mère sont absents, chacun de son côté, quatorze heures par jour. Donc il n'y a plus de famille. La mère, qui ne peut pas allaiter son enfant, l'abandonne à une nourrice mal payée, souvent même à une gardeuse qui le nourrit de quelques soupes. De là une mortalité effrayante, des habitudes morbides parmi les enfants qui survivent, une dégénération croissante de la race, l'absence complète d'éducation morale. Les enfants de trois ou quatre ans courent au hasard dans des ruelles fétides, poursuivis par la faim et le froid. Quand, à sept heures du soir, le père, la mère et les enfants se retrouvent dans l'unique chambre qui leur sert d'asile, le père et la mère fatigués par le travail et les enfants par le vagabondage, qu'y a-t-il de prêt pour les recevoir ? La chambre a été vide toute la journée ; personne n'a songé aux soins les plus élémentaires de la propreté ; le foyer est mort ; la mère épuisée n'a pas la force de préparer les aliments ; tous les vêtements tombent en lambeaux. Voilà la famille telle que les manufactures nous l'ont faite. Il ne faut pas trop s'étonner si le père, au sortir de l'atelier, où sa fatigue est quelquefois extrême, rentre avec dégoût dans cette chambre étroite, malpropre, privée d'air, où l'attendent un repas mal préparé, des enfants à demi sauvages, une femme qui lui est devenue presque étrangère, puisqu'elle n'habite plus la maison, et n'y rentre que pour prendre à la hâte un peu de repos, entre deux journées de travail. Il ne faut pas trop s'étonner, si le père cède aux séductions du cabaret, où s'engouffrent sa santé et ses profits ».

Attention, Messieurs, la désertion des campagnes décompose la famille. Luttons contre le mal. Travaillons pour l'avenir inconnu. Refaisons les fondations de l'édifice social, en restaurant des foyers stables et des familles fortement unies. C'est avec de bonnes pierres qu'on bâtit un monument solide. C'est avec des familles bien organisées que nous reconstruirons une nation heureuse et prospère, une France digne de son passé et sûre de son avenir.

Amen!

DIXIÈME CONFÉRENCE

II. Les Conséquences (SUITE)

5° LA DÉCADENCE DE L'AGRICULTURE

MESSIEURS,

La désertion des campagnes n'est pas seulement un mal pour l'individu et pour la famille. Elle atteint la société dans ses éléments les plus essentiels et dans ses sources vives. Et d'abord elle atteint l'agriculture. Voyons aujourd'hui 1° la dignité et l'importance de l'agriculture, et 2° comment la désertion des campagnes est une menace pour l'agriculture. Ce sujet convient tout à fait à la chaire. La religion ne saurait se désintéresser des besoins matériels des peuples, et, d'ailleurs, il n'y a pas loin de la charrue à la croix. Vous allez voir.

I. **La dignité et l'importance de l'agriculture :**

Interrogeons là-dessus *les poètes*, ces nobles inter-

prêtes de la croyance humaine. D'une lèvre unanime, ils ont redit dans des chants immortels la
gloire pure et les enseignements pleins de lumière
et de charmes de l'agriculture. Tous, ils ont vanté
la vie champêtre et répété la charmante idylle du
poète de Mantoue : Heureux l'homme des champs,
s'il connaît son bonheur. *O fortunatos nimium!*
Mais les poètes sont des hommes d'imagination·
Ils se sont peut-être trompés.

Interrogeons *les philosophes*, qui ont scruté et
analysé les besoins et les instincts de l'humanité.
Leur témoignage n'est pas moins catégorique que
celui des poètes. Ils ont proclamé universellement
l'efficacité incomparable de l'agriculture pour maintenir la pureté des mœurs et donner à la patrie de
robustes et vaillants défenseurs. Xénophon place
l'agriculture au-dessus de tous les arts, et Cicéron
déclare que rien n'est plus digne d'un homme
libre. Mais les philosophes sont des hommes de
spéculation. Ils se sont peut-être trompés avec leur
plume, comme les poètes avec leur lyre.

Interrogeons *les législateurs*, qui ont eu à gouverner les peuples et à diriger les sociétés dans la
voie du progrès, de la prospérité et du bonheur.
Partout et toujours, ils ont prodigué à l'agriculture
leurs encouragements, et l'ont favorisée par leurs
décrets. *Rome*, aux jours de sa·grandeur, allait

chercher au milieu des champs ses généraux et ses dictateurs, et elle les voyait avec admiration retourner à leurs charrues, après qu'ils avaient repoussé les ennemis, multiplié les victoires et rendu la paix à leur patrie. L'ami et le ministre d'Henri IV, *Sully*, disait : « Labourage et pâturage sont les trésors du Pérou et les mamelles de la France ». Et à la fin de ce siècle, résumant tous les témoignages de l'histoire, l'économiste *Le Play* écrit : « La prééminence de l'agriculture sur les autres arts a été si souvent proclamée chez les anciens et les modernes, qu'elle peut être érigée en axiome ». *Réf. soc.*, t. II, ch. XXXIV. Mais les anciens et les modernes après tout ne sont que des hommes. Ils ont bien pu se tromper.

Interrogeons donc le livre inspiré, *la Bible*, la vieille Bible, qui nous apporte les oracles du ciel, la parole même de Dieu. La Bible est formelle. A chaque page, nous y voyons que les hommes appelés chez le peuple de Dieu à des missions providentielles se sont livrés aux nobles travaux de l'agriculture. Adam, aux jours de son innocence et après sa chute, cultive la terre. Abraham est un patriarche qui habite et cultive les plaines de la Chaldée. Moïse conduit pendant quarante ans les troupeaux de Jéthro, son beau-père. Gédéon bat son blé, quand l'ange du Seigneur lui commande d'aller délivrer Israël. Avant de recevoir sur son front l'huile qui le fait roi, Saül cherche les ânesses de son père, et David garde les troupeaux, lorsque Dieu l'appelle à remplacer Saül. *L'Évangile* ne parle pas autrement que l'ancien Testament. C'est à la vie des champs que Jésus-Christ emprunte sans cesse ses paraboles, ses comparaisons, les images simples et touchantes qui éclairent sa doctrine. Il est le cep et nous sommes les branches. Il est le semeur qui répand le bon grain de la vérité et de la grâce. Il est le père de famille qui sort de grand matin pour louer des ouvriers et les envoyer travailler à sa vigne. Il est le bon Pasteur qui connaît ses brebis et que ses brebis connaissent. Il compare son Église à une vigne, à un grain de senevé — à un champ dans lequel l'homme ennemi a semé de l'ivraie — à une bergerie où il y a des brebis fidèles et une brebis perdue. Et dans un élan délicieux de sa miséricorde il se compare lui-même à la poule qui veut rassembler ses poussins sous ses ailes. Vous ne pouvez pas lire l'Évangile, sans y rencontrer l'évocation perpétuelle de l'idée agricole. Enfin, Messieurs, après avoir interrogé les poètes, les philosophes, les législateurs, l'ancien et le nouveau Testament,

Interrogeons *notre histoire de France*. Est-ce que chez nous l'agriculture ne tient pas une place tout à fait première? Est-ce qu'elle n'est pas pour nous une condition nécessaire de prospérité et de puissance? Ce sont *les moines agriculteurs* qui ont fait la France. Ils allaient ces hommes prodigieux, le bâton du voyageur à la main, la prière aux lèvres et Dieu dans le cœur, ils allaient parmi les contrées sans route et les forêts impénétrables. A nos ancêtres barbares et fils de barbares, ils annonçaient l'Évangile, c'est-à-dire la vérité moralisatrice et civilisatrice, et, en même temps, ils enseignaient comment on enrichit la terre, comment on en multiplie les ressources en la cultivant avec méthode. Entre un sermon et une prière, ils travaillaient de leurs mains et joignaient ainsi l'exemple au précepte. Par eux la hache ouvrait des éclaircies dans l'épaisseur des bois, et la charrue préparait les sillons à recevoir la semence du blé. Et de la sorte les moines laboureurs, obscurément et lentement, faisaient la France. Nous vivons de ce passé, Messieurs, ne l'oublions pas. La France est essentiellement *un pays agricole...* Et lorsque les populations rurales fuient le travail des champs et sont entraînées vers les villes par l'ambition et la soif des plaisirs, c'est un malheur pour la France entière, parce que c'est un malheur pour l'agriculture. J'arrive ici à ma seconde pensée.

II. *La désertion des campagnes est une menace pour l'agriculture.*

Elle la déprécie, elle la grève, elle l'énerve.

1° La désertion des campagnes *énerve l'agriculture*. Elle en diminue les produits. La terre pourrait produire plus qu'elle ne produit. Elle nourrit aujourd'hui un milliard et demi d'habitants. Si elle était cultivée dans toute son étendue, on a calculé qu'elle pourrait en nourrir treize milliards. La France, si fertile qu'elle soit, pourrait-elle aussi produire davantage ? Non seulement elle le pourrait, mais elle le devrait. Elle *devrait suffire à ses besoins*, aux besoins de la consommation nationale. Or, assez souvent elle n'y suffit pas. Elle est obligée de se procurer sur des marchés lointains, des quantités considérables de blé et de farine qui lui manquent pour compléter ses approvisionnements. Et ce fait coïncide précisément avec le déplacement et l'émigration vers les villes des travailleurs agricoles, avec la désertion des campagnes. Et puis la France devrait produire d'autant plus de blé, qu'elle a à compter *avec une terrible concurrence internationale*. Les terres vierges des États-Unis et du Canada, les pampas de l'Amérique du Sud, produisent le blé à 4 francs l'hectolitre, et ce blé nous arrive par les bateaux à vapeur moyennant un prix de transport insignifiant. L'agriculture française ainsi talonnée par l'étranger a donc grandement besoin de lutter, de se perfectionner, de se développer, de se faire vigilante et savante, de devenir progressive et intensive. Tout le monde le voit. Tout le monde le dit. Or, c'est juste à cette heure critique que s'opère la dépopulation rurale, et que les bras manquent à l'agriculture. La désertion des campagnes énerve l'agriculture, diminue sa force de production, et la met sur le chemin de la décadence.

2° La désertion des campagnes *grève l'agriculture*. Elle ne se contente pas d'en amoindrir les produits, elle en augmente les charges. La main-d'œuvre surabonde dans les villes. Il y a actuellement à Orléans plus de deux mille ouvriers sans ouvrage. Dans les campagnes, au contraire, les hommes manquent... la main-d'œuvre est rare, et l'agriculteur se voit obligée de payer plus cher les services du charretier, du faucheur et du moissonneur. Avec cela l'ouvrier agricole devient exigeant, indiscipliné, arrogant, faisant le moins possible. Considérant le meilleur patron comme un ennemi, il n'accepte de lui aucun reproche, aucune observation, le quitte au moindre prétexte, et s'en va chercher à la ville n'importe quel emploi. Les ouvriers urbains sont trop nombreux. Les ouvriers agricoles ne le sont pas assez. Dans la France entière, malgré le perfectionnement des travaux et le secours puissant des machines, les bras manquent à l'agriculture, et, plus ils se font rares, plus leur salaire monte. C'est une loi économique fatale. La désertion des campagnes grève l'agriculture. Encore un mot.

3° La désertion des campagnes *déprécie l'agriculture*.

Elle déprécie *la terre*. La valeur de la terre s'amoindrit tous les jours. En vingt ans elle a presque diminué de moitié. C'est un vrai malheur. C'est un amoindrissement substantiel de la richesse nationale. C'est un phénomène important. J'y reviendrai. A un autre point de vue, la désertion des campagnes est peut-être encore plus désastreuse.

Elle déprécie *le métier* d'agriculteur. Elle déprécie le travail manuel. Attention, Messieurs! c'est mauvais signe que le travail manuel subisse une dépréciation. Le travail manuel est le lot des quatre cinquièmes au moins de l'humanité. Le travail manuel est noble. Que dis-je? le travail manuel est divin. Voyez donc *le Christ* ouvrier, le Christ apprenti de Joseph ouvrier. Le Christ n'a pas voulu être un rêveur, un intellectuel, mais bien un artisan. Ses chères mains se sont meurtries au dur maniement de l'outil. Il s'est incliné pendant des heures entières sur un bois vil. Il a fait sa journée et gagné son pain à la sueur de son front. O mystère ineffable et sublime! Pourquoi Jésus, vous le roi de la terre et des cieux, vous le roi des anges et des saints, pourquoi avez-vous travaillé de vos mains comme les pauvres enfants du peuple? Pourquoi, Messieurs? Est-ce que vous ne le devinez pas? Le Christ a choisi le travail manuel pour le réhabiliter, pour le consacrer, pour le diviniser. Le

Christ s'est fait ouvrier pour relever la grande nation des travailleurs. Rois de la terre, grands du monde, hommes d'opulence, de faste et de loisirs, artistes, littérateurs et savants, le Christ n'a pas voulu vous ressembler. Il est allé au plus bas de l'échelle sociale, et par un *a fortiori* sublime il a prouvé que le travail manuel était digne de l'homme puisqu'il était digne d'un Dieu. Arrêtons-nous, Messieurs, sur cette grande leçon. Elle mérite toute notre attention et tout notre respect!

Amen!

ONZIÈME CONFÉRENCE

II. Les Conséquences (suite)

6° *LA DIMUNITION DE LA RICHESSE PUBLIQUE*

Messieurs,

La désertion des campagnes est une menace pour l'Agriculture. Cela vous laisse peut-être froids et indifférents, vous autres habitants des cités. Prenez garde. La décadence du village a son contre-coup à la ville. Le marasme de l'agriculture produit dans la nation une diminution de la richesse publique. Voulez-vous qu'aujourd'hui nous considérions ensemble ce problème intéressant? C'est un problème d'ordre matériel et économique. Mais nous ne sommes pas des anges. Nous avons un corps, et la religion, pour mieux sanctifier et sauver nos âmes, a le droit et le devoir de se préoccuper de nos besoins temporels.

Je dis donc, Messieurs, que de la décadence de l'agriculture résulte une diminution de la richesse publique. Pour prouver cette assertion aussi clairement que possible, je vais 1° Établir, 2° Discuter un fait.

I. *J'établis le fait* que voici. Nous assistons de nos jours à une transformation de la richesse publique.

On distingue, vous le savez, deux sortes de richesse : la richesse foncière et la richesse mobilière. La richesse foncière consiste en fonds de terre et en maisons, et la richesse mobilière consiste en or, en argent, en titres de rente, en actions et en obligations, et en effets de tous genres. La richesse foncière repose sur le sol. La richesse mobilière gît dans des métaux et des papiers de convention.

Autrefois, je veux dire antérieurement à notre siècle, la richesse foncière était seule en faveur. La terre était préférée à tout. La richesse mobilière existait à peine. Il n'y avait pas de titres, pas d'actions, pas d'obligations, pas ou presque pas d'emprunts d'États ou de villes, nul de ces papiers qui constituent la plus grande part des fortunes modernes. Il suffit de tous les vieux inventaires pour voir que nos aïeux n'ont rien connu de tel. Cependant déjà au xviiiᵉ siècle on se précipite sur les billets fiduciaires et sur les monnaies représentatives, et Condillac combattant cette tendance qu'il appelle une méprise écrit: « Vous croyez donc qu'un million en or et en argent est une plus grande richesse qu'un million de productions, ou qu'un million de matières premières mises en œuvre? Vous en êtes encore à ignorer que les productions sont la première richesse ! » Depuis Condillac nous avons marché. L'opinion s'est de plus en plus prononcée en faveur de la richesse mobilière.

Et *de nos jours*, surtout dans ces trente dernières années, la richesse foncière et territoriale a subi une déchéance considérable. Les valeurs fiduciaires ont pris une extension énorme, et la valeur de la terre s'est amoindrie. Le sol est de moins en moins estimé, demandé, recherché, et les capitaux qui le fécondaient sous forme d'engrais, de bétail, de bâtiments bien entretenus se retirent, disparaissent, et vont s'engouffrer dans des valeurs d'État ou dans des valeurs industrielles plus ou moins authentiques. Écoutez là-dessus M. Gabriel *Hanotaux* qui écrivait ces jours-ci : « Le bourgeois a tourné ses vues vers les revenus réguliers, les coupons faciles à détacher, l'accroissement automatique des capitaux, le jeu décevant de la Bourse et de la coulisse. Il a vendu son bien pour acheter du papier. Le paysan lui-même souvent en a fait autant. Il n'y a guère d'inventaire rural où l'on ne trouve aujourd'hui du gaz de Madrid, des chemins de fer de Saragosse, quand ce n'est pas des mines d'or du Panama. Tout cet argent déserte la terre. Une réclame assourdissante a pénétré jusque dans le fond de nos derniers villages. Elle vise le bas de laine; elle le capte,

le tente par l'espoir des gros revenus, acquis à
peu de frais, sans travail, et à peu de risque,
ajoute-t-on. Il résiste d'abord, puis il s'entrouvre ;
l'argent tombe, et le lopin de terre, qui n'est pas
défendu, lui, se couvre de la brousse qui le
reprend ».

Voilà le fait, Messieurs, auquel nous assistons.
Il n'est pas contestable. La richesse publique se
transforme. La richesse mobilière augmente et la
richesse foncière diminue. Est-ce un bien ? Est-ce
un mal ? Est-ce un signe de prospérité ou un phénomène inquiétant ?

II. *Je discute le fait* après l'avoir établi. La question est intéressante, mais difficile, délicate. Je vais
tâcher de la résoudre. Donnez-moi toute votre attention. La progression de la richesse mobilière
au détriment de la richesse foncière est-elle un
indice de prospérité ou un phénomène inquiétant ?
Je pense que c'est plutôt un phénomène inquiétant,
et je le prouve.

1° *La richesse mobilière n'est pas la vraie richesse
d'un pays.*

Sans doute elle a *de grands avantages.* Elle est
utile. Elle circule de main en main, de la campagne à la ville, d'une ville à une autre ville, d'un
peuple à un autre peuple, d'un bout du monde à

l'autre. Elle facilite les échanges. Elle rend des
services signalés. On ne pourrait guère s'en passer
— avec cela, elle est très commode. Elle n'exige de
celui qui la détient aucun autre souci, aucun autre
exercice que celui de détacher des coupons et, d'un
pied léger, de passer au guichet. La richesse foncière est bien plus laborieuse à gérer, à conserver,
à exploiter. Mais si la richesse mobilière a des avantages certains, elle a aussi

Des inconvénients majeurs. 1° D'abord elle est *aléatoire.* Un voleur peut vous dérober votre or, votre
argent et vos papiers; il ne peut pas vous enlever
votre champ ou votre maison. Les valeurs mobilières sont on ne peut plus fantasques. Elles ne
tiennent qu'à un fil. Elles sont à la merci du moindre
incident. Elles reposent sur le crédit qui va et qui
vient comme le souffle du vent... Et puis 2° la richesse mobilière n'est *pas toujours inoffensive* au
point de vue national et patriotique. Car de quoi se
compose-t-elle, partiellement du moins, sinon
de sommes prêtées à l'étranger pour perfectionner
ses armements et construire des chemins de fer?
La richesse foncière a une patrie. La richesse mobilière n'en a pas. Et enfin 3° en soi la richesse
mobilière *est stérile et factice.* On cultive une terre,
on exploite un domaine, on habite une maison.
Voilà des objets réels et des matières productives.
Les biens en nature ont une valeur intrinsèque et

substantielle. L'or, l'argent et les papiers sont par
eux-mêmes stériles et improductifs. La richesse mobilière n'a qu'une valeur extrinsèque et conven-
tionnelle.

Faut-il donc approuver sans restriction la transformation qui s'est faite dans notre siècle de la richesse publique, la progression de la richesse mobilière et l'amoindrissement de la richesse foncière?
Faut-il voir là un bien, un indice de prospérité?
Non. La richesse mobilière n'est pas la vraie richesse d'un pays. J'affirme et je vais prouver que

*2° La richesse foncière est la vraie richesse d'un
pays*, et surtout d'un pays comme le nôtre.

Pour ne pas m'égarer dans un tel sujet, je vous
apporte le témoignage de deux hommes, bien différents d'éducation, de costume et de situation,
d'un académicien et d'un cardinal. Écoutez d'abord
l'académicien *Hanotaux*[1]. Il écrit : « Il serait temps
de revenir un peu vers ce qui fut le fond de la
vie de nos aïeux et qui reste bien le fond et le
tréfonds de la vie de l'humanité. Si peu qu'un
homme sérieux, un père de famille, s'y appli-
quât, il trouverait aujourd'hui dans l'acquisition
d'un domaine ou d'une propriété rurale, des sé-
curités, une solidité, un agrément et même un
revenu que les valeurs mobilières sont mainte-

---

1. La citation d'Hanotaux se trouve dans les *Annales politiques et littéraires* du 18 novembre 1900.

nant loin de donner. Il y trouverait pour ses
heures de loisir et pour sa vieillesse la certitude
du repos — pour sa famille un lien solide où
asseoir la pierre du foyer — et puis peut-être,
non loin, près du clocher d'ardoises, un endroit
où dormir tranquille sans être dérangé par les
travaux de quelque métropolitain. Et tout cela
vaut bien, en somme, le 3 0/0 douteux que rapportent les valeurs à lots et les fameux divi-
dendes promis par ces mines d'or, qui font, en
attendant, comme chacun sait, le bonheur du
Transvaal ».

Écoutez maintenant un cardinal, le cardinal
Bourret[1] ; il est encore beaucoup plus explicite
que l'académicien Hanotaux : « En général la richesse ne vient point des artifices de vente et
d'achat, des jeux de banque, des valeurs de portefeuille. La richesse vient du sol. Le reste n'est
que de la mise en œuvre ou de la représentation.
Celui-là est riche et rend les autres aisés qui fait
pousser l'herbe des champs, qui creuse le sillon,
et prépare les moissons qui le font vivre d'abord
et de leur surplus font vivre les autres. Les
champs n'étant plus cultivés, les bras manquant
à l'agriculture, la pléthore dans la cité et le désert au village et à la ferme, c'est l'appauvrissement à bref délai et la consomption progressive

1. La citation du cardinal Bourret se trouve dans son mandement *Sur la désertion des campagnes.*

de la fortune publique et de celle des particuliers. Peu importent les dehors brillants de vos places publiques, ô bourgeois raffinés de nos cités orgueilleuses; peu me touche l'éclat de vos devantures, et le clinquant de vos maisons et de votre ameublement : au fond vous êtes des pauvres, vous vivez' sur la valeur que représentent les denrées agricoles et les échanges qu'elles nécessitent; mais le jour où la charrue s'arrêterait, où le hoyau cesserait d'éventrer les guérets pour vous nourrir, vous péririez de faim avec tous vos papiers de crédit, tous les étalages de votre luxe et tous les objets plus ou moins bien étiquetés de vos magasins ! »...

Messieurs, il est difficile de dire plus vrai et de mieux dire. Et après avoir entendu les paroles d'un cardinal, vous me permettrez bien de répéter après lui que la vraie fortune d'un pays est dans la terre, que la vraie richesse d'un pays est la richesse foncière.

Et j'ajoute en plus que *cela est vrai surtout pour la France*, pour la France qui est essentiellement un pays agricole. Chez nous, plus qu'ailleurs, lorsque l'agriculture languit, la production en est diminuée et le pays tout entier souffre. Chez nous plus qu'ailleurs, l'industrie et le commerce, si prospères soient-ils, ne peuvent pas remplacer les produits essentiels que la nature réclame et que les saintes Écritures appellent si admirablement la force du pain, *robur panis*, et le vin qui réjouit le cœur de l'homme. Habitants des villes, vous en avez fait plus d'une fois la douloureuse expérience... une mauvaise année à la campagne se répercute dans la cité par un malaise général.

Conclusion.

Donc la désertion des campagnes affaiblit l'agriculture et est une faute économique, dont tôt ou tard la société porte la peine et expie le dommage. La désertion des campagnes est une cause directe de l'appauvrissement du pays et de la ruine de la richesse publique et privée. C'est *comme le déboisement* qui, à première vue, semble inoffensif et même salutaire, et qui en réalité est désastreux. La forêt se meurt. Nous n'avons plus d'arbres, et nous voilà réduits à demander du bois à la Suède, à la Norvège, à la Finlande, au Canada pour plus de 150 millions par an. Et puis les forêts remplissent des fonctions providentielles. Elles servent de paravent à tel pays placé peut-être à une grande distance — d'abreuvoir aux 50 vallées adjacentes — de mur d'appui à des terres qu'il est bon de laisser là — de rempart contre les inondations. Les paysans sont sur la terre de France ce que sont les forêts sur les flancs de la montagne. S'ils désertent leur poste, toute la nation en souffre, l'agriculture s'épuise et la richesse publique diminue. C'est uniquement ce que je voulais vous dire aujourd'hui. La question, n'est-ce pas, valait bien la peine d'être traitée. Méritait-elle les honneurs de la chaire chrétienne? Pourquoi pas? Elle est très grave en elle-même, et elle touche aux intérêts les plus sacrés de la religion et du pays.

Amen.

DOUZIÈME CONFÉRENCE

II. Les Conséquences (SUITE)

7°. *LA PERTURBATION DE LA PAIX SOCIALE*

MESSIEURS,

La désertion des campagnes est une menace pour l'Agriculture, et par suite pour la richesse publique. C'est déjà grave, très grave. Cependant il y a plus et pire. La désertion des campagnes est un élément de perturbation sociale. Elle agglomère dans les grandes cités une masse de déclassés et de mécontents, de déracinés et de déséquilibrés, qui sont une recrue toute prête pour la pêche en eau trouble, pour la guerre des classes et l'anarchie révolutionnaire. La désertion des campagnes est désastreuse au point de vue de la paix sociale. Je vais vous donner à méditer là-dessus : 1° des témoignages; 2° des faits; 3° des conclusions.

1. *Les témoignages* abondent. Je n'ai que l'embarras du choix. Je me contenterai de vous en citer seulement quelques-uns, émanés de personnages

très dissemblables. Je vous les cite. Vous en penserez bien entendu ce que vous voudrez.

Déjà au xvi° siècle *Charles-Quint* écrivait au roi de France, François I°° : « Mon frère, craignez d'amoindrir les corporations marchandes et industrielles qui sont les plus solides barrages aux flots écumeux de vos provinces, qui sans elles envahiraient Paris et briseraient votre trône... n'oubliez pas cette vérité, mon frère : les capitales où les classes nécessiteuses dominent par le nombre deviendront immanquablement le tombeau des royautés et des grandes nations ».

Un peu plus tard, *Sully* disait à Henri IV : « Sire, n'augmentez pas, vrai Dieu, le nombre du populaire dans Paris ». Qu'aurait dit le bon Sully, en présence du Paris de nos jours, qui compte plus de 3 millions d'habitants?

Au xvii° siècle *Colbert* fait entendre à Louis XIV qu'il faut favoriser par de bonnes institutions, par des avantages particuliers le sort des cultivateurs, qui sont les pères nourriciers de la patrie, mais qui deviennent dangereux, lorsqu'ils abandonnent leurs campagnes pour venir à Paris échanger leur bêche contre le marteau de l'ouvrier ». Et inspiré par Colbert, guidé par son propre génie, *Louis XIV* dit : « Si Paris s'étend outre mesure, il pèse sur la France, parce qu'il enlève chaque jour à nos villes secondaires les ouvriers, et à nos campagnes les laboureurs ». Colbert et Louis XIV attiraient à Paris la noblesse des provinces ; ils avaient tort. Mais ils avaient raison de ne pas vouloir y attirer les masses populaires.

En 1750, *Mirabeau* esprit chimérique, mais parfois profond, disait en parlant de Paris : « Les capitales sont nécessaires ; mais si la tête devient trop grosse, le corps devient apoplectique, et tout périt ».

« Il faut à Paris, écrivait *Napoléon I*er, une organisation commerciale, industrielle et municipale, qui force le laboureur à rester dans sa campagne, et l'ouvrier dans sa ville secondaire. Car, si l'on s'endormait dans une fausse sécurité, dans moins d'un demi-siècle, Paris compterait plus d'un million d'habitants... alors gare l'explosion ! » Aussi grand politique que grand capitaine Napoléon voyait juste.

Voilà des témoignages. Je pourrais les multiplier, à quoi bon? J'arrive tout de suite aux faits. Plus éloquents que les témoignages...

II. **Les faits** prouvent péremptoirement que la désertion des campagnes est désastreuse au point de vue de la paix sociale.

1° *Ce n'est pas au village que naissent les révolutions.*

D'abord au village on est *attaché* au sol, à un

coin de terre. Ce coin de terre, on le chérit parce
qu'on le féconde de ses sueurs, parce qu'on y voit
naître et grandir ses enfants, parce qu'il couvre la
cendre des ancêtres ; on est stable, et on est personnellement intéressé à la stabilité sociale.

Et puis au village on est *dispersé* chacun dans
son hameau, dans sa ferme, dans sa métairie, on
échappe à l'entraînement du milieu, à la contagion
des passions ambiantes, à la fermentation qui
s'empare facilement des foules agglomérées.

Avec cela au village on est *absorbé* par le travail
quotidien. On gagne sa vie péniblement. On n'a
pas le temps de prêter l'oreille aux apôtres du désordre, de s'agiter dans le vide, d'ourdir des com-
plots. On dort la nuit, et on travaille le jour. On
emploie toutes ses heures, on n'en gaspille aucune.

Enfin au village on est *avisé*. On a le jugement
droit et l'habitude constante de considérer toute
chose à la lumière des faits et au point de vue des
résultats pratiques. On est éloigné de toutes les
innovations dont on ne saisit pas l'évidente utilité.
Quand il n'est pas perverti par une instruction
frelatée, le paysan dédaigne souverainement la
folie des utopies, les passions, les rêves, les délires
des écoles et des sectes... et les pieds sur la terre,
les deux bras sur sa charrue, la tête sous le beau
soleil de Dieu, il garde, au milieu des lois calmes,
simples, immuables de la nature, l'humilité, la
sérénité, et le bon sens.

Voilà quatre-vingts ans que rien ne s'assied parmi nous. Tous les vingt ou trente ans tout craque, tout croule. Or, ce ne sont jamais nos paisibles populations des campagnes qui ébranlent la nation.

2° *C'est dans les grandes cités, dans les capitales, que fermentent et éclatent les révolutions.* Là, en effet, dans les grandes cités, que trouvons-nous? Nous y trouvons tous les éléments de la perturbation sociale : la misère agglomérée, la misère incomprise, la misère surexcitée.

La misère agglomérée. Si parfaite que devienne la société, nous pouvons être certains, Messieurs, qu'il y restera toujours beaucoup d'inguérissables malheurs. Nous n'arriverons jamais à supprimer tous les excès, à sécher toutes les larmes. Le globe est pauvre : en le travaillant avec acharnement, il donnera quelques richesses de plus, pas assez pour satisfaire tout le monde. La misère est invincible. Elle suinte de l'humanité comme l'eau d'un vieux mur... Mais ce qu'il y a de terrible, c'est que dans les grandes cités la misère est agglomérée. Le nombre excessif des ouvriers urbains établit entre eux une concurrence qui les appauvrit tous, et toutes ces souffrances juxtaposées s'exaspèrent les unes les autres jusqu'à la convoitise et à la fureur. Et puis généralement dans les grandes cités se rencontre non seulement la misère agglomérée, mais

La misère incomprise. Voyez à Paris et ailleurs

ces millions d'hommes venus de la province, venus
de la campagne, qui espéraient trouver un peu de
bonheur et qui n'ont cueilli que des épines. Les
voilà humiliés, dépourvus de tout, endoloris. S'ils
avaient de la religion, ils comprendraient pourquoi
il y a des petits, pourquoi il y a des pauvres, pourquoi il y en a qui souffrent, et rien qu'en regardant
le crucifix aux longs bras amaigris, au front ceint
d'épines, au corps couvert d'un haillon, au cœur
meurtri, au visage sanglant, ils se sentiraient
apaisés, soumis, résignés. Mais non. L'idée religieuse est éteinte à leurs yeux. Presque tous, en
même temps qu'ils ont les pieds dans la douleur,
ont l'esprit dans les ténèbres. Pourquoi est-il nu?
pourquoi est-il pauvre? pourquoi travaille-t-il?
pourquoi souffre-t-il? pourquoi lui plutôt qu'un
autre? Déchristianisé, paganisé, matérialisé, le
prolétaire ne sait plus le secret du grand mystère
de la douleur. Inexpliquée, incomprise, sa douleur
se change en haine. Il regarde la société, et il lui
montre le poing. Ajoutez à cela que dans les grandes
cités

La misère est surexcitée sans cesse par des influences perverses, par des journaux impies, par des
romans profondément immoraux, par des discours
antireligieux et antisociaux. A l'ouvrier, au pauvre,
au miséreux, les politiciens sans conscience et les
journalistes véreux répètent qu'il n'y a pas de Dieu,
pas d'au-delà — que la vie présente est tout et que

la vie future n'est rien — que l'homme ici-bas n'a
qu'un but : être à son aise, s'amuser beaucoup,
peu travailler, ne pas souffrir, jouir, jouir encore,
jouir quand même — que le devoir n'est qu'un mot
vide — que la religion, la famille, la propriété, le
pouvoir ne sont que des balançoires — qu'il n'y a
ni Dieu dans le ciel, ni maître sur la terre. Surex-
cité par de telles doctrines, que voulez-vous que
devienne un peuple ? Il se décide à conquérir le
bien-être à tout prix. Il demande les biens présents,
le plaisir, et l'instrument du plaisir, l'or. Il tend
vers l'assiette au beurre ses mains crispées. Et un
beau jour, dans une heure de colère, il se précipite
sur les barrières impuissantes qui protègent la société, et il les brise comme du verre! C'est ainsi,
Messieurs, que se produisent dans les capitales les
grandes catastrophes qui détruisent la paix sociale
par le fait de la misère agglomérée, de la misère
incomprise et de la misère surexcitée. Je n'ai pas
la prétention d'annoncer l'avenir. Je raconte simplement le passé. Je vous ai présenté des témoignages et des faits. Il me reste à vous offrir

III. Des conclusions.

1° *La vie des nations n'est pas dans les capitales.*
Les capitales, dit-on, sont la tête, le cœur du pays;
là se trouvent les grandes lumières, les hautes in-

fluences, l'élite de la société. La vérité est que les
capitales sont des foyers de sottise et de corruption,
et que l'élite de la société y serait tout de suite
dévorée, le jour où disparaîtrait l'armée, noble expression de l'esprit des provinces. Grâces en soient
rendues à Dieu, le Père des peuples, le génie de la
centralisation n'a pu encore réaliser son infernale
devise : mouler les nations à l'image des capitales. Au-dessous de la nation factice, de fabrique
moderne, centralisée dans les grandes villes, qui vit
de bavardages, d'intrigues, de bouleversements, et
qui croit tout mener parce qu'elle se démène beaucoup... il y a la nation vraie, de formation chrétienne, qui vit de ce qui fait vivre les peuples :
foi, moralité, travail. Au-dessous des cités tumultueuses et tapageuses, il y a un peuple qui ne fait
pas de bruit, mais qui fait de la besogne, qui bat
l'enclume et qui retourne la terre. Les États seraient
irrémédiablement perdus, si les provinces n'oppo-
saient pas aux folies et aux vices des capitales la
barrière du bon sens et des vertus qui sauvent les
peuples. La vraie vie des nations est à la province
et dans les campagnes. Seulement, attention ! J'ai à
vous présenter une seconde conclusion.

2° *Ne laissons pas déchristianiser les populations
rurales.* Que je vous cite une parole de Taine. Il
dit : « Par un recul insensible et lent, la grosse
masse rurale, à l'exemple de la grosse masse

urbaine, est en train de redevenir païenne ». Et il ajoute aussitôt : « Et cela est plus grave pour la nation que pour l'Église ». Il a raison. La grosse masse rurale, c'est le fond de la nation, et, si elle se paganise, gare à la nation! ne souffrons pas qu'on enlève au paysan la foi de ses pères. Quand il ne restera plus dans ces hommes bons et simples la moindre trace de l'Évangile et qu'on les aura purgés et expurgés de toute religion, je ne sais pas trop, ou plutôt je sais bien ce qui arrivera. Ce sera le culte du sabre substitué au culte du Christ, et, comme on peut tout faire avec des baïonnettes excepté s'asseoir dessus, ce sera l'anarchie universelle dans l'universelle impiété. *Non, non, cela n'arrivera pas*. Il y aura des chrétiens tant qu'il y aura des souffrants, et la religion du Christ vivra parce que notre peuple ne veut pas mourir.

Amen!

TREIZIÈME CONFÉRENCE

II. Les Conséquences (suite)

8° LA DÉTÉRIORATION DE LA RACE

Messieurs,

La désertion des campagnes est un mal pour l'individu, pour la famille et pour la société. Elle altère la prospérité et la paix sociale. Elle va plus loin encore. Elle atteint la société jusque dans ses sources vives. Elle détériore la race.

1° La vigueur physique se conserve dans les campagnes ;

2° La vigueur physique se perd dans les grandes cités.

J'offre aujourd'hui à vos méditations, non plus un problème d'ordre économique ou politique, mais bien un problème d'ordre vital. Attention ! Cela vaut la peine d'être étudié sérieusement.

I. La vigueur physique se conserve dans les campagnes.

1° *Les fortes santés* sont surtout au village, dans

les champs, sous le bleu firmament. C'est là surtout qu'on trouve des corps sains, des membres robustes, et cette verdeur de visage qu'on aime tant à voir sous les vénérables cheveux blancs du paysan. La sobriété, le travail, l'air pur du bon Dieu font à nos populations rurales une vigueur physique que la médecine la plus raffinée ne donnera jamais aux populations urbaines. Que si, avec cela, la religion entretient les bonnes mœurs au village, c'est merveille de voir comme la vie du corps s'y conserve facilement, et comme les constitutions y sont inébranlables. Ils sont beaux à contempler ces paysans que vous croyez ignorants et grossiers, mais qui sont chrétiens et vertueux, qui ont retourné toute la semaine la glèbe de la terre, et qui le dimanche viennent assister aux divins mystères et recevoir d'une oreille docile les enseignements de la religion. Leur taille se courbe sous le poids de l'âge et du dur labeur, leurs membres fatigués se disjoignent, leur visage fouetté par la bise ou brûlé par le soleil se flétrit et se décolore. Qu'importe? Ils ont gardé le secret de vivre longtemps. Sur leur front éclate la tranquillité de la bonne conscience. Et volontiers je baiserais leurs mains calleuses, parce que je me sens en face des sources de la vie et du réservoir même, si je puis ainsi dire, de la santé publique. Et en effet,

2° *Nous autres habitants des cités*, à qui devons-

nous le sang pur et généreux qui circule dans nos
eines, sinon à la campagne d'où nous sommes
venus hier ou avant-hier? Car, ne nous y trompons
pas, nous sortons tous de la campagne, à une, ou
deux, ou trois générations tout au plus. Si nos ancêtres étaient ici, il y aurait parmi nous un tel
bruit de sabots que nous ne pourrions pas nous
entendre. Remontons dix ans ou cent ans en arrière,
et à peu près tous, nous nous retrouverons campagnards. Nous aurions tort d'en rougir, et encore
plus tort de nous en plaindre. Car ce sont des
laboureurs, des hommes qui se levaient à trois
heures du matin pour cultiver la terre, qui nous
ont donné le sang limpide qui palpite dans nos
membres. Ce sang, Messieurs, nous l'avons porté
dans la ville, dans les bureaux, dans les cabinets
d'étude, dans les fabriques, et, à mesure que nous
avons vécu dans ces milieux exténuants et débili-
tants, nos traits se sont amincis, nos mains se sont
effilées et énervées, notre teint a blanchi, notre
vigueur physique a diminué. Et comme dit mon-
seigneur Bougaud : Si la campagne n'arrivait pas
sans cesse à notre secours avec ses muscles puissants et son sang généreux, les villes ressem-
bleraient bientôt à un cimetière où l'on verrait
errer des fantômes ». Ce sont les fortes santés de
la campagne qui refont les vies étiolées des villes
et qui sauvent la race. Est-ce que ce n'est pas la
campagne qui donne

3° *A la patrie les plus robustes défenseurs?* La campagne est le réservoir de la santé publique, donc le réservoir de notre armée. J'y reviendrai. Quelques mots seulement. Là, au village, le pays trouve des soldats vigoureux et vaillants, formés à la sobriété, rompus à toutes les fatigues, capables de supporter les plus dures privations. Là, dans les chaumières et les sillons, croissent les races fortes et pures des laboureurs et des pâtres, qui ont la taille et la vigueur suffisantes pour tenir le drapeau et pour brandir l'épée. Allez demander aux conseils de revision le dernier mot sur l'influence désastreuse de la désertion des campagnes au profit des villes. En général, la proportion des réformés grandit avec l'importance des villes et le chiffre de leur population, surtout quand ce sont des centres industriels. La désertion des campagnes entraîne un affaiblissement de la puissance militaire du pays. La meilleure source de recrutement d'une armée solide, endurante et disciplinée, sera toujours dans les saines et fortes populations rurales. La vigueur physique se conserve dans les campagnes.

II. **La vigueur physique se perd dans les grandes cités.**

1° Tenez. Vous n'avez qu'à regarder *les visages*

des citadins, leurs corps fatigués, leurs fronts sillonnés de rides prématurées. Vous n'avez qu'à regarder l'enfance, pour constater l'influence pernicieuse du séjour de la ville. On dirait que la plante humaine ne peut y prendre son développement normal. A part des exceptions qui ne prouvent rien, les enfants y sont pâles, fluets, presque toujours délicats, quand ils ne sont pas maladifs; et à cet égard les quartiers riches se distinguent à peine des faubourgs pauvres. Ces jolies poupées aux longs cheveux, si bien attifées, objets de tant de soins et de caresses, n'ont pas meilleure mine que les pauvres petits qui habitent les mansardes et vaguent dans les rues. Comparez à ces êtres chétifs les gars joufflus que vous rencontrez aux champs; on voit que cela pousse au grand air et au soleil du bon Dieu. Même au point de vue esthétique, auxquels donneriez-vous le prix? Les peintres classiques n'hésiteraient pas. Leurs petits anges aux formes plantureuses et rebondies ne furent jamais des citadins. La vigueur physique se perd dans les grandes cités.

2° Cela s'explique d'ailleurs *par le genre de vie* qu'on y mène. *L'air* qu'on y respire d'abord est loin de valoir celui des champs. Il est chargé de je ne sais combien de miasmes pestilentiels. Il sert de véhicule à je ne sais quels poisons innommés qui opèrent lentement mais sûrement. On a beau

percer des boulevards et creuser des égouts, multiplier les progrès de l'hygiène, on atténue le mal, on
ne le guérit pas. Les agents de dégénérescence
sévissent avec une tout autre intensité dans les
villes les mieux pourvues que dans les campagnes.
Les meilleurs tempéraments en sont fatalement
débilités.

Avec cela *le travail et l'habitation* qu'on a dans
les villes sont une cause puissante de dépérisse-
ment pour la race humaine. Le travail est souvent
malsain et l'habitation étroite, humide, manquant
d'air et de lumière. Le sang se décolore, il s'appauvrit, et il ne transmet plus qu'une vie déjà épuisée
dans ses sources. Enfermée dans des ateliers sur-
chauffés, la femme ne met au monde que des enfants malingres et chétifs, qui ne feront jamais des
hommes ni des soldats.

Enfin dans les grandes cités *le vice* vient encore
affaiblir la vigueur physique et détériorer la race.
L'alcool et la volupté jettent sur le pavé de nos
rues des générations entières de détraqués, de déséquilibrés. Les passions sensuelles empoisonnent et
tuent des milliers d'enfants et de jeunes gens,
fleurs qui naissent le matin, qui languissent en
plein midi, et qui tombent avant le soir, jonchant
la terre de leurs débris impurs. Ah! Messieurs,
est-ce qu'on ne va pas bientôt finir de nous élever
une jeunesse sans Dieu, une jeunesse sans mœurs,
qui livre à tous les vents les germes de l'avenir et

qui perd les sources de la vie ? une jeunesse égarée jusqu'au délire et corrompue jusqu'à la moelle qui dissipe sans remords, parce qu'elle est sans conscience, le patrimoine de l'humanité ? L'art de garder la vie et de la transmettre n'est pas autre chose que l'art d'être sage, l'art d'avoir une foi et une loi. Le vice de nos jours tue plus de citoyens que la guerre. Vainement vous multiplierez avec toute la sollicitude imaginable toutes les précautions de l'hygiène publique et privée dans nos grandes capitales. C'est la vertu surtout qu'il faudrait y mettre en honneur. Là est le secret de la vie, le secret de la durée, le secret de la vigueur physique. Encore un mot qui ne sera d'ailleurs que la suite, la conséquence, la conclusion de ce que vous venez d'entendre. La vigueur physique se perd dans les grandes cités.

3° Est-ce que *les maladies* n'y sont pas beaucoup plus fréquentes que dans les campagnes? Le catalogue serait long des maladies dont les villes ont à peu près le monopole. L'anémie, cette plaie des races contemporaines, n'est guère connue des campagnards qui mènent une vie âpre et frugale, qui sont durcis aux intempéries. La phtisie pulmonaire fait périr à Paris plus de 200 personnes par semaine, la plupart dans un âge peu avancé. Certainement la mort ne prélèverait pas un tel tribut sur ces jeunes gens et ces jeunes filles, s'ils eussent g...adi aux champs... Parlons un peu de la phtisie pulmonaire, où de la tuberculose, comme on dit aujourd'hui. En France, sur une moyenne de 6 décès, il y en a un de provoqué par cette terrible maladie Or, le nombre des décès par tuberculose est généralement proportionnel à la densité et à la misère de la population. La tuberculose sévit surtout dans les villes, et dans les quartiers pauvres des villes. A Paris le quart des décès sont dus à la tuberculose. Cette proportion est énorme. Mais, pour en apprécier toute la valeur, il importe de nous enquérir de l'âge des décédés. La tuberculose frappe surtout les jeunes. Des gens qui ont succombé à Paris dans le cours de l'année 1899 entre 20 et 40, la tuberculose en a tué 60 0/0. Et des parisiens disparus à la fleur de l'âge entre 20 et 30 ans, deux sur trois sont morts de la tuberculose.

Messieurs, il est convenu, depuis Victor Hugo, que Paris est la ville Lumière. Soit. Mais il est incontestable que Paris est la ville Tuberculose. Ceci est d'une lumineuse évidence après la statistique que je viens de vous donner. Il me semble, Messieurs, que j'ai prouvé ma thèse, à savoir que la désertion des campagnes détériore la race, cette belle race française que nous sommes. Prenons garde. Sauvez, Messieurs, le sang de la France! Sauvez l'âme de la France! Je me propose de vous dire cela dimanche.

Amen!

QUATORZIÈME CONFÉRENCE

II. Les Conséquences (SUITE)

9° L'AVENIR DE LA PATRIE COMPROMIS

MESSIEURS,

La désertion des campagnes est une plaie sociale qui a de terribles conséquences. J'ai essayé de vous les énumérer. Je n'ai pas tout dit, et je pourrais continuer longtemps encore. Mais je dois me borner, et je vous signale aujourd'hui un dernier résultat de la désertion des campagnes. Elle compromet l'avenir de la patrie, dont elle amoindrit la puissance militaire.

L'armée est un élément essentiel de la vie nationale. L'administration centrale du ministère de la guerre produit plus que toutes les usines de France : elle produit l'armée. Et l'armée produit plus que toutes les machines de l'univers; car elle produit la sécurité publique et l'honneur de la France. — Que serait la France à l'intérieur, quelle place tiendrait-elle dans le monde, si elle n'avait pas d'armée? Elle serait un peuple fini, et l'étranger pourrait venir à chaque heure fouler son sol et dévorer sa substance. — Que serait la France à l'intérieur, quelle physionomie prendrait-elle, si elle n'avait pas d'armée? Elle serait un chaos. Quelquefois le soldat est sorti de Paris; il sortait par une porte, la misère et la honte entraient par l'autre. Supprimez l'armée, et à l'instant même, comme par enchantement, les capitaux seront consignés dans les coffres, les magasins se fermeront, les rues deviendront désertes, les étrangers prendront leurs passeports, et on entendra les intellectuels consternés dire tout bas : Quand donc les soldats reviendront-ils? — L'armée coûte cher. Oui, mais la révolution et l'invasion coûtent plus cher encore. Le dernier soldat d'infanterie est un énorme capital qui produit la confiance et la paix, et partant la richesse. Il n'a qu'un sou dans sa poche, il met des millions dans la vôtre. Non, l'armée n'est pas improductive. Elle produit la sécurité publique et l'honneur de la France. L'armée est un élément essentiel de la vie nationale.

Il faut à la patrie une puissance militaire imposante par le nombre, par la vigueur, par la bravoure. Or, à ce point de vue, la désertion des campagnes est désastreuse. Vous allez voir.

I. La première qualité nécessaire à notre armée, c'est le **nombre**.

De toutes parts aujourd'hui on demande des soldats, partout on enrégimente les multitudes, comme si le monde devait finir demain dans une

immense étreinte de haine. On mobilise des peuples
entiers. Le sacerdoce lui-même n'est pas épargné,
et les lévites sont appelés comme les autres à faire
partie de nos innombrables légions. A tort ou à
raison, le monde ne veut plus être qu'un soldat
sous les armes.

Or, qui donnera des recrues à l'armée? qui donnera des soldats à la patrie? Pas la ville autant
que le village; plus abondamment, en tous cas,
l'ouvrier des champs que l'ouvrier de la mine et
des grandes fabriques urbaines où l'on étouffe dans
la chaleur et dans la fumée.

Messieurs, voici une grosse question que je sou-
mets aux méditations de votre patriotisme. L'incrédulité, la corruption, l'habitude de chercher le
plaisir sans accepter la peine, la diminution de la
foi et l'égoïsme grandissant rendent de plus en
plus lourds et de plus en plus redoutables les devoirs
sacrés de la paternité. La vertu et la fécondité du
sang s'en vont d'un même pas. En même temps
que les âmes défaillent, les sources de la vie se
tarissent. Une stérilité voulue dépeuple la France,
et la livre mathématiquement aux armées étrangères, à une époque que la lourde main de la statistique peut déjà écrire en chiffres de deuil. La
Russie s'avance au centre de l'Asie et touche aux
murs de Constantinople. L'*Angleterre*, malgré
l'étroitesse de son berceau, couvre de ses riches
colonies l'Océanie et les Indes et déploie son dra-

peau à tous les coins du monde. Les *États-Unis*
sortent de leur ruche bourdonnante, et dès maintenant inquiètent la vieille Europe. L'*Allemagne* multiplie ses formidables armées. En vingt-cinq ans,
de 1874 à 1899, elle a passé de 41 millions d'habitants à 54 millions, soit une augmentation de
14 millions. *Et nous?* Dans le même laps de temps,
nous avons passé de 37 millions à 38 millions, soit
une augmentation de 1 million. Depuis treize ans,
le nombre des naissances en Allemagne est double
de ce qu'il est en France. Donc, dans sept ans, ce
pays aura deux fois plus de jeunes hommes, deux
fois plus de conscrits que nous. Au lendemain de
la guerre, il y en avait un nombre à peu près égal.

Qu'en dites-vous, Messieurs? N'y a-t-il pas là
pour l'avenir une perspective terriblement inquiétante au point de vue national français? Notre
population diminue, et, pour enrayer cette effroyable
décadence, ne trouvez-vous pas qu'il serait temps
de revenir, enfin, au seul remède véritablement
efficace, je veux dire à la *Religion*, qui enseigne à
l'homme l'observation loyale de la loi de Dieu, et
qui du même coup sauve les âmes et les peuples,
les âmes de la damnation et les peuples de l'anéan-
tissement? Chose étrange! c'est précisément contre
ce remède que des sectaires élèvent toutes les en-
traves possibles. Comprenez-le, Messieurs. Les
coups portés à la religion sont des blessures faites
à la patrie. Avançons.

II. La seconde qualité nécessaire à notre armée, **c'est la vigueur.**

On a dit que la nation la plus forte était celle qui, à un moment donné, pouvait mettre le plus d'hommes sous les armes. C'est vrai, mais ce n'est pas tout à fait vrai. A quoi servirait, en effet, d'avoir beaucoup de soldats, si ces soldats étaient débiles, efféminés, peu aptes à remuer l'épée et à supporter les dures fatigues du métier militaire? Si ces soldats étaient décimés par les privations et les maladies, par les premières épreuves de la guerre, avant même d'affronter une seule fois le feu de l'ennemi? Une armée vaut moins par le nombre que par la vigueur de ceux qui la composent. *Non numerantur sed ponderantur.*

Or, le soldat robuste, n'est-ce pas principalement l'homme des champs, le fils de la ferme et l'habitué des travaux qu'elle exige? Celui qui de bonne heure a vécu en plein air, lutté avec les éléments, supporté les vents et la pluie du dehors, assoupli ses reins aux fardeaux agricoles et façonné ses pieds à la marche par les chemins raboteux... celui-là supportera mieux les fatigues militaires que le citadin. Il résistera mieux aux intempéries des saisons et aux exigences du service. Il tiendra mieux la campagne, et il aura par là même le cœur plus ferme devant l'ennemi, et la main plus

solide pour parer ses coups ou pour les porter à
qui les lui destinait.

Les *conseils de revision* attestent que là où l'industrie est la plus florissante, l'espèce humaine
décroît et se consume, minée par les scrofules et la
phtisie.

Et *les chefs militaires* sont unanimes à nous
dire que la sobriété, l'amour du travail, la vigueur
physique et l'endurance se trouvent plutôt dans les
races neuves et bien portantes de la plaine et de la
montagne que dans les races affaiblies des grandes
cités et de l'usine.

La nation est donc intéressée à favoriser la vie
rurale pour multiplier et viriliser ses soldats. La
désertion des campagnes est un danger pour notre
puissance militaire. Elle amoindrit le nombre et la
vigueur des défenseurs de la patrie.

III. La troisième qualité nécessaire à notre
armée, *c'est la bravoure.*

Il ne suffit pas à un peuple d'avoir beaucoup de
soldats vigoureux. Il lui faut beaucoup de soldats
valeureux et braves. Une armée n'est pas un amas
de géants. C'est un grand corps animé par une
grande âme. Et pour que le soldat soit brave, il
doit avoir une foi et un intérêt. Il doit tenir à
quelque chose ici-bas, et il doit attendre quelque

chose là-haut. S'il a ici-bas un sol aimé à défendre, et s'il a là-haut un bonheur éternel à conquérir, volontiers il sacrifie sa vie. Les anciens capitaines, quand ils voulaient agir sur l'esprit de leurs troupes, leur montraient les autels et les foyers de la patrie. *Pro aris et focis*, leur criaient-ils. Et ce cri était habituellement un cri de victoire.

Partout assurément le patriotisme compte ses dévoués et ses héros. Cependant peut-on espérer beaucoup de patriotisme de ces cosmopolites, qui sortent des quartiers mal famés de nos grandes cités, et qui sont presque sans autels et sans foyers? D'autels, ils n'en ont pas, et de foyers, guère plus. Ce sont des nomades, des internationaux, des sans feu ni lieu, qui roulent d'ici et de là, comme les cailloux que la mer remue sur les grèves... des déracinés, qui n'ont aucun berceau, ni aucune stabilité. Ils ne tiennent à rien, ils ne croient à rien.

Les habitants de nos campagnes, eux, tiennent à quelque chose, et parce qu'ils tiennent à quelque chose, ils sont plus disposés à aimer leur pays et à le défendre... Des défauts, des misères morales, certes, ils en ont, et pas mal... mais ils conservent plus et mieux que les gens des villes l'amour du sol natal, le sentiment de la famille, le respect des traditions, l'ardeur au travail, la patience à subir l'inévitable loi de la souffrance, en un mot, le trésor de la sagesse du pays. Que si avec cela le

paysan garde dans son cerveau un peu sombre
cette petite flamme d'idéal sur laquelle prétendent
stupidement souffler les sectaires matérialistes, s'il
reste croyant, fidèle à Dieu et à sa religion, il fait
un soldat superbe. Son courage s'exalte dans les
périls, et son patriotisme est invincible. Voyez les
Boers. Quels laboureurs et quels soldats! Ils font
l'étonnement du monde. Cette poignée de paysans
ébranle la toute-puissante Angleterre.

Rien de plus grand, rien de plus beau dans nos
sociétés modernes que le paysan transformé par la
loi en soldat!

Pauvre, il protège la richesse. Ignorant, il protège la science. Au moindre signe il traverse les
mers et va mourir silencieux et résigné. A l'ombre
de sa baïonnette, les uns s'enrichissent, les autres
élèvent les monuments de la pensée, le siècle grandit, l'humanité marche.

Voyez-le, il avait une fiancée, et la loi les sépare.
Il avait une famille, un champ, une maison, et la
loi les lui arrache. Il était timide, et la loi le fait
hardi. Il aimait le silence, et la loi le jette dans le
tumulte. Il vivait en paix pour lui-même, et la loi
le fait vivre pour les autres. Qu'est-ce que cela,
sinon la mise en pratique de la pensée chrétienne
du sacrifice? Et cela vous explique pourquoi la
carrière des armes a été, est, et sera toujours en
honneur.

Amen!

QUINZIÈME CONFÉRENCE

III. Les Causes

LES CAUSES VOLONTAIRES

1° On veut paraître

Messieurs,

Dans tous les siècles on a vu l'habitant des campagnes quitter son canton, sa commune, son village, sa métairie pour aller chercher fortune ailleurs. De tout temps le paysan, en proportion plus ou moins grande, a eu l'ambition, a fait le rêve de devenir citadin... Mais ce qui ne s'était jamais vu jusqu'ici, c'est l'exode en masse, rendu facile aujourd'hui par la rapidité et le bon marché des communications. La campagne se dépeuple. Les laboureurs émigrent vers la grande ville. Nous avons constaté le fait, et nous en avons étudié les graves conséquences. Une question se pose maintenant. *Quelles sont les causes de ce fait ?* Essayons de résoudre cette question. Elle en vaut bien la peine.

Les causes de la désertion des campagnes sont ou nécessitantes, ou semi-volontaires, ou volontaires.

Étudions d'abord ces dernières. On déserte les campagnes parce qu'on le veut bien, c'est-à-dire par orgueil et ambition, par amour et recherche du bien-être, par espoir des gains faciles.

On veut paraître .. première cause de la désertion des campagnes. Laissez-moi vous signaler ce matin : 1° une maladie ; 2° un châtiment; 3° une résolution.

I. Une maladie.

Entre beaucoup de maladies sérieuses qui affligent notre époque, il en est une qui me semble particulièrement dangereuse, aiguë.., c'est l'envie de paraître. Chacun veut bâtir un château au sommet des monts, près du soleil. Nul ne veut planter sa tente dans la modeste obscurité de la vallée. Et, comme le séjour à la campagne et les travaux de la campagne sont essentiellement humbles, silencieux, inaperçus, tout le monde veut quitter la campagne pour aller dans les villes où la vie est décorative, tapageuse, voyante. C'est une vraie maladie.

Le paysan voit le fonctionnaire, l'employé, le simple ouvrier urbain mettre le dimanche de beaux habits, tandis que lui, homme des champs, n'a qu'une blouse qui lui donne un air gauche et qui prête au ridicule. Pourquoi ne sortirait-il pas de sa condition, afin d'être mieux considéré? pourquoi ne prendrait-il pas une physionomie bourgeoise comme ont d'autres? pourquoi ne deviendrait-il pas un homme comme il faut, un Monsieur, au lieu de rester indéfiniment un manant et un villageois?

L'ouvrier rural rêve les grands chantiers, les grandes usines, les industries qui ont une sorte de façon artistique. Il se croit déshonoré, si son marteau frappe toujours sur l'enclume vulgaire d'un forgeron de village, quand il pourrait à la ville s'en servir plus utilement. Il se croit diminué, s'il continue à servir dans la métairie, quand il voit le camarade qui revient de la ville ou de la grande agglomération industrielle avec des airs de mépris et un langage où il entend bien affirmer sa suprématie et sa suffisance.

Le jeune campagnard arrive de la caserne. Il a vu la ville, ses beaux trottoirs, ses rues spacieuses toujours propres, ses magasins toujours reluisants, et il éprouve de la répugnance à rentrer dans sa ferme qui sent le fumier. Il reste donc à l'armée avec l'espoir de porter de beaux galons, ou bien il cherche une place dans la cité. Cette place ne lui donnera parfois que du pain bis, mais il s'en contente, parce que du moins il peut échanger sa blouse pour un joli veston, arrondir sa personne et faire le Monsieur. Quelle joie de ne plus habiter une chaumière noircie par la fumée... de voir des murs bien blancs, une chambre bien plafonnée!

La fille des champs, elle aussi, sent ses occupations grossières lui répugner. Elle aura à la ville, pense-t-elle, une toilette de meilleur goût et des mains plus blanches. Elle verra des édifices splendides, elle vivra avec des personnes distinguées. Elle se déniaisera. Elle sera élégante et belle. Et ce désir insensé de paraître est une maladie qui sévit sur

Les parents autant que sur la jeunesse. Aveuglés par l'orgueil, ils rêvent pour leurs enfants des positions brillantes. Au prix de sacrifices écrasants pour leur modeste fortune, ils poussent leurs fils à des études dont les résultats trahissent souvent toutes leurs espérances. Ils veulent pour leurs filles une instruction qui n'est point en rapport avec la situation de leur famille et avec les travaux qui leur sont destinés. Pour que son fils devienne un Monsieur et sa fille une demoiselle, le petit paysan sacrifie son modeste lopin de terre ou son échoppe. Que lui importe? Son ambition est satisfaite. Il voit son garçon avec des habits d'une coupe plus relevée que celle de ses camarades. Il voit la toilette de sa demoiselle exciter l'envie de toutes ses compagnes d'école et de catéchisme... voilà la maladie qui sévit sur les campagnes et qui les dépeuple : l'orgueil et l'ambition. On veut paraître.

Mais toute médaille a un revers, et l'orgueil en particulier se paie par des déceptions cruelles et des humiliations profondes. Je viens de vous signaler une maladie. Que je vous signale maintenant

II. *Un châtiment.*

Ou plutôt que je vous raconte *une histoire* tombée de la plume de Jean des Tourelles[1]. « Elle venait de quitter les champs paternels. Elle n'était plus fermière. Elle était mariée depuis trois jours, et mariée à un employé, à un fonctionnaire de l'État. Elle habitait la ville et elle s'appelait désormais Mme Castor Champignon. Ce que ses anciennes compagnes devaient enrager! Elles enrageraient bien davantage encore, quand elles viendraient la voir chez elle, et qu'elle leur montrerait un gentil petit appartement, tout frais papièté... Comme elles admireraient sa cuisine, son amour de cuisine, grande comme une assiette, avec le gaz, l'eau etc... les cabinets! tout sous la main quoi?... Et sa salle à manger! Car elle avait une salle à manger... et Henri II encore. Voyons... était-ce Henri II ou Louis XV? Elle ne se souvenait pas au juste; mais ce dont elle était bien sûre, c'est que cela devait être magnifique, puisque c'était cela qui avait décidé ses parents à donner leur consentement. Quand son papa, le rude fermier de la Perdriette, avait vu cela, il avait ouvert des yeux ronds, ronds,

---

1. Les livres sémillants de Jean des Tourelles sont édités par la librairie Lecoffre. Trois volumes ont déjà paru : *Sur le vif, Tous d'après nature, Envolez-vous!* Nous ne saurions trop les recommander à ceux qui aiment les idées saines et la belle littérature.

ronds, et il avait dit le bienheureux : Oui. Ça
n'avait pas été sans peine. Est-ce que son père ne
s'était pas mis en tête de lui faire épouser le fils
Huchot, de la Trimarderie, sous prétexte que
quand les deux fermes seraient réunies, cela ferait
le plus beau seul tenant de tout le canton? Oui,
mais pour cela il fallait devenir la femme de
Huchot; et dame, le Huchot était si sale, quand il
allait mener son fumier dans les terres... Non, ce
qu'elle avait bondi quand elle avait appris qu'il
était question de cette union-là! Elle, passer sa vie
avec un homme pareil... mal peigné et mal rasé...
toujours plein de terre et de brins de paille... couvert de boue en hiver et de sueur poussiéreuse en
été... Pouah! mais c'était dégoûtant rien que d'y
penser. Aussi elle avait tenu bon contre les propositions paternelles, et elle avait, secrètement encou-
ragée par sa mère, poussé ferme la candidature de
Castor Champignon, un petit maigrichon d'employé
au cadastre, pas très représentatif de sa personne,
aux pommettes trop rouges, mais si distingué dans
son complet à 29 francs! Combien qu'il gagne;
c't'espèce de ferluquet-là ? avait fini par dire son
père... 125 francs par mois, sans compter une gra-
tification de 25 francs tous les deux ans. Mais vous
crèverez de faim!... Oh! il n'a pas que cela pour
vivre. Il doit même être cossu. Si tu savais quel
beau mobilier il a... cette belle salle à manger...
veux-tu venir voir? Ben sûr que non. Tu pourrais

toujours bon te rendre compte, avait ajouté la
mère. Tu ne m'aimes pas, avait geint la fille en
fondant en larmes... Le fermier de la Perdriette
était venu... il avait vu... il avait été vaincu. Et
maintenant sa fille, débarrassée à tout jamais de la
crainte d'échoir à un mari sale, se pavanait autour
de la belle table Henri II... ou Louis XV... en pensant qu'elle était pour la vie Mᵐᵉ Castor Champignon. Toc! Toc! La jeune femme n'en doutait pas,
c'était sans doute quelqu'une de ses anciennes
compagnes qui, n'y tenant plus, venait lui rendre
visite. Ce qu'elle allait l'esbrouffer! Si celle-là ne
crevait pas de jalousie!... Entrez, cria-t-elle d'une
voix vibrante de fierté... Ce fut un homme vêtu de
noir qui entra... Madame, fit-il en saluant avec
une exquise politesse, je suis clerc chez Mᵉ Recors,
huissier, et je viens vous avertir que cette salle à
manger n'a jamais été payée. Comment?... Sans
doute. Le vendeur m'envoie la reprendre sans pré-
judice des frais et poursuites de droit ».

Cette histoire signifie, Messieurs, qu'il est souvent dangereux de quitter la campagne pour la
ville, et que beaucoup de gens se préparent les plus
humiliants déboires en fuyant le labeur obscur des
champs et la vie modeste du paysan. On dédaigne
les souliers ferrés du laboureur. C'est la maladie
du temps. On est condamné à marcher nu-pieds...
C'est le châtiment de l'orgueil... Et maintenant en
finissant je vous présente

III. *Une résolution*

Aimons l'obscurité. Gens des villes et gens des campagnes, défions-nous de l'envie de paraître. Si Dieu nous a faits grands, gémissons intérieurement des honneurs qui viennent à nous et des responsabilités qui pèsent sur nous. Et si Dieu nous a faits obscurs, bénissons notre obscurité. Embellissons-la comme l'oiseau embellit son nid de mousse, de laine et de brins d'herbe. La laine, la mousse et le brin d'herbe, ce sont les petites vertus qui s'appellent le dévouement inconnu, le respect des supériorités, la justice dans notre petit cercle, la paternelle bonté, la fermeté bienveillante, la fidélité quotidienne aux devoirs d'état.

Ce sont là qualités obscures qui procurent *le calme de la conscience* que les éclatants succès ne donnent pas toujours.

Et qui *sauvent la religion et la patrie* plus efficacement que les actions retentissantes. Quand je visite une belle cathédrale, j'admire surtout les œuvres d'art presque inaperçues, statues merveilleuses, fleurons dentelés, gargouilles fantastiques, placés dans les galeries du chevet et au sommet de la tour. Là l'artiste a mis son talent, son génie, sa foi, sa vie même, tout excepté son nom. Il savait bien que son chef-d'œuvre, loin du regard des hommes, ne pourrait être admiré que par les anges et les oiseaux du bon Dieu. Peu lui importait. Il travaillait quand même à la construction et à l'embellissement de l'édifice sacré. En conscience, silencieux et inconnu, il accomplissait sa tâche, et le ciel lui souriait doucement. Ainsi nous, Messieurs, vivons et travaillons dans l'obscurité. La pierre sculptée par nous sera cachée aux yeux des hommes, ou enfouie dans les fondements. Qu'importe? La gloire de Dieu résulte d'œuvres saintes que les hommes ne voient pas. Le monde repose sur les devoirs obscurs simplement accomplis.

Comme dit *Bossuet*, « ce sont ces choses simples, gouverner sa famille, édifier ses domestiques, faire justice et miséricorde, accomplir le bien que Dieu veut et souffrir les maux qu'il envoie. Ce sont ces communes pratiques de la vie chrétienne que Jésus-Christ louera au dernier jour devant ses saints anges et devant son Père céleste... alors que les histoires seront abolies avec les empires, et qu'il ne se parlera plus de tous ces faits éclatants dont elles sont pleines ».

Amen!

SEIZIÈME CONFÉRENCE

III. Les Causes (SUITE)

LES CAUSES VOLONTAIRES.

2° On veut jouir

MESSIEURS,

Nous étudions les causes volontaires de la désertion des campagnes. C'est d'abord l'orgueil et l'ambition... on veut paraître. — C'est ensuite l'amour et la recherche du bien-être... on veut jouir.

1° La vie des champs est dure.
2° On préfère la vie urbaine.
3° On a tort.

I. *La vie des champs est dure.*

Ce n'est pas niable.

Voyez le paysan *en lutte avec la terre.* Pour lui arracher ses trésors, pour y faire germer le pain

qui nourrit et le vin qui désaltère, il doit la contrarier, la violenter, la blesser cruellement. Il s'ap-
proche d'elle avec des outils meurtriers, avec la
charrue et la herse, avec la pioche, la bêche et le
sécateur. Il aplanit les montagnes, il comble les
vallées, il laboure les plaines et les couvre de sillons sans nombre. Il abat sans pitié l'éclatante ver-
dure des forêts vierges, les bruyères abondantes
mais stériles, les épines luxuriantes, afin de mettre
à leur place la riche monotonie des blés, les vignes
empourprées, les arbres fruitiers. La terre laissée
à elle-même est sauvage. Pour la cultiver et la civi-
liser en quelque sorte, l'homme est obligé d'entrer
en lutte avec elle et de la baigner de ses sueurs
comme d'un fleuve qui la réchauffe et qui la féconde.

Malheur à lui *s'il s'éloigne seulement de quelques
pas*, si sa main s'affaiblit, s'il laisse trop longtemps
se rouiller la charrue comme l'épée se rouille dans
le fourreau, s'il ne fait pas chaque jour de nouvelles blessures à sa victime ! La victime qu'il
croyait morte revivra. La terre qu'il croyait domptée
reprendra victorieuse sa sauvagerie native. L'épine
triomphante élèvera au-dessus des blés desséchés
sa couronne de feuilles et de fleurs. La forêt renaîtra dans toute sa magnificence et toute son horreur. Les bêtes sauvages s'installeront dans la
ca   e abandonnée du laboureur. Les oiseaux
recq. truisant leurs nids chanteront la défaite de

l'homme. Et la terre, ayant chassé son tyran et reconquis sa liberté, donnera le spectacle d'une végétation majestueuse mais inutile. La vie des champs est une lutte incessante contre la terre.

Et non seulement contre la terre, mais *contre la nature tout entière*. Savez-vous bien, Messieurs, ce que représentent de soucis et de travaux le morceau de pain et le verre de vin qui sont sur nos tables ? Pour produire ce morceau de pain et ce verre de vin, le laboureur et le vigneron ont dû travailler pendant de longs mois, se lever de bonne heure et se coucher tard, défendre leur moisson et leur vendange contre les ardeurs du soleil, contre les surprises du froid et de la gelée, contre les avalanches de la grêle, contre les pluies torrentielles, contre les insectes dévastateurs. Ils ont dû organiser un combat en règle contre les éléments déchaînés, contre les forces conjurées de la puissante nature.

Ajoutez à cela que la vie des champs *n'est pas entourée du confortable* qu'on a généralement dans les villes. Aux champs, l'habitation est rudimentaire, le vêtement simple, la table frugale ; on se loge, on s'habille, on se nourrit très médiocrement. Les moyens d'aller et de venir sont peu faciles, on marche à pied par des chemins raboteux ou boueux, dans des terres fraîchement labourées ou dans des eaux croupissantes. Les plaisirs sont rares, les distractions presque nulles. Ce n'est pas niable. La vie des champs est dure.

Et alors qu'arrive-t-il trop souvent? on veut jouir,
et, par amour et recherche du bien-être

II. On préfère la vie urbaine.

Aujourd'hui, grâce à la facilité des communications et à la diffusion de la presse, grâce aussi à
la diminution de la foi religieuse au sein de la
nation, *le besoin du luxe et des jouissances* a pénétré, dans une certaine mesure, jusqu'au fond de la
plus humble chaumière. Le paysan voit l'ouvrier
mieux vêtu que lui, mieux logé, ayant plus de
bien-être avec moins de travail... et ces apparences
souvent trompeuses l'inclinent à chercher une condition autre et meilleure.

A la ville, pense-t-il, *la vie est plus facile* et le
confortable plus grand, *on y mange mieux*. Le pain
est plus blanc et la nourriture plus délicate, on a
sous la main le boulanger, le boucher, l'épicier,
tous les comestibles, et toutes les boissons dési-
rables. A la ville *le travail est moins grossier*. Les
ateliers eux-mêmes ont une physionomie de propreté et de convenance que n'a pas, que ne peut
pas avoir la cour de la métairie, où on est généralement à l'abri du froid et du chaud. On est moins
à la merci du mauvais temps et de l'inclémence des
saisons, à la ville *les plaisirs et les amusements* sont
plus à portée. Les lieux de réunion sont plus sous

la main ; les cafés, les auberges et les autres
moyens de distraction sont plus nombreux et d'un
plus facile accès qu'au village... on a le théâtre, le
café-concert, le cirque, sans compter les courses,
la foire du mail, les fêtes de quartier et le reste.
Car dans les villes la liste des attractions augmente
tous les jours. Les entrepreneurs de réjouissances
publiques inventent sans cesse du nouveau. Et la
jeunesse, dont on déplore la corruption précoce,
est vraiment plus à plaindre qu'à blâmer... tant
sont nombreux, variés, séduisants les appâts qu'on
offre à son inexpérience et à son amour du plaisir.
Enfin à la ville, *on est son maître*. Si l'on veut jouir,
rien n'est plus aisé que d'échapper aux regards
indiscrets, au contrôle des parents, des amis et des
voisins. On n'est ni vu, ni connu. On se mêle à la
foule, on y perd son nom et sa personnalité. On
passe inaperçu au milieu de l'immense multitude.
Que si même il est nécessaire de faire un mauvais
coup pour se procurer des jouissances interdites,
noyé dans la masse, on a l'espoir et la chance de
se dérober à toutes les investigations et de faire le
mal sans en solder les frais.

En résumé, la vie des champs est dure. La vie
des grandes cités est facile. Et, parce que trop souvent on met le plaisir au-dessus de tout, au-dessus
de la conscience, au-dessus même de l'intérêt bien
entendu, on sacrifie la vie des champs, et on lui
préfère la vie urbaine.

III. *On a tort.*

1° Car, si la vie des champs a des duretés incontestables, elle a aussi *des avantages* très précieux. On travaille fort à la campagne, mais on y a des joies qui ne sont point à dédaigner et qui consolent de bien des fatigues : la joie de la santé sous le soleil qui resplendit, au sein de l'air pur qui vivifie — la joie de l'indépendance dans une demeure petite et humble, mais qui ne doit rien à personne — la joie de la vie de famille, sous le toit qui abrite les parents, les enfants et les aïeux, près du champ de la paix où reposent les cendres des ancêtres, à l'ombre du clocher natal, qui rappelle les grands anniversaires du foyer — la joie enfin de la bonne conscience, des traditions pieuses et des fortes vertus, qui sont le meilleur remède contre les calamités du sort... Oui, vraiment, la vie des champs a sa part, sa large part de joies pures, de satisfactions vives et de vrai bonheur. On a tort de la dédaigner.

2° Sans doute la vie urbaine a des charmes, mais elle a aussi *des inconvénients*. On a raconté jadis, vers la fin de l'Empire, qu'un personnage de l'intimité des Tuileries aurait dit avec expansion : « Je ne sais pas si cela durera longtemps, mais nous nous serons bien amusés ». Hélas ! cela ne devait pas durer longtemps, et après les années de plaisir arriva le déluge, un déluge de sang qui noya le

régime, et la nation avec le régime. Ainsi en est-il
des douceurs et des jouissances que l'on peut trouver
à la ville : elles ont un revers. Elles se paient généralement par la rareté du travail, par l'insuffisance
des salaires, par des périodes de famine, par des
maladies inconnues à la campagne, par l'exagération des dépenses, et par de navrantes misères
physiques et morales. Quoi de plus certain que
les *souffrances de l'ouvrier urbain?* Un accident,
une maladie, un chômage le réduisent à l'indigence.
Celui qui a plus de trois enfants ne peut plus vivre
de son salaire, il est à la mendicité. A la ville la
lutte pour la vie est plus âpre et plus rude que
nulle part ; les risques y sont plus grands comme
plus profonde est la misère. L'idée que se font
beaucoup de braves gens de la campagne de l'existence urbaine n'est qu'illusion et mirage. Ils
viennent chercher à la ville un peu plus de jouissances que dans les champs, et ils y trouvent
moins de bien-être et des croix plus pesantes.

Conclusion.

Laissez-moi vous signaler en terminant la grande
erreur qui règne sur ce siècle et qui abuse une
multitude d'esprits tant à la ville qu'à la campagne.
Citadins et ruraux, nous nous imaginons que
l'homme est sur la terre *pour jouir, rien que pour
jouir.* Ce serait vrai si Dieu n'existait pas, et si la vie

future n'était qu'une fable. Chacun n'ayant à se
préoccuper que de soi-même et de sa félicité immédiate ici-bas, la sagesse serait de se procurer sur
la terre la plus large part possible de plaisirs, de
luxe et d'ivresse et de s'écrier sans vergogne : « Tout
pour moi, rien pour les autres, après moi le déluge » ! Mais cela n'est pas vrai. La vie présente
n'est pas tout l'homme. Le ciel n'est pas fait que
pour les anges et pour les moineaux. L'Évangile
n'est pas une vieille formule usée, une vieille chanson démodée. L'Évangile dit que le royaume du
ciel souffre violence et qu'on le gagne à la sueur
de son front. L'Évangile dit qu'il faut passer par
la croix ici-bas pour entrer là-haut dans la gloire.
Et quand l'Évangile ne le dirait pas, est-ce que la
droite raison toute seule ne le dit pas? Est-ce que,
aux yeux du simple bon sens, la jouissance illimitée n'est pas corruptrice, dissolvante, ruineuse
pour les foyers et pour la patrie? Non, la jouissance
à outrance n'est pas le but de la vie. Non, la jouissance à outrance ne vaut rien tant au point de vue
naturel et humain qu'au point de vue surnaturel
et chrétien. L'homme n'est pas sur la terre pour
jouir, rien que pour jouir. Nous sommes ici-bas pour
faire notre devoir coûte que coûte, pour servir
Dieu au prix de mille sacrifices, et pour mériter
de la sorte la vie éternelle que je vous souhaite à
tous, comme je me la souhaite à moi-même !

Amen !

DIX-SEPTIÈME CONFÉRENCE

III. Les Causes (SUITE)

LES CAUSES VOLONTAIRES

3° On veut gagner beaucoup d'argent sans beaucoup travailler

MESSIEURS,

On déserte les campagnes : 1° parce qu'on veut paraître ; 2° parce qu'on veut jouir ; 3° parce qu'on veut gagner beaucoup d'argent sans beaucoup travailler.

Nous allons, ce matin, jeter un regard sur la nation et sur les populations rurales, et nous allons constater ici et là le même rêve, la même ambition : gagner de l'argent sans travailler... gagner beaucoup d'argent sans beaucoup travailler.

I. **Gagner de l'argent sans travailler...** c'est le *rêve de beaucoup dans la nation.*

Le XIXᵉ siècle vient de finir. Quel nom portera-t-il dans l'histoire ? On l'appellerait le siècle de l'ar-

gent, que je n'en serais pas étonné. Le dieu-argent,
le veau d'or a tenu, en effet, une place considérable
dans le xixᵉ siècle. La spéculation financière, c'est-
à-dire la pratique de gagner de l'argent sans travailler, a été élevée à la hauteur d'une institution,
elle est devenue une fièvre populaire, et elle a
grandement démoralisé la nation.

1° *La spéculation financière a été élevée à la hauteur d'une institution.*

Qui pourrait compter les machines financières
qui ont été fondées depuis cinquante ans? Qui
pourrait évaluer le nombre des victimes qu'elles ont
faites, et le chiffre des rapines qu'elles ont impunément consommées? Le siècle dernier n'a eu
qu'un Law, et il l'a cloué au pilori de l'histoire.
Notre siècle a vu surgir de ces aventuriers malfaisants par centaines, et il les a graciés, quand il ne
les a pas faits ministres ou députés.

Je sais bien que la spéculation financière fonctionne sur toutes les places de l'Europe. Mais :
1° le mal de nos voisins ne guérit pas notre mal;
2° nulle part plus que chez nous ce moyen de s'enrichir n'a été en vogue. Et, pendant que la loi flé-
trissait tout citoyen qui prenait un porte-monnaie
dans la poche du prochain, l'opinion tenait pour
inviolable et digne de respect tout exploiteur cha-
marré de décorations qui appelait à lui, pour des
entreprises hypothétiques, des millions dont il ne

rendait plus compte. La spéculation financière a été
élevée à la hauteur d'une institution.

2° *La spéculation financière est devenue une fièvre
populaire.*

Tandis que chez les autres nations elle demeure
l'occupation des grands et des hommes d'affaires,
chez nous elle s'est insinuée à peu près dans toutes
les classes de la société. Où les jeux de Bourse
n'ont-ils pas pénétré? On a intéressé les femmes,
les domestiques, les jeunes gens, les enfants, les
âmes pieuses même aux valeurs d'État et aux valeurs industrielles de l'Espagne, du Portugal, de la
Grèce, du Mexique, de la Turquie, du Panama, de
la Russie, etc... On a rempli le sac à ouvrage, les
cartons de l'écolier d'affreux petits papiers qu'on
appelle des titres de rente. On a donné les joies de
la hausse et les désespoirs de la baisse à un âge où
l'on ne doit connaître que la joie d'être le premier
de sa classe, et le désespoir d'être le dernier. On a
fait de la noble terre de France un comptoir et un
marché. La spéculation financière est devenue une
fièvre populaire.

3° *La spéculation financière a grandement démoralisé la nation.*

Car c'est un rêve malsain que le rêve de s'enrichir sans travailler. Un jour le petit-fils du grand
Condé montrait des valeurs en papier qu'il venait

d'acheter et criait aux passants devant un bureau de Law : « Je suis propriétaire de deux cents actions ! » Un inconnu, jouant sur les mots, lui dit : « Pour une action de votre grand-père, prince, je donnerais volontiers toutes celles-là ». Un peuple, en effet, est bien malade quand il préfère les actions lucratives aux actions héroïques, quand il sait compter et qu'il ne sait plus se dévouer, quand il met son espoir dans les cours de la rente et non dans le labeur consciencieux et persévérant.

Et puis rien n'habitue davantage les masses à nier la Providence que les bonheurs fabuleux de la spéculation. Ce qui surexcite les convoitises populaires, ce ne sont pas les richesses qui coûtèrent du génie et du travail, ce sont les succès immérités du jeu et de l'agiotage. A la vue de ces fortunes fantastiques sorties d'un coup de dé, les ressorts de l'attention publique se tendent, les ambitions s'éveillent, les principes s'oblitèrent, les droits sont ridiculisés, les devoirs sont oubliés, et la masse ne croit plus à rien qu'à l'intérêt. Dans toutes les cervelles, à la même heure et avec la même intensité, le même rêve se formule : gagner de l'argent sans travailler !

Le dépeuplement des campagnes au profit des grandes villes est, partiellement du moins, la conséquence de ce rêve malsain et immoral. Jetons maintenant un regard sur les populations rurales.

II. *Gagner beaucoup d'argent sans beaucoup travailler... c'est le rêve de quelques-uns au village.*

Qu'est-ce qui attire le campagnard à la ville? N'est-ce pas souvent l'appât des grands salaires, c'est-à-dire la pensée qu'il gagnera davantage en travaillant moins? Il ne voit pas que les grands salaires sont fréquemment suivis des grandes misères. Il voit seulement l'argent qui miroite à ses yeux comme une réalité facile à saisir.

1° *Il quitte son village avec l'espoir* de vivre à l'aise sans beaucoup de peine.

Étendre de quelques parcelles de terre, peut-être de quelques hectares, la propriété des ancêtres, au prix du travail de toute une vie, était *autrefois* la suprême ambition. Aujourd'hui, c'est en quelques années qu'il faut arriver à l'aisance. On laisse derrière soi l'héritage paternel, la maison toute remplie de si doux et de si grands souvenirs, pour aller demander aux travaux des grandes villes le secret de gagner plus d'argent. On laisse derrière soi les traditions du passé, le clocher natal, ce sol que tant de générations ont foulé de leurs pas et arrosé de leurs sueurs. Rien ne peut retenir les cœurs que la cupidité domine.

Le service militaire prend chaque année en

moyenne 220.000 hommes dont les deux tiers sont d'origine rurale. Tous, ou presque tous, avant de partir, avaient un métier, une carrière assurée. Les uns cultivaient la terre, et les autres exerçaient au pays une industrie connexe à l'industrie agricole. Après trois ans de service, ils sont généralement déshabitués du milieu où ils ont grandi, de la carrière commencée, du dur labeur des champs. Ils aspirent aux salaires plus élevés et à la vie en apparence plus douce que l'on trouve à la ville... car ils rapportent du service des idées nouvelles, des goûts nouveaux, l'aspiration à une vie différente, l'appétit du plaisir et l'horreur de la peine.

Si une foi religieuse ardente et forte était là pour les contenir, peut-être les défendrait-elle contre eux-mêmes. Mais hélas! dans l'air que nous respirons, sous l'influence de l'école sans Dieu et des doctrines malsaines qu'une presse sans frein et sans scrupule répand jusqu'au fond des chaumières, la foi va chaque jour s'affaiblissant dans les campagnes. Et alors, à peine rentrés dans leurs foyers, nos jeunes soldats d'aujourd'hui ne songent qu'à en ressortir, en quête d'un autre avenir et d'une vie meilleure.

Sur les rives de la Loire, d'Orléans à Nantes, il n'est guère de commune où le maire ne voie, au moins une fois par mois, un de ses jeunes administrés venir solliciter son concours pour l'aider à entrer au chemin de fer, au service d'une des Com-

pagnies de l'Ouest et d'Orléans. Tous, bien entendu,
n'y entrent pas, et beaucoup, après avoir inutile-
ment tenté de se créer une situation à la ville,
opprimés par la misère et démoralisés par la souffrance, finissent, de chute en chute, par grossir, à
leur tour, l'armée des déclassés et des vagabonds.
Ils ont rêvé de gagner beaucoup d'argent sans beaucoup travailler.

2° *Ils se sont trompés grossièrement.* Car :

1. *Il n'est pas certain qu'à la ville on gagne plus
d'argent qu'à la campagne.*

L'ouvrage manque assez souvent. Et quel est le
taux des salaires? Dans les chefs-lieux de départements, on a calculé que la moyenne du salaire
pour les ouvriers est de 3 francs, et pour les femmes
de 1 fr. 50. A Paris, les salaires sont plus élevés ;
mais la proportion des dépenses y est plus considérable aussi. La moyenne des salaires à Paris est
pour les hommes de 5 francs, pour les femmes
de 3 francs, et encore pas toujours. Il y a à Paris
300.000 ouvrières vivant des travaux de l'aiguille.
On a calculé que bon nombre d'entre elles doivent
se nourrir au prix de 0 fr. 65 par jour, et qu'elles
ont 125 fr. 65 par an pour se loger, s'habiller et
s'éclairer. Ce n'est pas magnifique. Tout compte
fait, il n'est pas certain qu'à la ville on gagne plus
d'argent qu'à la campagne. Et d'un autre côté :

Il est certain qu'à la ville on dépense plus d'argent qu'à la campagne.

A la campagne, on vit simplement et à peu de frais. Pendant la belle saison, le cultivateur accumule dans son grenier, dans sa cave, de quoi se nourrir une année entière, lui, sa famille et son bétail. Dans ses heures de loisir, il défonce sa terre, en ôte les pierres, arrache les buissons, draine les marécages, plante et greffe des arbres fruitiers, enclôt son jardin et encadre ses légumes de fleurs, agrandit et meuble sa demeure. Sa femme soigne la chèvre ou la vache, élève les poules, et range dans son armoire le linge qu'elle a filé, tissé, blanchi, et les vêtements qu'elle a taillés et cousus pendant les longues soirées d'hiver. On vit de son travail, et l'on fait même quelquefois de petites économies pour les jours difficiles de la maladie et de la vieillesse.

A la ville, c'est bien différent. Tout est plus cher, et il faut tout acheter. Je sais bien qu'à la ville on a sous la main et sous les yeux mille choses séduisantes dont on est privé à la campagne : de beaux trottoirs, de beaux magasins, l'eau, le gaz, l'électricité, la musique, les fêtes publiques... La belle avance ! Pour jouir de tous ces avantages de la civilisation, la plupart du temps il faut les payer. Il faut acheter le nécessaire, et, pour résister à la tentation de goûter au superflu, il faut une force d'âme qui n'est pas commune. En résumé, si quelquefois

on gagne plus d'argent à la ville qu'à la campagne,
à peu près toujours on en dépense davantage.

Conclusion.

Et enfin... *Est-ce que l'argent fait toujours le bonheur? Non.*

1° Ceux que dévore *le désir* immodéré de l'argent sont malheureux? 2° *Ceux qui possèdent* l'argent ne sont jamais satisfaits. Plus ils ont, et plus ils veulent avoir. Et ils ont une peur terrible de le perdre. Les Crésus sont presque tous des irrassasiés et des inquiets; 3° Il est aussi difficile de *bien employer* l'argent que de l'acquérir et de le conserver... L'argent est dangereux. Il ne remplit pas le cœur. C'est plus haut qu'il faut monter pour cueillir le fruit de la félicité. *Beatus vir qui inventus est sine maculâ, et qui post aurum non abiit! Nec speravit in pecuniâ et thesauris!* Bienheureux l'homme qui est sans tache... et non point celui qui met son espoir dans ses trésors? *Quis est hic et laudabimus eum!* A lui gloire et honneur!

Amen!

DIX-HUITIÈME CONFÉRENCE

III. Les Causes (suite)

LES CAUSES SEMI-VOLONTAIRES

1° L'entraînement

MESSIEURS,

On déserte les campagnes parce qu'on le veut
bien : 1° parce qu'on veut paraître; 2° parce qu'on
veut jouir; 3° parce qu'on veut gagner beaucoup
d'argent sans beaucoup travailler. Ce sont là les
causes volontaires de la désertion des campagnes.
Il y en a d'autres. Il y a des causes que j'appelle
semi-volontaires. On se précipite vers les villes
parce qu'on le veut bien sans doute, mais aussi
parce qu'on n'a pas le courage de résister à l'opinion
régnante, aux habitudes communes. Et d'abord on
obéit à l'entraînement. Étudions ce phénomène.

I. *L'entraînement des camarades.*

On a vu un voisin, un ami quitter son village

pour aller à la ville, et revenir au village bien
habillé, tout pimpant, heureux et fier d'avoir réussi.
Des circonstances exceptionnelles l'ont favorisé. On
conçoit l'espérance de réussir comme lui, de se
faire une situation plus large qu'à la campagne et
d'acquérir plus promptement sinon la richesse, du
moins l'aisance... On ne voit pas, on ne veut pas
voir ces multitudes urbaines qui perdent dans des
travaux écrasants, dans des entreprises malheureuses, leur vigueur, leur joie, l'héritage que leur
ont légué leurs pères, qui vivent dans la souffrance
et qui meurent dans le désespoir. Qui ne sait qu'un
nombre effrayant de villageois venus à la ville y
meurent de consomption à la fleur de l'âge et même
dans leur première jeunesse? On ne voit pas cela.
On ne voit que le côté séduisant de la vie urbaine.
On ne voit que les camarades dont la condition au
moins apparente s'est améliorée. Et on se laisse
entraîner. J'ai déjà dit tout cela. Je ne m'y arrête
pas davantage... Et, sans plus tarder, je vous
signale une cause plus puissante et plus détermi-
nante de la désertion des campagnes...

II. *L'entraînement des dirigeants.*

Les grandes influences partent de haut. Les petits
suivent les grands. Les villageois sont attirés dans
les villes par l'exemple et par le service des dirigeants.

1° *L'exemple des dirigeants.*

On gémit, et à juste titre, sur la désertion des campagnes. On se plaît à montrer les paysans, dégoûtés de la vie rurale et des travaux champêtres, affluant vers les villes et s'engouffrant dans les usines, à moins qu'ils n'encombrent les pavés, jusqu'au jour où ils les descellent pour en dresser des barricades. Assurément, ce mal existe, on fait bien de le dénoncer, et l'on a raison d'y chercher remède. Mais la désertion des châteaux! Fléau plus terrible encore et moins vigoureusement stigmatisé, moins énergiquement combattu. Tel gentilhomme campagnard, dont les ancêtres étaient les protecteurs naturels et les conseillers du paysan, ne met plus les pieds sur ses terres que pour la saison des chasses, et ne connaît plus ses fermiers qu'à travers un intendant. Tel autre, à qui pèse encore trop ce minimum de soucis, vend son domaine à quelque juif engraissé d'or et qui vainement essaiera de s'implanter dans un sol où il n'a point de racines. Qu'est cela, sinon une abdication coupable et désastreuse?

Et cette abdication est une prédication puissante qui dit à l'humble campagnard de faire comme le riche propriétaire et de le suivre à la ville. Messieurs les dirigeants, vous n'apparaissez au village qu'en passant, dans le tourbillon d'une chasse ou dans l'éclat d'une fête. Et vous vous étonnez que le garçon et la fille de ferme, quand ils vous voient

passer en visiteurs, avec votre luxe, soient fascinés,
que la fumée leur monte à la tête, et que la tentation les tourmente d'aller voir un peu ce qui se
passe dans ce pays féerique d'où vous venez, quittes
à y périr de misère et de faim ? Non. Le phénomène
de la désertion des campagnes n'a rien d'extraordinaire. Il s'explique en grande partie par l'exemple
qui vient de haut et qui entraîne fatalement les
classes populaires. Il y a encore autre chose. Il y a

2° *Le service des dirigeants.*

En effet, l'affluence des gens riches à la ville y
attire ceux qui ne le sont pas. Aux gens riches il
faut des domestiques, laquais, femmes de chambre,
cuisiniers, etc... puis il faut des bras pour tous les
arts et métiers qui procurent le bien-être, le confortable et le luxe dont les gens riches ont besoin.
D'ailleurs, là où il y a de l'argent qui se dépense
les gens accourent pour en avoir leur part. En
langage économique le capital suscite le travail :
c'est une loi inéluctable. Par suite, une personne
riche qui abandonne le village pour s'établir en
ville en entraîne avec elle plusieurs autres, et non
pas seulement celles qui font ou feront partie de sa
maison. Ici, comme dans tout grand phénomène
économique, il y a ce que l'on voit et ce que l'on
ne voit pas. Ce que l'on voit, c'est un monsieur qui
va habiter la ville ; ce qu'on ne voit pas, c'est
deux, trois, peut-être dix paysans qui le suivront
de plus ou moins près.

L'exode des dirigeants vers les villes est donc une cause puissante de la désertion des campagnes. En s'en allant les dirigeants entraînent avec eux : 1° leur argent, et toute la clientèle qui vit de leur argent; 2° la nombreuse domesticité qui s'attache à leurs personnes pour les servir.

Les serviteurs des deux sexes qui sont dans les villes au service des familles riches sortent presque exclusivement de la campagne... et quelle dîme prélevée sur les travaux des forêts et des champs que cette immense population de nourrices et de valets de chambre !

Nul exemple n'est plus contagieux. A un premier service elles ont gardé le costume de la Bretagne ou de l'Auvergne... mais elles en ont bientôt oublié les mœurs et feignent d'en ignorer la langue. Quand on retourne au pays pour le mariage d'une sœur ou peut-être pour l'enterrement de sa vieille mère, on a tant changé de ton et de manières, que c'est à n'être plus reconnu; on demanderait volontiers, si on l'osait, comment se nomment les instruments familiers d'autrefois, la herse et le râteau. On les regarde, mais on n'y touche plus.

Conclusion.

Que chacun reste à sa place. Que chacun fasse son devoir.

Allez voir une usine à vapeur. Il y a là des hommes qui jettent sans cesse du charbon dans un foyer — d'autres qui jettent toujours de l'eau dans des chaudrons — d'autres qui activent des pistons, d'autres qui les arrêtent. Et tout marche très bien, parce que tout le monde fait son devoir.

Ainsi doit-il en être dans la société. Nous devons tous faire tout bonnement notre devoir sans nous inquiéter des suites et des conséquences. Le devoir du brin d'herbe, de la fougère et du chêne c'est de pousser dans la forêt, et ils poussent sans s'inquiéter si Dieu enverra du soleil ou de la pluie, le printemps ou l'hiver. Faisons de même. Restons à notre place, travaillons, agissons, accomplissons notre devoir. Si nous faisons bien, cela profitera toujours ; si nous faisons mal, cela nous retombera sur la tête en conséquences fâcheuses.

La cause de la désertion des campagnes au profit des villes est dans la violation de ce principe essentiel : rester à sa place et faire son devoir. On se laisse entraîner. On sort de sa sphère. On se déplace, et en se déplaçant on dérange l'ordre providentiel.

DIX-NEUVIÈME CONFÉRENCE

III. Les Causes (SUITE)

LES CAUSES SEMI-VOLONTAIRES

2° Le fonctionnarisme

MESSIEURS,

Nous avons étudié les causes volontaires de la désertion des campagnes. On veut paraître. On veut jouir. On veut gagner beaucoup d'argent sans beaucoup travailler. A toutes ces sollicitations qui proviennent des bas-fonds de notre nature, s'en ajoutent d'autres qui sont extérieures et adjacentes et qui proviennent du milieu dans lequel on vit. C'est ce que j'appelle les causes semi-volontaires de la désertion des campagnes. On va à la ville par entraînement. On va à la ville par amour du fonctionnarisme.

Que de paysans qui rêvent pour eux et pour leurs fils une place de fonctionnaire, la place de facteur, gendarme, cantonnier... Voilà, disent-ils, une belle position. Le traitement marche toujours, et on a une retraite pour les vieux jours. — Le paysan ne considère pas l'esclavage qu'il va subir ;

il ne considère pas qu'il va devenir le jouet
d'une armée de supérieurs... que sa moindre parole sera commentée, que sa moindre action sera
disséquée. Il voit seulement son traitement, sur
lequel il ne grêle pas — il voit sa retraite, et pour
obtenir ce résultat, il accepte sans sourciller une
vie pleine d'ennuis. L'envie de devenir fonctionnaire, le fonctionnarisme est une des grandes
causes qui ont produit dans notre siècle le vide des
campagnes. Le fonctionnarisme d'ailleurs sévit sur
toute la nation. Il est donc intéressant et utile
d'étudier ce phénomène. Je répondrai aujourd'hui
à deux questions préliminaires :

1° Qu'est-ce qu'un fonctionnaire?

2° Le prêtre est-il un fonctionnaire?

I. Qu'est-ce qu'un fonctionnaire?

Un fonctionnaire est un homme qui détient une
portion de la puissance publique et qui est payé
par l'État. Tous les termes de cette définition sont
à considérer.

1° Un fonctionnaire est *un homme*... Ce premier
mot n'est point à dédaigner, à passer sous silence.
Le fonctionnaire n'est point une chose, un instrument quelconque dont on peut user et abuser,
que l'on peut impunément priver de toutes les li-

bertés et appliquer à toutes les besognes. Non.
C'est un homme. Sa qualité de fonctionnaire se
superpose à sa qualité d'homme, mais ne la sup-
prime pas. Donc il garde, et l'on doit respecter en
lui tous ses droits d'homme.

Le fonctionnaire est un homme. *Il a une âme.*
Donc il a le droit de sauver son âme, et de faire
tout ce qui est nécessaire pour sauver son âme.
Chrétien baptisé, il a le droit de vivre conséquem-
ment à son baptême — de prier non seulement chez
lui, mais en public — d'aller à la messe et même
aux vêpres, et même à la procession, si cela lui
plaît — de se confesser et de communier à Pâques,
et même plus souvent s'il le désire — de visiter
son curé et même de le saluer dans la rue. Protestant, il a le droit d'aller au temple. Franc-maçon,
il a le droit d'aller à la loge. Athée, il a le droit
de s'abstenir de tout culte religieux. Juif, il a le
droit d'aller à la synagogue. Catholique, pourquoi
n'aurait-il pas le droit d'aller à l'église? « Nul ne
doit être inquiété pour ses opinions même religieuses », dit l'article 10 de la Déclaration des
Droits de l'homme. Et quand la Déclaration ne le
dirait pas, la simple équité naturelle le dit. Le
fonctionnaire est un homme, il a une âme, donc il
a droit à la liberté de conscience, à sa liberté religieuse.

Il a une famille. Donc il a le droit d'élever ses
enfants comme bon lui semble, de les élever

comme il a été élevé lui-même ou autrement. Le
fonctionnaire ne cesse pas plus d'être père qu'il ne
cesse d'être homme, et ses droits de père sont aussi
sacrés, sinon plus sacrés, que ses droits d'homme.
Les fils de son sang et de sa foi sont à lui avant
d'être à l'État. Il a le droit de les élever chrétien-
nement, et de chercher pour eux des maîtres qui
continuent dans l'école les enseignements religieux
du foyer domestique. On ne peut les soustraire à
sa direction, sans outrager en lui l'autorité paternelle, type et source de toute autorité sociale. Et
si on invoque, pour le séduire ou le contraindre
l'obligation du savoir, la nécessité du progrès, les
devoirs du citoyen, il a le droit de regimber et de
dire : « Autant et plus que qui que ce soit, je veux
que mes enfants soient des hommes de science
et de progrès, d'honnêtes et utiles citoyens. Mais
j'estime qu'ils le seront d'autant mieux qu'on
aura commencé par en faire de bons chrétiens ».
Un fonctionnaire est un homme. Donc il a droit à
la liberté religieuse pour lui-même et pour sa
famille.

2° Un fonctionnaire est un homme *qui détient
une portion de la puissance publique*. Dans la puissance publique on distingue trois pouvoirs dis-
tincts et juxtaposés : le judiciaire, l'exécutif et le
législatif. — Et chacun de ces pouvoirs, à cause
de la complexité savante de la société, a des rami-

fications très étendues, par exemple, le pouvoir
judiciaire se diversifie en une multitude de tribu-
naux. — Le pouvoir exécutif compte « Départements ministériels : Intérieur, Finances, Affaires
étrangères, Guerre, Marine, Agriculture, Industrie,
Commerce, Colonies, Instruction publique, Travail.
— Puis dans chaque ministère apparaissent des
divisions, et dans chaque division des bureaux dis-
tincts, toute une spécialisation de fonctions diverses,
toute une hiérarchie de fonctionnaires, une véritable armée. Il y a les fonctionnaires qui participent au pouvoir judiciaire, ceux qui participent
au pouvoir exécutif, et ceux qui participent au
pouvoir législatif. Il y a les fonctionnaires qui
relèvent de l'État, ceux qui relèvent des départements, et ceux qui relèvent des communes. — Chacun a sa mission particulière, mais tous ont un
caractère commun : ils sont les remplaçants, les
suppléants, les représentants de la puissance publique ; ils détiennent une portion quelconque de la
puissance. A ce titre ils méritent honneur et respect. A ce titre ils méritent salaire.

3° Un fonctionnaire est un homme *payé par
l'État.* C'est justice. Celui-là doit vous payer, pour
qui vous travaillez. Le fonctionnaire donne son
temps et sa peine à l'État, donc l'État lui doit une
juste rétribution. Et, en soldant cette rétribution,
l'État ne fait pas une aumône, ni une gracieuseté,

il acquitte une dette stricte. Pour recevoir son traitement, le fonctionnaire est obligé de donner ses
loyaux services. En justice il n'est pas obligé à
autre chose. Il n'est point obligé de livrer son âme,
sa conscience, sa foi religieuse, la religion de ses
ancêtres et de ses descendants. Dans le contrat
qu'il fait avec l'État, il engage son travail et non
sa liberté. Qu'est-ce qu'un fonctionnaire? J'ai ré-
pondu. C'est un homme qui détient une portion de
la puissance publique et qui est payé par l'État.

Vient maintenant la seconde question.

II. Le prêtre est-il un fonctionnaire?

Si je pose cette question, ce n'est pas que je pré-
tende avilir le titre de fonctionnaire, qui est on ne
peut plus respectable. Je veux seulement dissiper
des malentendus, qui obscurcissent beaucoup d'esprits. Non, le prêtre n'est pas un fonctionnaire. Je
le prouve.

1° *Le prêtre ne détient pas la moindre parcelle de
la puissance publique.*

Établissons d'abord *un principe* capital, essentiel,
décisif. Quelques-uns ont cette idée que la puissance publique est souveraine en toute matière, et
qu'elle a la haute main sur le culte, sur la religion
comme sur tout le reste. C'est une erreur. Oui, sous

le paganisme la puissance publique administrait en même temps l'ordre temporel et l'ordre religieux, et les prêtres de la Grèce et de Rome étaient des fonctionnaires de l'État au même titre que les généraux d'armée et les gouverneurs de provinces. Mais le christianisme a changé cela. Pour libérer les consciences, il a séparé les pouvoirs. Il a mis d'un côté César, l'Empire, l'État, et d'un autre côté Dieu, le Sacerdoce, l'Église; d'un côté le temporel, et d'un autre côté le spirituel.

Représentant de Dieu et administrateur du spirituel le prêtre ne détient aucune parcelle de la puissance publique, de la puissance temporelle, soit judiciaire, soit administrative, soit militaire, soit d'aucune sorte. Il n'est l'agent du gouvernement civil ni dans l'État, ni dans le département, ni dans le canton, ni dans la commune, ni dans l'armée, ni dans la magistrature, ni dans les finances. Il n'exerce sa mission, son autorité, en vertu d'aucune délégation de la loi. Donc il n'est pas fonctionnaire de l'État.

Sans doute *les Évêques et certains curés sont nommés*, désignés par l'État. Mais ce n'est pas l'État qui les institue, qui les consacre, qui leur donne le pouvoir d'ordre et de juridiction. Ce n'est pas du président de la République et de ses ministres que les évêques et les curés tiennent leur mission d'enseigner l'Évangile, d'administrer les sacrements, de diriger les fidèles dans leurs diocèses ou dans leurs paroisses. N'est-ce pas l'évidence même? La puissance du prêtre est autre et plus haute que celle de l'État, et il serait puéril de prétendre que nous tenons de l'État l'extraordinaire et surnaturel pouvoir de dire la messe, de pardonner les péchés, d'absoudre les mourants, de gouverner les consciences, d'ouvrir et de fermer le ciel, et d'agir sur la divinité même. Dites que le prêtre est fonctionnaire de l'Église dans l'ordre spirituel. C'est vrai, mais fonctionnaire de l'État dans l'ordre temporel? non! car il ne détient pas la moindre parcelle de la puissance publique.

2° Cependant, disent quelques-uns, le prêtre est payé par l'État... dont il est fonctionnaire. Nullement.

D'abord plus de la moitié des prêtres ne sont pas payés par l'État, par exemple les professeurs, tous les vicaires d'Orléans ne reçoivent pas un sou de l'État. Le titre de fonctionnaire ne leur serait donc pas applicable.

Ce titre ne convient pas davantage aux autres membres du clergé qui reçoivent de l'État un traitement régulier. Car ce traitement n'est pas un salaire; il est le paiement d'une dette rigoureuse contractée par la nation, d'une dette de justice que rien ne peut effacer. Il est la réparation très faible et très précaire d'un vol sacrilège commis par la Révolution en 1790. Cette réparation est *très faible*,

car l'État a pris 5 milliards et il paie une rente de
40 millions, pas même 1 0/0. Cette réparation est
très précaire, car on la pèse et on la mesure tous les
ans dans la même balance où s'agitent les destinées
des chemins vicinaux, et, au lieu d'être inscrite sur
le grand livre de la dette publique, elle est sans
cesse remise en question par tous les partis qui
prennent chacun à son tour le gouvernement de
la France. Le clergé ne reçoit pas un salaire, mais
l'intérêt du capital qui lui a été pris, l'équipollent
minime des biens ecclésiastiques confisqués en 1790.
Les prêtres ne sont pas des fonctionnaires « Considérer les prêtres comme des fonctionnaires, dit Du-
pin, serait blesser le sacerdoce dans son essence ».
Tout cela, Messieurs, est la simplicité même. Et
cependant quand les erreurs les plus grossières
s'affirment avec impudence et veulent s'imposer à
l'opinion abusée, n'est-il pas utile de rappeler les
vérités les plus élémentaires? C'est ce que je viens
de faire.

Amen!

VINGTIÈME CONFÉRENCE

III. Les Causes (SUITE)

LES CAUSES SEMI-VOLONTAIRES

2° Le fonctionnarisme (Suite)

MESSIEURS,

Ce sont souvent des causes semi-volontaires qui font affluer à la ville les habitants des campagnes. On est entraîné par l'exemple. On cède à la tentation du fonctionnarisme. Cette tentation est aussi étrange qu'elle est réelle. Je me propose aujourd'hui de constater :

1° La vogue du fonctionnarisme.
2° Les inconvénients du fonctionnarisme.

I. La vogue du fonctionnarisme

Nous est révélée par des chiffres et par des faits, par la statistique et par l'opinion.

1° *Interrogeons d'abord la statistique...* que nous dit-elle? Elle nous dit que le nombre des fonctionnaires est chez nous considérable, et que ce nombre est depuis un demi-siècle terriblement progressif.

Nous avions en 1840, 188.000 fonctionnaires; en 1858, 217.000; en 1873, 285.000; en 1886, 330.000; en 1897, 400.000... à quoi il faut ajouter 8.000 fonctionnaires départementaux, et 122.000 fonctionnaires communaux. Ce qui fait un total de 530.000 fonctionnaires. Depuis 1897 nous avons encore marché, et à l'heure présente le nombre des fonctionnaires dépasse 600.000. C'est beau le progrès! Tous les jours que Dieu fait, on a calculé que nous avons 14 fonctionnaires de plus... alors que pour une période de cinquante ans la population de la France n'a augmenté que de 10 0/0, le chiffre des employés de l'État s'est accru de 121 0/0... Si cela continue, et cela menace de continuer, notre pays deviendra bientôt un objet de curiosité, une pièce de musée. On y verra autant d'administrateurs que d'administrés.

Dès à présent nous sommes le peuple je ne dis pas le mieux, mais le plus administré du monde. Si l'on ajoute aux fonctionnaires payés par l'État ceux qui sont rétribués par les départements et les communes, si l'on tient compte des 83.000 pensionnés auxquels l'État sert des retraites, on est amené à reconnaître qu'il n'y a pas en France moins de 763.700 citoyens vivants des deniers publics. Cet effectif est supérieur à celui de notre armée permanente. Il représente le cinquième des électeurs inscrits, plus du dixième des votants. C'est-il joli, cela! sur

15 citoyens électeurs que vous rencontrez dans la rue, il y a nécessairement un fonctionnaire en activité ou en retraite. O Français, soyez heureux et fiers! Le fonctionnarisme est en pleine vogue. Les chiffres le proclament avec éloquence, et les faits le disent encore mieux que les chiffres.

2° *Interrogeons maintenant l'opinion.* Elle a la passion, la rage du fonctionnarisme.

L'opinion *des familles* est qu'il faut épargner aux enfants les difficultés et les aléas de la vie. Que de parents qui pratiquement tiennent ce langage : « Mon enfant, mon cher enfant, nous t'aimons trop pour ne pas t'aplanir autant que possible les obstacles et les luttes de l'existence. Compte d'abord sur nous. Compte ensuite sur nos amis qui te pousseront et te recommanderont. Compte enfin sur le gouvernement qui dispose d'une foule innombrable de places. On y est bien tranquille. On est payé régulièrement à la fin de chaque mois. On a un avancement automatique par le simple mécanisme des retraites et des décès... si bien que tu peux savoir d'avance qu'à tel âge tu gagneras tant, à tel âge tant, et enfin qu'à tel âge tu auras la retraite, une bonne petite retraite ». Quand un jeune homme entend tous les jours, à son foyer et dans la société de pareils conseils, comment voulez-vous qu'il ne s'oriente pas tout naturellement vers la vie tranquille du fonctionnarisme ? Aussi

L'opinion *des jeunes gens* est vite formée. Ils [se-
ront fonctionnaires. Les conditions d'admissibilité
sont difficiles et rigoureuses. L'entrée des carrières
administratives est hérissée d'obstacles : remparts,
fossés, pont-levis, c'est-à-dire examens et diplômes
de toute sorte. Qu'importe? les jeunes Français se
résignent à toutes les conditions imposées, tant est
grande leur envie de devenir fonctionnaires. Ils
mettent des années à conquérir les parchemins nécessaires. Nous tournons dans un cercle vicieux.
On rend les examens plus difficiles pour avoir
moins de candidats aux fonctions publiques, et les
candidats, loin de se décourager, se plient aux
conditions requises, et l'on a toujours plus de candidats. Il faut être fonctionnaire. C'est l'opinion des
familles. C'est l'opinion de la jeunesse.

C'est l'opinion *de la foule*. Je lis dans le *Bulletin
officiel de la préfecture de la Seine* du 23 février 1900 le nombre de places vacantes et le nombre
des postulants. C'est effrayant.

	Places vacantes.	Postulants
Commis expéditionnaires.....	60	1,000
Garçons de bureau, concierges.	20	6,430
Institutrices..............	150	1,407
Instituteurs...	180	3,320
Mont-de-Piété.............	7	2,400
Écoles de la ville. Concierges..	20	9,155
Cantonniers pour balayer Paris.	537 balais	20,8

Voilà des chiffres officiels, authentiques. Ils nous révèlent l'état de l'opinion. Ils nous disent que le fonctionnarisme est chez nous en pleine efflorescence. Il triomphe sur toute la ligne. Il s'empare de tous les esprits dans toutes les classes de la société.

Nous avons constaté ce phénomène étrange. Il est temps de le juger. Indiquons brièvement

II. *Les inconvénients du fonctionnarisme...*

Tant au point de vue de la nation qu'au point de vue des individus.

1° Le fonctionnarisme est *un danger pour la nation.*

En multipliant outre mesure les aspirants aux fonctions publiques, il diminue l'activité productrice... il discrédite et dégarnit les situations qui exigent l'effort, l'initiative et qui exposent à des aléas, comme l'agriculture, l'industrie et le commerce. Et ainsi la société se trouve encombrée d'intellectuels sans emploi, de diplômés sans ouvrage, d'une masse d'individus dont l'ambition est incapable de se contenir et de se satisfaire.

Et puis le fonctionnarisme est une charge énorme pour *le budget* national. En 1816, nous avions 188.000 fonctionnaires, et la somme des traitements atteignait seulement 215 millions. En un demi-siècle

nous avons marché. En 1806, nous avions 530.000
fonctionnaires, et la somme des traitements atteignait 616 millions. Aujourd'hui nous avons plus
de 600.000 fonctionnaires... Et comme il a fallu à
tout prix faire de la place pour caser tous les postulants, on a de plus en plus mis à la retraite
d'office et abaissé la limite d'âge. Aussi le chiffre
des pensions civiles qui figurait au budget en 1853
pour une somme de 23 millions, y figure aujour-
d'hui pour plus de 70 millions. Le nombre des
fonctionnaires a seulement doublé, tandis que le
chiffre des pensions se trouve avoir plus que triplé.
En somme, le fonctionnarisme impose au budget
une dépense annuelle de plus de 700 millions.

Permettez-moi une comparaison. Le budget des
dépenses ressemble à ces jets d'eau mobiles que les
jardiniers déposent sur les pelouses. Le jet se pulvérise en s'échappant. Chaque brin d'herbe de la
pelouse n'a qu'une ou deux gouttes pour lui; mais
les brins d'herbes sont innombrables, et cela fait
au total beaucoup d'eau répandue. Cela fait au
total au moins 700 millions qui se pulvérisent et
qui vont arroser 763.700 fonctionnaires en activité
ou en retraite. C'est énorme, mais si vous faites le
partage de ce grand arrosage, vous constatez facilement que la quotité qui revient à chacun est
assez médiocre. En même temps qu'il est un danger
pour la nation

2° Le fonctionnarisme n'est *pour les individus qu'une maigre satisfaction*.

On a tellement créé de places et inventé de sinécures, que, pour ne pas trop surcharger le budget, on a été obligé de faire très petite la rétribution des sinécures et des places. C'est ainsi que M. Neymarck, qui était, en 1896, président de la société de statistique nous affirme, chiffres en mains, que sur 600.000 fonctionnaires il y en a près de 200.000 dont la moyenne de traitement ne dépasse pas 766 francs, moins de 42 sous par jour, puis un peu plus de 100.000 qui atteignent juste 1.170 francs, environ 3 francs et 4 sous par jour. Avouez, Messieurs, que ce n'est pas merveilleux et que le fonctionnarisme ne mène pas toujours à la richesse, ni même toujours à l'aisance.

Et de plus il constitue souvent un véritable esclavage... esclavage de la fonction. Tous les jours il faut exécuter la même consigne, tourner dans le même cercle, piétiner sur la même place, avec la régularité d'une toupie automatique. Souvent aussi esclavage *de la conscience*. A certaines heures, le malheureux homme qui est pris dans l'engrenage du fonctionnarisme est obligé de s'observer quand il rencontre son curé et de ne le saluer qu'en réponse seulement et avec un air de distraction voulu. Il est obligé de s'observer quand il rencontre monsieur le maire, ou monsieur le notaire, ou le monsieur du château. Le dimanche il va à une

messe matinale, la plus petite possible, ayant soin
d'entrer après tout le monde et de sortir avant que
personne soit sorti. Il n'est pas toujours libre d'élever ses enfants comme il le voudrait. Il faut qu'il
considère la liberté comme un bien de retraité. Il y
rêve; c'est tout ce qu'il peut faire. Malheur à lui si
ses fillettes chantent des cantiques sur la route dé-
partementale n° 27! Il peut être dénoncé, privé de
tout avancement, peut-être mis à pied. C'est un
esclavage qui fait pitié.

Pères de famille, qui m'entendez, réagissez
contre la passion, contre la rage du fonctionnarisme. Faites de vos filles de bonnes maîtresses de
maison, de bonnes ménagères, de bonnes ouvrières,
et, si c'est leur vocation, de bonnes religieuses.
Faites de vos fils de bons agriculteurs, de bons
industriels, de bons commerçants, de bons ouvriers,
et, si c'est leur vocation, de bons prêtres. Faites de
vos enfants des citoyens indépendants et de courageux chrétiens. Faites-en des hommes de foi, des
hommes de labeur, des hommes d'initiative... et
en laissant après vous une postérité croyante et
forte préparez le relèvement de la patrie et de la
religion.

Amen!

VINGT-ET-UNIÈME CONFÉRENCE

III. Les Causes (suite)

LES CAUSES SEMI-VOLONTAIRES

3° L'instruction mal distribuée

1. L'INSTRUCTION SANS MESURE

MESSIEURS,

La désertion des campagnes s'explique par des causes semi-volontaires, qui proviennent du milieu dans lequel on vit. On va à la ville par entraînement. On va à la ville par amour du fonctionnarisme. Enfin on va à la ville sous la poussée d'une instruction mal dirigée. L'instruction sans mesure et l'instruction sans éducation... C'est une véritable plaie sociale sur laquelle il y a beaucoup à dire. Je vais essayer de traiter comme il faut cet important sujet.

Parlons d'abord de l'instruction sans mesure qu'on a la prétention de distribuer aux classes dirigeantes de la nation... Et constatons 1° un fait ; 2° une erreur

I. Un fait.

Remarque préliminaire. A Dieu ne plaise que je médise de l'instruction. L'Église, ennemie de l'ignorance, me fermerait la bouche, et le simple bon sens ne nous dit-il pas que la science est bonne, que nulle vérité n'est inutile, et que le développement de l'intelligence humaine peut et doit être encouragé? Mais, de ce que le vin est une boisson rafraîchissante et réconfortante, cela n'empêche pas l'abondance du vin d'enivrer et d'abrutir. La vertu finit où l'excès commence. L'instruction est louable. L'instruction sans mesure est dangereuse. Voilà uniquement ce que je veux dire, et ce que je vais prouver. Et d'abord constatons que de nos jours, et particulièrement chez nous, la vogue est à l'instruction sans mesure.

Écoutons *les oracles de l'opinion* dans les Parlements, dans la presse, dans les réunions publiques et privées, dans les fêtes scolaires, etc. A peu près tous ils disent : « Le mal et la misère sont fils de l'ignorance. Détruisons l'ignorance et nous aurons du coup supprimé la misère et le mal. Répandons sur le monde la science à flots, illuminons-en les sommets et les vallées, les palais et les chaumières. Moins l'homme ignorera, plus il sera moral et heureux ». Telle est la potion qu'on nous sert avec une persévérance inlassable. On prétend que l'instruction suffit à tout, et mène à tout. En 1888, le

premier Président Périvier, disait aux lycéens de
Besançon : « Chacun de vous a sous sa tunique un
« portefeuille de ministre ». C'est chez nous une
opinion reçue qu'il faut s'instruire et s'instruire
encore, et s'instruire sans mesure, pour entrer
coûte que coûte dans les carrières libérales, pour
conquérir de haute lutte les emplois suprêmes du
fonctionnarisme.

Les parents en grand nombre orientent de ce côté
leurs enfants. Tous les jours et dans toutes les classes
de la société, vous entendez des pères agriculteurs,
industriels et commerçants — s'écrier : « Je laisse
mon fils libre de choisir la carrière qui lui con-
viendra, mais je ne l'engagerai jamais à entrer
dans la mienne ». L'hérédité de la profession dans
la famille est l'exception ; le contraire est la règle.
Les fils d'un laboureur se font comptables, employés
de chemins de fer, instituteurs ; — ceux d'un
commerçant, professeurs, fonctionnaires ; — ceux
d'un industriel, avocats, médecins, artistes.

L'État de son côté pousse le plus qu'il peut à
cette désarticulation du foyer paternel, à ce déclassement social par l'instruction sans mesure. Il accorde avec l'argent des contribuables, des bourses
d'enseignement secondaire ou supérieur, à une
multitude de jeunes gens qu'il élève sans rime ni
raison au-dessus de la condition de leurs parents,
dont il surexcite la vanité par la gloriole des
diplômes, par la promesse insensée de titres offi-

ciels et de places plus ou moins problématiques. L'État multiplie les bourses d'études.

Il multiplie *les Écoles* où l'on enseigne tout à tous et à toutes. Notre sol est couvert d'écoles primaires, secondaires, supérieures, industrielles, commerciales, d'écoles spéciales de toutes sortes de choses, dont on s'était très bien passé pendant fort longtemps... Si bien que la science est positivement la chose la plus à la mode dans notre siècle, et que, à défaut de l'esprit c'est la science aujourd'hui qui court les rues. Elle ruisselle de mille et mille sources nouvellement ouvertes, et pompeusement jaillissantes. Le fleuve est devenu une inondation. Mais ce qui domine tout, ce sont les écoles où l'on enseigne les applications diverses de *la plume à écrire*. Nulle époque plus que la nôtre n'a vanté le travailleur manuel; et jamais peut-être le travail manuel n'a été plus méprisé. Tout notre système d'éducation, du sommet à la base, de l'Institut à l'école de hameau, tous nos diplômes, nos concours, nos examens, nos palmes et nos couronnes académiques, tendent à exalter la culture intellectuelle et à mettre la plume au-dessus de l'outil. En effet, il n'y a pas d'outil plus léger, plus rapide, plus agréable à manier que la plume. Celui qui l'inventa est un génie méconnu. Elle est en pleine vogue parmi nous. L'instruction est distribuée sans mesure aux classes dirigeantes de la nation. Voilà le fait. Et je dis qu'il y a là

II. Une Erreur.

L'assertion vous semble peut-être un peu audacieuse. Je ne désespère pas de la justifier.

1° *Les familles* d'abord ont-elles beaucoup à gagner à l'instruction sans mesure? J'en doute. Cet enfant était bien doué, intelligent et laborieux. L'École le prend et le garde jusqu'à vingt ans et plus; elle prive sa famille des fruits de son travail, sur lesquels elle était en droit de compter jusqu'à son établissement ou son appel au service militaire. Cet enfant n'aura jamais été qu'une charge pour les siens. Et puis pensez-vous que le père va conserver le droit de conseil et de direction sur un fils qui sait le grec ou qui fait du calcul intégral? Pensez-vous que les frères vont rester bien intimes avec ce jeune Monsieur qui les domine et les intimide? Sous la poussée de l'instruction sans mesure, il n'est pas rare de voir l'autorité du père s'amoindrir, les liens de la famille se relâcher, et la jalousie dissoudre les pierres du foyer.

2° L'instruction sans mesure va-t-elle du moins faire le bonheur de tous *ces jeunes gens* si bien cultivés? Ne le croyez pas. De deux choses l'une : ou ils obtiennent, ou ils manquent le diplôme si ardemment poursuivi. S'ils le manquent, ils sont des ratés, des déclassés, des impuissants, et leurs

longues études n'ont servi qu'à leur rendre plus
inaccessibles les hautes situations de chefs et dis-
pensateurs du travail. S'ils obtiennent leur
diplôme, sont-ils beaucoup plus avancés? N'ont-ils
pas souvent lâché la proie pour l'ombre? Les brevets
ne mènent pas toujours à la fortune, ni même à
l'aisance. Les carrières libérales et les carrières administratives sont absolument encombrées. Pour une
place il y a généralement plusieurs centaines de candidats. Je pourrais, là-dessus, vous apporter des statistiques navrantes (*Justice sociale*, 20 février 1898,
p. 2). On a cru avec l'instruction sans mesure conquérir les premières places. Vain espoir! La multiplicité des brevets a augmenté dans une proportion
effrayante, le nombre des irrassasiés, des mécontents,
des savants en disponibilité, des capacités sans
emploi.

3° C'est un vrai péril *pour la nation*. Que vont en
effet devenir tous ces diplômés dont on a excité les
appétits sans pouvoir les satisfaire, qui ont un parchemin mais qui n'ont pas de situation? Pensez-
vous qu'ils vont se mettre *aux professions usuelles*,
qui sont de toutes les plus utiles et qui ont du
moins le mérite de faire vivre leur homme? Ils n'y
sont pas préparés. L'école leur en a inspiré le
dégoût. Et d'autres plus énergiques, mieux outillés,
ont pris leur place et n'ont point envie d'en sortir.
Que vont-ils devenir? Ils ne savent manier qu'un

outil, la plume. L'instruction sans mesure les a
rendus impropres à toute carrière, autre que celle
de parler et d'écrire. Les voilà donc *hommes de
lettres* à un titre quelconque : journalistes à la solde
du gouvernement ou de l'opposition — romanciers
qu'aucun préjugé ne gêne et qui cherchent dans le
scandale et la corruption des mœurs, un succès
rapide et quelconque — faux savants, ou comme
les appelle Le Play, faux prophètes qui ont découvert et décrètent solennellement qu'il n'y a ni Dieu
ni âme — légistes qui ne voient que la loi écrite et
qui étranglent sans sourciller les droits supérieurs et
les libertés essentielles. Les intellectuels surabondent chez nous. Tous les jours, dans les écoles,
on en fabrique un nombre qui dépasse de beaucoup
les besoins de la nation. *L'équilibre est rompu* entre
les besoins des diverses professions et le nombre
d'hommes préparés à y pourvoir. Supposez un pays
où tout le monde apprendrait le métier de tailleur.
Dans ce pays-là vous auriez évidemment beaucoup
d'aptitudes sans emploi ; les tailleurs seraient mal
payés, vu la concurrence ; les autres professions
seraient mal remplies par des gens qui n'y auraient
pas été formés. Il en va ainsi chez nous où tout le
monde apprend le métier de lettré et de savant.
Les candidats aux carrières libérales et administratives pullulent ; les candidats aux professions
usuelles ou sont rares, ou n'y sont pas préparés par
un apprentissage sévère du métier. Car même nos

écoles spéciales agricoles, industrielles et commerciales, font plutôt des Encyclopédies vivantes que
des hommes, plutôt des intellectuels et des théoriciens que de vrais laboureurs, de vrais industriels
et de vrais commerçants. De là une souffrance pour
la nation. L'instruction à tous ses degrés est une
très belle, très noble et très utile chose ; mais avec
notre manie de la distribuer sans mesure, de la
mettre avant tout et au-dessus de tout, nous faisons
des hommes manqués à tous les degrés de l'échelle
sociale... et nous altérons sérieusement toutes les
branches de la prospérité nationale.

4° *L'agriculture* en particulier souffre de cette
pléthore d'instruction, d'intellectuels et de brevets.
Elle est abandonnée. Les toits de chaume s'écroulent
l'un après l'autre, ensevelissant sous leurs ruines
les fortes et rustiques vertus de nos pères, en même
temps que le plus puissant élément de la richesse
publique. Aveugle qui ne voit pas que l'instruction répandue sans frein ni mesure dans nos populations rurales, est un facteur important de cette
désorganisation. Déjà au XVIIIᵉ siècle, J.-J Rousseau
écrivait : « Il semble, aux précautions que l'on
prend, qu'on ait trop de laboureurs, et qu'on craigne
de manquer de philosophes. » Aujourd'hui la philosophie est en baisse ; c'est la politiquaillerie qui
tient la corde. On continue à avoir trop de laboureurs,
comme chacun sait, mais on manque de politiciens.

On délaisse la charrue pour la plume. C'est un immense malheur qui a sa source dans une grosse erreur. On s'imagine que l'instruction suffit à tout, mène à tout. C'est faux, archi-faux.

VINGT-DEUXIÈME CONFÉRENCE

III. Les Causes (SUITE)

LES CAUSES SEMI-VOLONTAIRES

3° L'instruction mal distribuée (SUITE)

1. L'INSTRUCTION SANS MESURE (SUITE)

MESSIEURS,

On déserte les campagnes pour des causes semi-volontaires qui sont 1° l'entraînement, 2° le fonctionnarisme, 3° l'instruction mal distribuée. C'est une maxime courante dans notre temps qu'il faut distribuer l'instruction sans mesure soit aux classes supérieures, soit aux classes populaires de la nation. Quand elle s'applique aux classes dirigeantes, cette maxime est fausse ; elle est encore bien plus fausse, quand elle vise les classes populaires.

Mais d'abord qu'on ne me fasse pas dire ce que je ne dis pas. Je ne dis pas que l'instruction est mauvaise. Si je disais cela, l'Église, ennemie de l'ignorance, me fermerait la bouche, et au nom du simple bon sens vous protesteriez tous contre ma parole, vous auriez raison. Mais de ce que le vin

est une boisson rafraîchissante et réconfortante,
cela n'empêche pas la trop grande abondance du
vin d'enivrer et d'abrutir. La vertu finit où l'excès
commence. L'instruction est louable. L'instruction
sans mesure est dangereuse. Voilà uniquement ce
que je dis, et ce que je vais prouver 1° en cons-
tatant un fait ; 2° en signalant des résultats.

I. Je constate un fait.

De nos jours la vogue est à l'instruction sans
mesure. Le fait n'est pas niable, à chaque instant
les pontifes *de l'opinion* publique proclament que
l'instruction suffit à tout, mène à tout, et que par
conséquent il faut s'instruire, s'instruire encore, et
s'instruire sans mesure. Dans les fêtes scolaires de
la jeunesse populaire, vous entendez de graves et
hauts personnages qui s'évertuent à dire devant de
petits enfants, dont beaucoup sont indigents, qu'ils
entrent dans un monde nouveau où, grâce à leur
instruction, tous les espoirs leur sont permis... que
leurs pères ont croupi dans l'ignorance et la misère,
tandis qu'eux, nouveaux-venus à la vie, vont participer aux lumières et au bien-être d'une société
renouvelée. Et cela se répète avec la même sincérité et la même pompe à tout propos et hors de
propos, dans les parlements et dans la presse, dans

les journaux et les manuels, dans les harangues officielles et les allocutions familières, dans les réunions publiques et les conversations privées.

A force de l'entendre dire, *les familles* populaires, même dans nos campagnes, ont fini par le croire. L'instruction, dont le but devrait être de faire de nos jeunes villageois des cultivateurs éclairés et amis du progrès, ne sert bien souvent qu'à les détourner de la charrue. « Obtenir une bonne place », telle est l'expression consacrée qui traduit de nos jours les rêves d'avenir de l'écolier rural. Muni de son modeste certificat d'études primaires, il se persuade volontiers que le possesseur de cet humble diplôme doit viser plus haut qu'à tracer des sillons. Et les parents ont la même pensée et la même ambition. Sur dix petits propriétaires cultivateurs, huit au moins sont tourmentés par le désir de soustraire leurs enfants si cela est possible au rude labour de la ferme. O aberration ! De son côté,

L'État pousse le plus qu'il peut à l'instruction sans mesure. D'abord il l'impose à tous et il la donne *pour rien*. Je sais bien que ce n'est là qu'une manière de parler, et qu'en réalité l'instruction n'est pas plus gratuite aujourd'hui qu'autrefois. Au lieu d'être rétribués directement par les familles, les instituteurs sont rétribués par l'État, c'est-à-dire par tous les contribuables réunis. L'instruction est payante autant et plus, mais pas de la même manière qu'autrefois. Il n'en reste pas moins vrai que les parents peuvent envoyer leurs enfants à l'école sans payer mensuellement 35 sous pour les grands, 25 pour les petits. En ce sens l'État donne l'instruction pour rien. Il multiplie sur la surface de la nation *les écoles :* écoles qui prennent souvent des apparences de palais — écoles où l'on enseigne tout à tous et à toutes — écoles de garçons et écoles de filles — écoles maternelles, enfantines, primaires — écoles supérieures, professionnelles, spéciales — écoles de commune et écoles de hameau. — Il institue *des concours* et des examens entre petits paysans de quatorze ans, lesquels se terminent par l'octroi d'un diplôme enfantin que la famille fait encadrer et placer à l'endroit le plus apparent de la chaumière. Et chose curieuse ! les examens sont les mêmes pour les enfants de la ville aristocratique, du centre usinier, de l'humble bourgade. Appelés à vivre dans des conditions extrêmement différentes, ils sont formés d'une façon rigoureusement identique, coulés dans le même moule, comme nos réservistes habillés pour vingt-huit jours dans des vêtements qui ne sont pas faits pour eux. Au lieu de donner l'instruction sur mesure, l'État la donne sans mesure. Ce n'est pas tout à fait la même chose. Il ouvre des écoles. Il institue des concours et des certificats. Il distribue *des bourses* d'études à une multitude d'enfants d'artisans, qu'il élève au-dessus de la condition de leurs parents et qu'il lance à la poursuite acharnée et insensée des succès scolaires, *En résumé* l'instruction est positivement la chose la plus à la mode dans notre siècle. Elle ruisselle de mille et mille sources nouvellement ouvertes, pompeusement jaillissantes. Le fleuve est devenu une inondation. La vogue est à l'instruction sans mesure. Voilà le fait. Et maintenant

II. *Je signale des résultats.*

Il est *un résultat qu'on a voulu obtenir.* On a voulu élever le niveau de l'instruction populaire. Ce résultat a-t-il été obtenu? Je me permets d'en douter. 1° La fréquentation scolaire laisse beaucoup à désirer — 2° La gratuité de l'instruction a tué l'assiduité. Les enfants manquent l'école pour un oui, pour un non, et les parents qui jadis payaient les mois scolaires et voulaient en avoir pour leur argent, se désintéressent, aujourd'hui qu'ils ne paient plus rien, du progrès de leurs enfants. 3° Les certificats d'études n'ont guère servi à la diffusion et au relèvement de l'instruction. Ils sont sévèrement jugés par beaucoup. 4° En somme le nombre des illettrés reste considérable. On a voulu élever le niveau de l'instruction populaire. L'intention est louable. Mais le succès jusqu'ici a été très médiocre. On a manqué le résultat visé.

Et par contre se sont produits *des résultats qu'on*

n'avait pas prévus, qui sont lamentables, ce que je vous invite à considérer très attentivement.

1° L'instruction sans mesure est *une excitation au délaissement des professions manuelles*.

Nulle époque plus que la nôtre n'a vanté le travail manuel; et jamais le travail manuel n'a été plus méprisé. Tout notre système d'éducation, du sommet à la base, de l'Institut à l'école du hameau, tous nos diplômes, nos concours, nos examens, nos palmes et nos couronnes académiques tendent à exalter la culture intellectuelle, à mettre le livre et la plume au-dessus de l'outil et de la charrue. Cette provocation permanente à l'abandon du travail manuel est une erreur et un danger.

La généralité des enfants d'ouvriers et de laboureurs doivent être dirigés vers l'atelier et le travail des champs, et y aller de bonne heure. Par cette initiation précoce à la dure vie du travail, ils restent moins longtemps à la charge de leurs parents, ils prennent le goût de leur métier, et ils y acquièrent une habitude de main qui ne se gagne que dans le jeune âge. Et surtout il y a moins de chance pour qu'ils s'émancipent prématurément de la tutelle paternelle.

2° L'instruction sans mesure est *une excitation au mépris de l'autorité familiale*. Quand le jeune lauréat de l'alphabet, quand le bambin couronné

rentre dans l'humble logis de la famille, il n'est pas
facile de mettre à l'atelier ou de reconduire aux
champs un personnage de cette importance qui a
son certificat signé et scellé d'un dignitaire de l'Enseignement. Il n'est pas facile au père de tancer son
garnement, ni à la mère de contenir sa fillette trop
éveillée. Il n'est pas facile d'obtenir du jeune travailleur émancipé qu'il rapporte à la maison et
qu'il mette en commun, dans la bourse de la famille, ses premiers gains. Il aime mieux les gas-
piller en précoces débauches. Il se moque volontiers
de son bonhomme de père à moitié illettré. Il en
sait trop pour obtempérer aux conseils et aux
larmes de sa bonne femme de mère... Combien es t
fréquent aujourd'hui, Messieurs, le scandale de ces
galopins diplômés, qui se croient des personnages,
s'estiment fort au-dessus de leurs parents, rechignent
au travail manuel, et louchent du côté de la ville
qui s'apprête à les recevoir et à les dévorer !

3° L'instruction sans mesure est *une excitation
au déclassement social.*

Que de jeunes *garçons* nés à la campagne et
grisés par leurs petits succès scolaires s'en vont
chercher fortune dans les villes, où ils végètent
dans des emplois subalternes, où ils meurent quelquefois de misère ou de tuberculose. Ce sont des
déclassés.

Et que de *filles* du peuple qu'on a poussées au

brevet, et qui se morfondent pendant des années
en attendant une place qui ne vient pas, et à qui
leur parchemin ne saurait même pas procurer un
morceau de pain! Elles ont cru que l'instruction
menait à tout. Elles se sont ruées aux examens...
et ainsi nous sommes encombrés d'institutrices sans
élèves, d'employées sans emploi, de télégraphistes
sans télégraphe, de téléphonistes sans téléphone,
de jeunes brevetées sans ouvrage, qui sont con-
damnées à d'autant plus dures misères que leurs
rêves avaient été plus ambitieux. L'instruction sans
mesure provoque le déclassement et trouble arti-
ficiellement les cadres naturels de la société. Encore un mot.

4° L'instruction sans mesure est *une excitation
à la désertion des campagnes*. Écoutez là-dessus des
autorités irréfragables. Le Président *de la Société
des Agriculteurs* de France dit : « Le certificat
d'études primaires n'a aucune valeur réelle, et
pourtant il donne à ceux qui l'ont obtenu l'illusion du savoir et les pousse à déserter le travail
agricole. » Le syndicat agricole de *Remiremont*
s'exprime ainsi: « On peut remarquer que tout élève
qui acquiert le certificat d'études n'est plus bon
pour travailler la terre. Il est trop savant, disent les
parents. On en fera tout ce qu'on voudra, sauf
un cultivateur ». L'année dernière, le Conseil d'ar-
rondissement de *Pithiviers* a émis le vœu à l'una-

nimité que le certificat d'études soit supprimé...
Considérant qu'il a pour conséquence la diminution des populations rurales. » Aveugle en
effet, Messieurs, celui qui ne voit pas que l'instruction répandue sans frein ni mesure dans nos
populations rurales est un facteur important de la
désorganisation de nos campagnes ! Un jour, au
viiie siècle, on suspendit à la voûte de je ne sais
plus quelle église la charrue d'un moine laboureur,
qui, par son exemple, avait encouragé, accrédité et
honoré la vie agricole. Sur notre terre de France,
Messieurs, la charrue doit rester prospère et glorieuse... car c'est dans son sillon que germent
pour la patrie le blé qui la nourrit et aussi le soldat qui meurt pour elle !

Amen !

VINGT-TROISIÈME CONFÉRENCE

III. Les Causes (suite)

LES CAUSES SEMI-VOLONTAIRES

3° L'instruction mal distribuée (suite)

2. L'INSTRUCTION SANS ÉDUCATION

Messieurs,

Beaucoup de braves gens se dégoûtent et s'en vont de la campagne sous la poussée d'une instruction mal distribuée. L'impulsion artificielle et exagérée donnée chez nous à l'instruction est un puissant facteur de la désertion des campagnes.

Ici encore une autre erreur est à signaler et à étudier très attentivement. On s'imagine que l'instruction est tout, et on néglige l'éducation qui est cependant bien autrement importante que l'instruction. Dissipons cette erreur.

1° L'école, à elle seule, ne peut pas tout.

2° L'école, à elle seule, ne peut presque rien.

I. *L'école, à elle seule, ne peut pas tout.*

Vous savez quel est le **préjugé** régnant à l'heure

présente. On ne veut juger de la valeur de l'homme
que par la science acquise, en ne tenant aucun
compte de sa moralité et de son caractère. Aux
yeux de nos hommes de progrès et aux yeux de la
foule, la grandissime institution, c'est l'école où
se bourrent les cerveaux; et la famille, l'atelier
et la religion, qui formaient les vigoureux et
allègres Français d'autrefois, ne seraient que des
institutions surannées à reléguer dans les limbes où
dorment nos vieux régimes politiques. Ceci est faux.

Les faits nous disent très haut que l'école ne peut
pas tout. Un seul exemple va nous le prouver. A
Paris, l'ouvrier est généralement plus cultivé que
dans nos usines rurales. En est-il pour cela plus
heureux, plus content de son sort, plus moral?
Hélas! non. — Et, dans la même usine, nous voyons
tous les jours, des ouvriers illettrés qui font honneur à leurs affaires, qui vivent en paix avec leur
patron et avec leurs voisins et élèvent honnêtement
une nombreuse famille. Nous en connaissons
d'autres, au contraire, plus affinés, beaux parleurs,
les derniers à l'ouvrage et les premiers au cabaret,
qui entre deux ivresses expectorent les tirades
connues sur l'infâme capital, et laissent leur famille
croupir dans la misère et l'abjection. Non, la valeur
de l'homme ne dérive pas de sa culture intellectuelle. Non, ce n'est pas l'école qui fait l'homme.
On l'a dit, on l'a cru, mais on commence à en revenir... Et voici que

Les témoignages les plus autorisés et les plus significatifs viennent contredire et réfuter notre trop persistante erreur. Dans *le Matin*, feuille point du tout cléricale, nous lisions dernièrement ceci sous la signature non suspecte de M. Henry Fouquier : « L'erreur substantielle de notre temps, c'est d'avoir trop cru à l'école. On s'est imaginé qu'en forçant les enfants du peuple à aller s'asseoir sur des bancs depuis l'âge de sept ans jusqu'à celui de douze ou treize, on inculquerait dans leur esprit une loi morale assez forte pour suppléer, avec les axiomes du catéchisme civique, à l'éducation de la famille et à la contrainte de la foi religieuse. Il me paraît que l'expérience est faite et que l'école a fait faillite. » Voilà qui est clair. Les faits et les témoignages le proclament. L'école, à elle seule, ne peut pas tout. Je vais plus loin.

II. *L'école, à elle seule, ne peut presque rien.*

Elle peut donner un peu de savoir ; mais, en matière d'éducation, elle est à peu près nulle, si elle n'est pas aidée et complétée par la famille, par l'atelier et par la religion.

1° *Sans la famille*, l'école ne peut presque rien. Elle n'a de valeur et d'efficacité qu'autant qu'elle est le prolongement et l'annexe en quelque sorte du foyer domestique. Il faut dire, crier et répéter sans cesse que la famille est la pierre angulaire de la nation, ou mieux encore, la cellule vivante, l'élément organique du corps social. Ce serait donc un vrai délire de prétendre réaliser un progrès en substituant l'État, ses règlements, ses fonctionnaires et ses paperasses au père et à la mère de famille. L'éducation populaire, en particulier, est beaucoup moins l'œuvre de l'État et des instituteurs que l'œuvre de la famille et des parents. Si l'école se substitue à la famille au lieu de lui servir simplement d'adjuvant, une grande loi sociale et naturelle est violée. Car, de droit divin, c'est au père que revient le devoir de la formation morale de l'enfant. Dans les sociétés compliquées où la conquête du pain quotidien est devenue plus laborieuse, un auxiliaire apparaît : l'instituteur. Mais il n'est qu'un auxiliaire. Au père seul reste la direction, l'initiative et l'autorité. Lui seul est apte à mener à bien la grande œuvre de l'éducation... Et ce qui est vrai du père, par rapport au fils, est encore plus vrai de la mère par rapport à la fille. Sans la famille, l'école est à peu près impuissante à donner aux enfants l'éducation dont ils ont besoin. J'ajoute

2° *Sans l'atelier* l'école ne peut presque rien. L'éducation populaire commencée dans la famille se poursuit à l'atelier. En effet, c'est au travail des

mains que sont, je ne dis pas condamnés, mais destinés, les hommes pris dans leur ensemble... et
c'est un des caractères distinctifs du progrès
moderne, de relever en importance et en dignité
les professions manuelles que le christianisme a
toujours honorées, mais que les préjugés du monde
avaient trop souvent sacrifiées aux professions libérales. Que s'il en est ainsi, l'atelier a donc un grand
rôle à jouer, une grande influence à exercer dans
la formation morale du jeune adolescent et de la
jeune adolescente. Comme la famille élève pratiquement pour la vie, l'atelier élève pratiquement pour
le travail. L'école ne peut rien sans l'atelier. La
pratique des bons ateliers a souvent devancé la
théorie de l'école, et celle-ci, d'ailleurs, reste
incomprise et stérile, tant qu'elle n'a pas été appli-
quée et quelquefois rectifiée par les rudes mains de
l'ouvrier. Si importante que soit l'école, elle n'a pas
la solution de l'avenir des masses par l'éducation;
c'est surtout à la famille et à l'atelier qu'il faut
demander cette solution. Il faut donner au peuple
de vrais foyers, et il faut lui donner des ateliers
moraux. Les vrais éducateurs, ce sont d'abord les
parents à ce sanctuaire de la famille qu'on nomme
le foyer, et puis ce sont les patrons, les vrais et
dignes patrons, à ce sanctuaire du travail qu'on
nomme l'atelier. Ce n'est pas encore suffisant. Je
n'ai pas tout dit.

3° *Sans la religion*, l'école ne peut presque rien.

Consultons *l'histoire*. Lorsque Napoléon conçut le plan de son Université d'État, il eut soin de déclarer que, dans toutes ses écoles, elle prendrait pour base de son enseignement, les préceptes de la religion catholique. Il rendait ainsi hommage à la grande loi historique qui fait que, chez tous les peuples du monde, c'est la religion vraie ou diminuée qui donne l'éducation, enseigne la morale et forme les consciences. Il a fallu l'outrecuidance de nos sectaires modernes pour imposer au peuple la tyrannie d'un enseignement sans Dieu, chèrement payé par les contribuables. On nous prépare ainsi une génération de sauvages, dont les crimes répandent déjà une juste épouvante. Il ne saurait en être autrement.

Consultons *la logique*. L'instruction sans religion est plus dangereuse qu'utile. Donner la science à un vaurien, c'est un grand mal. Un vaurien ignorant peut piller une maison, en tuer le maître, incendier un village, après quoi on le conduit au bagne ou à l'échafaud ; mais les vauriens savants pillent les États, poussent les citoyens à s'entre-tuer, incendient les royaumes, après quoi on leur confie souvent les affaires de l'État, comme à de grands politiques. Il y a une infinité de messieurs qui croient toujours qu'on moralise et civilise un peuple en lui apprenant à lire un journal et à goûter un roman. Ils seront pillés, égorgés par les

vauriens instruits, avant qu'ils aient compris que
l'instruction sans la religion est le plus grand des
fléaux. Instruire un enfant sans lui inspirer l'amour
de Dieu et des hommes, c'est cultiver le vice et
élever un vaurien.

Consultons *les besoins populaires*. L'instruction
populaire devant, par la force des choses, rester
rudimentaire, son principal objet doit être l'enseignement religieux. La religion, dans l'éducation,
doit être tout sous peine de n'être rien. Elle doit
être enseignée par l'instituteur lui-même, tout dans
la classe en doit être imprégné : textes de lecture,
exemples d'écriture, sentences morales, etc... 1° La
moralité de l'enfance n'aura qu'à y gagner; 2° son
respect et sa soumission envers ses parents y trouveront aussi leur compte. Et j'ajoute 3° que sous
le rapport même de la formation de l'esprit chez
l'enfant du peuple, l'enseignement pratique de la
religion est la méthode par excellence. Ceci est à
considérer. Le catéchisme entretient l'enfant de
questions qui le touchent personnellement et dont
il voit l'application autour de lui, des questions de
l'origine et de la fin, des questions de l'âme, de la
mort, de l'au-delà. — Le catéchisme entretient
l'enfant du bien et du mal, des vertus, des vices,
des passions humaines, c'est-à-dire, en somme du
monde réel et vivant; il lui apprend le sens, la
portée et les conséquences de tous les faits de la
vie commune dont il est le témoin et auxquels il

participe. Quelle matière plus variée pour l'exercice de ce jugement qui s'éveille ; quelle source plus abondante d'observations pratiques, de leçons de choses, d'explications intéressantes pour cette intelligence ingénue ! L'enseignement pratique de la religion est la méthode la plus scientifique pour développer l'esprit de l'enfant. On a donc eu grandement tort de bannir la religion du programme de l'instruction populaire. On a par là très mal servi la cause de l'instruction et on a en même temps compromis l'œuvre essentielle de l'éducation. Et quand l'éducation manque à l'enfant, il est préparé à toutes les déviations et à tous les déportements. Il a l'horreur du devoir, et de la gêne qui accompagne presque toujours le devoir. Il rêve le plaisir, et le genre de vie qui lui promet plus sûrement le plaisir. Il dédaigne les champs avec leurs travaux obscurs et pénibles. Instinctivement, il regarde du côté de la ville, où miroitent les attraits de l'indépendance et les joies séduisantes du bonheur à bon marché. L'instruction, mal distribuée, donnée à l'excès et donnée sans l'éducation qui la complète et la préserve, est une cause puissante de la désertion des campagnes.

VINGT-QUATRIÈME CONFÉRENCE

III. Les Causes (SUITE)

LES CAUSES NÉCESSITANTES
1° La situation présente de l'agriculture

MESSIEURS,

Nous étudions les causes de la désertion des campagnes. Ces causes sont multiples. Elles sont volontaires. On va à la ville parce qu'on le veut bien. Elles sont semi-volontaires. On va à la ville parce qu'on y est poussé par les influences du milieu. Enfin elles sont nécessitantes. On va à la ville, parce qu'on ne peut pas faire autrement. On va à la ville, parce que l'industrie appelle beaucoup de bras à son service, et parce que l'agriculture ne suffit plus aux besoins pressants de la population rurale... Nous allons étudier aujourd'hui la situation de l'agriculture, nous dirons un mot de ses transformations, et nous ferons l'énumération de ses souffrances.

I. *La transformation de l'agriculture.*

Autrefois la moisson et le battage nécessitaient

beaucoup de temps et beaucoup de bras. Aujourd'hui tout cela se fait à la vapeur. L'agriculture prend des airs d'industrie. La machine fauche, lie les gerbes et les bat en un clin d'œil. Le battage rassemble 50 hommes et femmes, et tout est fait en un jour. Il ne faut pas regretter les choses, même les plus jolies, quand un peu de misère et de fatigue humaine disparaît avec elles.

Mais cette transformation de l'agriculture a une conséquence fatale. Elle rend moins considérable le nombre des ouvriers agricoles. La machine supplante l'homme. Et de ce chef les campagnes sont moins peuplées qu'elles ne l'étaient autrefois. La désertion des campagnes s'impose dans une certaine mesure. Il n'y a rien à dire à cela.

II. *Le malaise de l'agriculture*

. Est encore une cause nécessitante et puissante du même phénomène de la désertion des campagnes. Quand la ruche est trop pleine et qu'elle ne peut plus nourrir les abeilles, il faut bien qu'elles fassent essaim au dehors. De même quand le sol est trop pauvre et qu'il ne peut plus donner à ses habitants le pain nécessaire, il faut bien aller chercher chez les autres ce qu'on n'a pas chez soi. Quand la vie agricole ne suffit plus à nourrir son monde, que voulez-vous que devienne et fasse ce monde agri-

cole? Il va gagner sa vie au dehors, chercher du
service, du travail et du pain là où il espère le
mieux en trouver. Il émigre vers les villes. Or, tel
est précisément aujourd'hui le phénomène qui se
produit dans nos campagnes.

L'agriculture souffre. Elle souffre :

1° *De la mévente du blé.*

Tout le monde sait que le blé coûte cher au cultivateur, et qu'au dessous de 20 francs l'hectolitre
le producteur ne trouve aucune rémunération de
son travail, aucun bénéfice raisonnable.

Or le blé se vend à peine 15 francs l'hectolitre.
Le cultivateur travaille donc en pure perte et ne
peut pas joindre les deux bouts.

Une pareille situation est anormale. Car la France
a besoin de 110 ou 120 millions d'hectolitres de blé
pour sa consommation, et elle n'en produit, en
moyenne, que 100 millions. Comment expliquer la
mévente du blé, l'avilissement de ce produit pourtant de première nécessité? Cela s'explique par
l'importation qui nous vient du dehors.

L'agriculture souffre

2° *De la concurrence étrangère.*

La concurrence pour le blé vient de l'Inde et des
États-Unis en particulier.

1° L'Inde produit beaucoup de froment et à peu
de frais. De 1868 à 1878 les Anglais, par des tra-

vaux de canalisation, ont ajouté près de 18 millions
d'hectares cultivables, étendue presque aussi grande
que la partie des terres labourables en France. De
plus, dans ce pays, le nombre des ouvriers de l'industrie diminue au profit de l'agriculture, et le
seul bassin du Gange compte 100 millions d'habitants vivant de l'agriculture. Cette affluence de bras
fait baisser la moyenne du salaire du journalier
agricole à 60 centimes et parfois à moins, de telle
sorte que le prix de revient de l'hectolitre de blé
arrive à 7 fr. 20 ;

2° Un mot des États-Unis. Ce pays neuf, à terres
vierges, produit également à bon marché et vend
de même. L'hectolitre de blé revient à 7 francs, et
on peut le donner à 9 francs le quintal avec un
gros bénéfice ;

3° Ajoutons à cela que le prix de transport des
blés étrangers est presque nul. Le perfectionnement
des moyens de transport et le percement de l'isthme
de Suez ont abaissé le prix du frêt dans des proportions incroyables. Les blés d'Amérique, de l'Inde et
de l'Australie peuvent arriver sur le marché français à des prix inférieurs à ceux des blés indigènes.

Comment voulez-vous que l'agriculteur français
lutte avec avantage contre l'importation étrangère ?
Le prix de son hectolitre de blé est de 18 ou
20 francs, après qu'il a payé les impôts, les journées de travail et les engrais. Or, la concurrence le
force à le vendre 14 ou 15 francs. D'où une perte

sèche de 3 ou 5 francs sur chaque quintal vendu.
Dans de telles conditions, la culture du blé en
France devient un métier impossible... Il faudrait,
pour neutraliser la concurrence étrangère, pour
enrayer l'avilissement des prix, il faudrait établir
des droits compensateurs suffisants. Nouvelle cause
de malaise... L'agriculture souffre

3° De l'insuffisance des droits compensateurs.

Tandis que les produits nationaux ont à supporter des impôts qui augmentent chaque année, les
produits étrangers, obtenus dans des pays où l'impôt est beaucoup moins lourd, la main-d'œuvre
beaucoup moins chère, et transportés dans des conditions de bon marché extraordinaire, passent nos
frontières, les uns en franchise complète, les autres en
payant des droits insignifiants, et viennent sur nos
marchés écraser nos produits indigènes. Le droit
de 5 francs par quintal imposé aux blés exotiques
est insuffisant. Sous le régime de ce tarif compen-
sateur, les blés continuent à affluer en abondance
dans nos ports de la Méditerranée et de l'Océan, et
notre agriculture française, trop faiblement protégée, essaie vainement de se défendre et de se
relever.

Et qu'on ne dise pas que l'élévation des tarifs
douaniers, en rendant le pain plus cher, affamera
les populations urbaines au profit des populations
rurales. Non. Les villes et les campagnes sont soli-

de ces... et les intérêts des villes, qui vivent surtout
de l'argent que leur apportent les cultivateurs, ne
tarderaient pas à être compromis, si les campagnes
étaient ruinées. Or, l'insuffisance des droits compensateurs prépare la ruine de l'agriculture... et la
ruine de l'agriculture est un péril national.

Si seulement l'agriculture, menacée du dehors,
était épargnée au dedans par le fisc! Mais non.
L'agriculture souffre.

1° *De l'aggravation de l'impôt.*

Les impôts agricoles sont considérables :

1° La contribution foncière (propriétés bâties et non
bâties) basée sur le revenu net de chaque propriété;

2° La contribution personnelle mobilière qui
frappe la fortune mobilière en la présumant d'après
le loyer d'habitation;

3° La contribution des portes et fenêtres;

4° La taxe des prestations;

5° La taxe des chiens;

6° Les centimes additionnels. Partout on veut
faire grand. L'exécution des lois scolaires a nécessité dans un grand nombre de communes la construction de maisons d'école, qui, malgré le concours
de l'État, retombent pour une bonne part à la
charge des contribuables;

7° Les impôts de transmission et de mutation.

. En résumé, la propriété mobilière paie 4 0/0 de
son revenu.

Le commerce et l'industrie paie 13 0/0.

La propriété urbaine paie 17 0/0.

L'agriculture paie 44 0/0.

(*Démocratie chrétienne*, sept. 1900, p. 297.)

L'agriculture représente la majorité des travailleurs de la grande famille prolétaire. Elle donne au fisc presque la moitié de sa production, et le reste suffit à peine à la conservation individuelle de chacun de ses membres, au progrès, à l'amélioration des modes de culture. Tel petit propriétaire voit le plus clair de son revenu prendre le chemin de la caisse du percepteur; tel autre est obligé, pour satisfaire l'avidité du fisc, d'emprunter ou d'escompter les récoltes futures; celui-ci hypothèque ses propriétés; celui-là demande en vain une diminution des charges sous le poids desquelles il plie depuis longtemps. Les capitaux s'éloignent de la terre... et avec les capitaux, les bras, les hommes. Les souffrances de l'agriculture expliquent et justifient la désertion des campagnes.

VINGT-CINQUIÈME CONFÉRENCE

III. Les Causes (suite)

LES CAUSES NÉCESSITANTES

2° Le développement de l'industrie

Messieurs,

Il y a des causes nécessitantes qui font déserter la campagne. C'est d'abord la situation de l'agriculture, qui se transforme et qui souffre, qui a besoin de moins de bras qu'autrefois et qui ne peut plus nourrir tous les habitants du village.

C'est ensuite la situation de l'industrie, qui, en se développant extraordinairement, a dégarni les campagnes au profit des centres urbains. Constatons aujourd'hui :

1° Le progrès de la vie industrielle ;
2° Le recul de la vie agricole.

I. *Le progrès de la vie industrielle.*

Notre siècle pourrait être appelé le siècle de la

houille, le siècle du fer et le siècle de la machine,
tant ces trois éléments ont été, depuis 50 ans, actifs
et prédominants.

Ce qui s'est consommé *de fer* depuis 25 ans seulement est invraisemblable. On a employé le fer
comme autrefois pour les épées, les casques et les
armures. Et, de plus, on l'a employé et on l'emploie
tous les jours pour les fusils, pour les canons,
pour la charpente et la cuirasse des navires. On
emploie le fer pour les chaudières, pour les machines, pour les outils sans cesse multipliés. On
emploie le fer pour les chemins qui ont pris le nom
du fer, pour ces innombrables rails qu'on fait toujours plus lourds pour résister à des vitesses toujours accélérées. On emploie du fer pour les ponts,
que nos aïeux faisaient en bois ou en pierre ; du
fer pour les maisons, pour les palais, pour une foule
de constructions qui font semblant de ne pas être
en métal, et qui ne pourraient exister sans le métal.
On emploie du fer pour les télégraphes, les téléphones, les colonnes qui soutiennent le fil conducteur des tramways électriques... pour les bicy-
clettes, les automobiles, les boîtes de conserves et
de biscuits, les instruments de chirurgie et de physique. Toutes ces choses vont se multipliant à notre
époque. Il faut donc en fabriquer à outrance. On
construit des cuirassés partout, on installe des voies
ferrées partout.

Et qui plus est, voici que le fer fait alliance avec

le ciment. C'est une vraie révolution dans l'art du
bâtiment. La pierre, la brique, la tuile, l'ardoise
sont supplantées. Du fer! donnez-nous du fer, des
poutres de fer, des murailles de fer, des toits de
fer, des cloisons de fer! Les artistes sont inquiets
et disent songeurs : Comment allons-nous faire
du beau avec cet utile? Quelle architecture nouvelle va sortir de ces cataractes d'acier en fusion,
dont les éclaboussures, diversement solidifiées,
fournissent désormais le moyen de jongler avec
mille difficultés qui désespéraient jadis les architectes? Mais cela n'arrête pas les ingénieurs, et
l'industrie métallurgique bat son plein.

L'industrie métallurgique n'est d'ailleurs que la
servante des autres industries, et avec ses muscles
d'acier *la machine* partout s'installe. Elle se meut,
elle travaille, elle produit. Jadis le chanvre et la
laine étaient filés au coin du feu, pendant les
longues veillées d'hiver, par la jeune fille qui
chantait le printemps de sa vie, et par la grand'-
mère qui racontait à ses petits-enfants les histoires
du temps passé. Aujourd'hui la mère et la fille sont
rangées devant des broches, qui tournent avec un
bruit assourdissant, dans un air épais et humide,
où les plus belles joues pâlissent.

Et auprès de la grande industrie fonctionne *le
grand commerce*, qui en est l'annexe et la consé-

quence. Autrefois les étoffes et les denrées étaient débitées au public par de petits marchands, assis dans de petits magasins, à côté de leurs femmes qui faisaient la soupe, et de leurs enfants qui jouaient sous le comptoir. A la place de ces milliers de foyers heureux et indépendants, un grand magasin enrégimente, et caserne des centaines de jeunes gens et de jeunes filles, qui ne connaissent plus la vie de famille, et s'exténuent du matin au soir à vendre à la hâte tout ce qu'un client peut désirer pour se vêtir, se meubler et se distraire.

Le grand commerce tue les petits magasins. L'industrie centralisée détache la population du sol et l'entasse en des agglomérations malsaines, sans prendre soin ni de sa santé, ni de son éducation morale. Le progrès de la vie industrielle est patent.

II. *Le recul de la vie agricole*

N'est pas moins visible. Une évolution s'accomplit non seulement en France, mais dans les pays de l'Europe occidentale. La France et l'Europe se déruralisent, et, par suite, s'urbanisent de plus en plus.

L'industrie va vers les populations rurales. Les usines se multiplient, envahissent des coins de campagne qui prennent désormais des physionomies

citadines ; où l'on avait laissé un bocage, on retrouve
une longue cheminée. Ce qui était pleine cam pagne
devient banlieue, et ce qui était banlieue devient
rue. L'Angleterre, où l'évolution est plus avancée
que chez nous, n'est déjà plus qu'un grand jardin
maraîcher, entremêlé de parcs et de maisons de
plaisance. Tout y est subordonné à Londres et à
quelques autres grands centres. La campagne fruste,
libre, non ratissée, non civilisée, un Anglais ne la
cherche plus dans son île. Il va la chercher au
loin, dans les colonies, dans ces pays neufs que les
explorateurs sillonnent à qui mieux mieux depuis
un quart de siècle. C'est de cette campagne-là que
l'on fait venir les denrées que l'on demandait jadis
au sol national, tandis que ce sol national se voit
envahi, en raison de l'accroissement des villes, par
les jardins de maraîchers, par l'industrie laitière,
par l'horticulture et l'agriculture de luxe, auparavant
confinées dans les banlieues... Nous n'en
sommes pas encore tout à fait là, et la vieille France
renferme encore bien des coins où l'on se sent dans
la vraie campagne, loin du monde affairé et civilisé.
Mais qu'on ne s'y trompe pas : nous marchons
vers un état social où la ville dominera de plus en
plus la campagne, où la vie industrielle empiétera
de plus en plus sur la vie agricole. L'industrie va
vers les populations rurales, et d'un autre côté

Les populations rurales viennent à l'industrie.

Elles sont alléchées par les places à prendre autour
des machines, par les salaires en apparence magnifiques, par la facilité des plaisirs et des distractions
qui abondent dans les villes. Et puis les déplacements sont si commodes, et les transports si peu
coûteux ! Ne va-t-on pas de Paris en pleine Sologne
aussi vite que l'on allait jadis de Paris aux petits
villages suburbains? Et ne va-t-on pas en Algérie
ou en Tunisie aussi rapidement que l'on allait jadis
de Paris en pleine Sologne? Courir à la grande
ville... c'est devenu un jeu. Rien d'étonnant à ce
que la physionomie économique du pays se ressente
d'un pareil bouleversement dans les communications. Rien d'étonnant à ce que nos populations
rurales émigrent vers les centres industriels. Rien
d'étonnant à ce que le vide se fasse dans les campagnes, tandis que l'enceinte des grandes cités
craque sous la population qui s'y entasse. Il y a là
un phénomène naturel contre lequel on ne peut
rien, ou à peu près rien.

Le développement de l'industrie est une cause
nécessitante de la désertion des campagnes.

VINGT·SIXIÈME CONFÉRENCE

IV. Les Remèdes

1° *LE RETOUR A LA FOI ET AUX MŒURS CHRÉTIENNES*

MESSIEURS,

Nous avons étudié déjà longuement la grande plaie sociale qui s'appelle la désertion des campagnes. Nous avons constaté le mal, et nous l'avons suivi dans ses conséquences et dans ses causes. Il faut maintenant en rechercher les remèdes, ils sont multiples. Cette étude va nous demander une dizaine de Conférences.

Le premier remède à la désertion des campagnes est le retour à la foi et aux mœurs chrétiennes. En effet, c'est la religion qui sauve la vie des champs. L'Église a été dans le passé *la mère de l'Agriculture*. Elle en est dans le présent la gardienne. Écoutons aujourd'hui les leçons du passé. Vous allez voir que le sujet est passionnant.

La mère donne à son enfant le naissance, l'honneur, l'éducation. Fille de l'Église, l'Agriculture

lui est redevable de sa renaissance, de sa noblesse
et de ses progrès. Lisons ensemble, Messieurs, une
belle page d'histoire, une page non pas inédite,
mais oubliée et inconnue.

Je vais vous parler surtout de la vie et des ordres
religieux, de l'action des moines sur la terre de
France. De sinistres malfaiteurs calomnient nos
instituts monastiques, pour se justifier du crime
de les anéantir. Pour vous instruire et vous aider
à confondre le mensonge, je vous apporte quelques
purs rayons de vérité historique.

I. L'Église et la renaissance de l'Agriculture.

Faites-vous d'abord une juste idée de l'état de
l'Europe vers le iv° siècle de notre ère. *Il n'y avait
presque plus d'agriculture.* Par la faute des patriciens qui avaient délaissé les campagnes pour la
ville, les terres du vaste empire romain étaient en
grande partie dépeuplées et incultes. Et puis les
Barbares venaient d'arriver, et leur invasion avait
consommé l'œuvre de désolation et de ruine. Partout régnait le désert. Les forêts druidiques cou-
vraient d'immenses contrées. La partie la plus
fertile de l'Europe était enveloppée dans un vaste
réseau de silence et de ténèbres.

C'était la fin d'un monde. Au milieu de ce chaos

l'Église intervient. *Les moines paraissent.* Tout est mort. Ils vont tout ressusciter, non seulement la religion, les lettres, les sciences et les arts, mais l'agriculture, le commerce et l'industrie, surtout l'agriculture. Voyez-les à l'œuvre.

1° *Devant eux se dressent des obstacles invincibles.* Ils ont à lutter contre *la nature*, car ils rencontrent partout la pierre et la ronce, les bas-fonds et les marécages, et les miasmes pestilentiels... contre *les bêtes sauvages*... car les animaux monstrueux se sont multipliés à l'infini et on les voit rôder en plein jour jusque dans les cités gallo-romaines... contre les bandes *de brigands et d'assassins*, car la sécurité n'existe nulle part. Les traînards des diverses bandes germaniques qui avaient traversé les pays s'étaient réfugiés dans les bois et en avaient fait des repaires de rapine et de meurtre.

2° *Tout leur manque* pour vaincre de tels obstacles. Ils n'ont point les inventions de l'industrie et de la mécanique qui arment et soutiennent le colon moderne. Ils n'ont ni les instruments aratoires, ni le fer, ni les grains pour ensemencer. Ils sont dépourvus du secours des animaux domestiques qui triplent les forces de l'homme ; après la disparition graduelle de la civilisation romaine, le bœuf, le cheval, le chien étaient retournés à l'état sauvage. Pour féconder un sol stérilisé et récalcitrant, les moines n'ont que leurs bras... et Dieu.

3° *Ils se mettent à l'œuvre*, et aussitôt ils ressuscitent l'agriculture.

Ils domestiquent les animaux de labour. C'est une première transformation. Il y en a une autre bien autrement difficile.

Ils changent les hommes. Ils convertissent les brigands et les chasseurs en honnêtes cultivateurs. Le fer qui tue devient sous leur attouchement une pacifique charrue. Et la transformation des hommes prépare la transformation du sol.

Ils explorent les solitudes improductives. Ils cultivent les terres les plus malsaines et les plus inhabitables. Ils défrichent les forêts. Ils assainissent les marais. Un moine tombe victime de la guerre, du travail ou du climat. Un autre le remplace. Le découragement leur est inconnu. Peu à peu les plantes sauvages et réfractaires se retirent devant le blé, la vigne et l'olivier. On ne voit plus que de gras pâturages et des campagnes riantes, là où d'abord régnaient le désordre stérile de la végétation spontanée, le cri du hibou et le sifflement du serpent.

Voilà ce qu'ont fait les moines, ces héroïques bienfaiteurs et ces infatigables pionniers que la libre-pensée n'a pas craint d'appeler des oisifs, qu'elle n'a pas craint de salir de sa bave impure. Ils ont ressuscité l'agriculture... Ils ont fait plus et mieux. Ils l'ont réhabilitée et ennoblie. Voyons cela.

II. *L'Église et l'ennoblissement de l'Agriculture.*

Il paraît que chaque année, à un jour déterminé,
l'empereur de Chine entouré des officiers et des
princes de sa cour, en présence de tout le peuple
assemblé, quitte le sceptre pour la charrue et trace
de sa main souveraine un sillon. L'agriculture
s'élève ainsi à la hauteur même du trône. Mais,
je suppose qu'il existe, cet usage n'est qu'une pure
cérémonie, et une cérémonie accidentelle. Les
moines ont agi bien plus efficacement sur l'esprit
des peuples.

Les moines se sont faits agriculteurs. On les a vus
descendre chaque jour dans le sillon, passer de la
bêche au psautier et du psautier à la bêche, tour à
tour hommes de peine et anges de prière. Ils ont
élevé l'agriculture à la hauteur même de Dieu.
Quel exemple ! *Les enfants des comtes et des barons,*
des ducs et des princes vont à Cîteaux, à Cluny, se dé-
pouillent de leurs livrées mondaines, deviennent
des pauvres, des travailleurs, des laboureurs, des
vignerons, des moissonneurs. Leurs mains délicates
se déchirent à tenir la charrue ou la pioche. Leurs
corps débiles ruissellent de sueurs. *Théodulphe,*
issu de famille illustre au viii° siècle, se fait moine
à Saint-Thierry, près Reims, se livre aux rudes travaux de l'exploitation agricole. Après vingt-deux
ans de labourage, il est élu abbé. Alors les habitants

du village s'emparent de sa charrue et la suspendent
dans leur église comme une relique. «Noble et sainte
relique, s'écrie Montalembert, que je baiserais aussi
volontiers que l'épée de Charlemagne ou la plume de Bossuet ». *Saint Bernard*, qui gouverne
le monde au xii⁰ siècle, se réjouit d'être devenu
avec la grâce de Dieu un bon moissonneur, capable
de couper le blé et de porter les gerbes. C'est
qu'en effet ni l'étude, ni l'enseignement des lettres,
ni la crosse abbatiale ne dispensaient des travaux
manuels. Le chef du monastère était le premier
aux champs comme le premier au chœur. Un jour
que l'envoyé du pape était venu dans un couvent
chercher un copiste habile pour l'amener à Rome,
on lui répondit : « Il est là-bas dans la vallée à
couper du foin ». *Après de tels exemples*, quand on
voyait la noblesse, la science, le talent, la sainteté,
toutes les grandeurs et toutes les gloires, relever,
réhabiliter, ennoblir la charrue et élever le hoyau
du laboureur au-dessus de l'épée des conquérants,
Francs ou Romains, comment le monde n'aurait-il
pas pris en estime le travail de la terre ? L'Église
a ressuscité l'Agriculture. L'Église a ennobli l'Agriculture. Encore un mot.

III. *L'Église et le progrès de l'Agriculture.*

1° *L'art de cultiver la terre* revient aux moines.

Leurs abbayes n'étaient pas seulement des lieux de
prière, de science et de méditation ; c'étaient encore
des fermes-écoles et des fermes modèles. Autour
du monastère, comme autour d'un grand centre,
rayonnaient des granges ou métairies où les populations rurales étaient initiées à tous les secrets et
à toutes les méthodes de l'agriculture. Toutes ces
métairies étaient reliées entre elles par l'abbaye ré-
gionale. Et les abbayes, à leur tour, étaient reliées
entre elles par de nombreuses colonies qui, comme
autant d'essaims, avaient transporté sous d'autres
climats le trop-plein de la ruche monastique. Cîteaux
put en compter jusqu'à 1.500 qui allèrent défricher
le sol jusqu'aux bords de la Baltique et jusqu'aux
confins de l'Europe. Toutes ces colonies se communi-
quaient leur science, leurs méthodes, leurs décou-
vertes, leurs produits. De là un essor extraordinaire
et universel des progrès agricoles. A l'Église le mérite
et l'honneur des cultures perfectionnées ! à l'Église
le mérite et l'honneur d'avoir fait mille

2° *Inventions précieuses* dont nous bénéficions
encore aujourd'hui.

Les moines ont inventé le drainage.

Les moines ont conservé et transcrit les traités
agricoles si utiles de Varron, de Caton, de Colu-
melle et de tous les anciens.

Les moines ont été les premiers à écrire des livres
sagement novateurs et des calendriers agricoles

pour enregistrer tout ce que l'expérience pouvait apprendre sur l'élevage des bestiaux, l'ensemencement des terres, la moisson et les diverses plantations.

Les moines ont fondé à Cîteaux, à Cluny, à Luxeuil, en mille endroits, des abbayes qui étaient il y a sept cents ans de vastes instituts agronomiques, et pour fonder et faire vivre ces Instituts, ils ne demandaient pas 25 millions par an, ils ne demandaient que des broussailles et des marais.

Les peuples de l'Europe sont redevables aux moines d'avoir retrouvé *le froment*, que ne connaissaient plus nos ancêtres nomades[1]. Nous leurs sommes redevables des meilleurs *vignobles* de France, d'Italie, d'Allemagne et d'Espagne, et c'est à la disparition des religieux que l'Angleterre doit attribuer la disparition de ses vignes célèbres. Nous devons aux moines nos plus riches prairies, le mûrier, le chanvre et le lin, nos plus beaux jardins potagers, l'élève des abeilles, les meilleurs arbres fruitiers.

En France particulièrement les religieux ont mis un tiers du territoire en culture, et les trois huitièmes de nos villes et de nos villages ont été créés par des monastères.

Partout en Europe la charrue des moines a précédé la charrue des laïques. Ils ont créé, ennobli,

---

1. Chateaubriand: « Nos pères étaient des Barbares à qui l'Église fut obligée d'enseigner jusqu'à l'art de se nourrir. »

fait progresser l'agriculture. Voilà le passé. L'Église est la mère de l'Agriculture.

Messieurs, nous mangeons aujourd'hui le pain dû au premier travail des moines; nous habitons les villes qui leur doivent l'existence. Et il y a des savants qui ne prononcent pas même leur nom et qui comptent pour rien leurs dix siècles de travaux! Que dis-je? Les successeurs de ces hommes prodigieux sont poursuivis, outragés, exilés comme de vils malfaiteurs. Nous, du moins, nous catholiques, soyons conscients de nos gloires et sachons les maintenir. Au nom de l'histoire, au nom de la justice et de la liberté, au nom du patriotisme et de la religion, vengeons les instituts monastiques des sottises, des ignorances et des méchancetés de l'impiété!

Amen!

VINGT·SEPTIÈME CONFÉRENCE

IV. Les Remèdes (suite)

1° *LE RETOUR A LA FOI ET AUX MŒURS CHRÉTIENNES* (suite)

Messieurs,

Le premier remède à la désertion des campagnes est le retour à la foi et aux mœurs chrétiennes. En effet, dans le passé l'Église a été la mère de l'Agriculture. Dans le présent elle en est la gardienne. C'est ce que je me propose de vous montrer aujourd'hui.

1° La vie des champs est très humble et très dédaignée. La religion la relève et la glorifie.

2° La vie des champs est très dure et très précaire. La religion l'adoucit et la protège.

Je vais établir ces deux propositions et en faire sortir des conclusions pratiques.

I. **La Religion relève et glorifie la vie des champs.**

La vie des champs a donc besoin d'être relevée et

glorifiée ? Oui certes. Car 1° *Elle est très humble* en elle-même. Vieillir dans un village ignoré, dans une masure inaperçue, sur le modeste héritage paternel, sur un sillon vulgaire, tandis que d'autres brillent et s'amusent, ou du moins semblent briller et s'amuser dans les plaisirs de la ville et des distractions... vivre au milieu de campagnards à l'éducation rudimentaire et aux habitudes rustiques, tandis qu'on pourrait se procurer des sociétés plus raffinées et un commerce plus agréable... c'est pénible à l'orgueil humain, et facilement l'orgueil humain se dépite et s'ennuie au coin de cet âtre solitaire et tranquille, où flambe pourtant le véritable feu de l'honnêteté et du bonheur. La vie des champs est très humble, et de plus 2° *elle est généralement très dédaignée.* Pascal a dit un grand mot : Bien des malheurs en ce monde viennent de ce « qu'on ne sait pas demeurer chez soi ». Non : on ne le sait plus : ni le simple habitant des villages que des rêves insensés arrachent à sa charrue, — ni les riches possesseurs de domaines qu'un injustifiable dégoût éloigne des salutaires occupations et des saines jouissances de la campagne et livre aux tentations d'une opulente oisiveté. La vie des champs est très humble et très dédaignée. Elle a besoin d'être relevée et glorifiée. Qui fera cela? La religion surtout.

1° D'abord *la Religion exalte l'humilité.* Elle

signale l'orgueil comme la source de tous les vices
et de tous les maux de l'humanité. Elle fait de
l'humilité la plus essentielle de toutes les vertus et
le germe de toutes les perfections morales. Il y a
du divin dans cette profonde psychologie ; l'homme
ne l'aurait jamais imaginée. La Religion enseigne
la modération des désirs. Elle amortit les ambitions
malsaines. Elle fait accepter la loi d'inégalité, sans
laquelle aucune société n'est possible. L'égoïsme dit:
« Je veux paraître ». La Religion dit : « Reste à ta
place ». Et elle apaise la démocratie rurale. Elle
arrête l'esprit d'aventure et les folles entreprises
inspirées par une imagination échauffée. Elle maintient au village la simplicité, mère de la vertu et
du bonheur. Et non contente d'exalter l'humilité,
la Religion exalte les humbles.

2° *Elle divinise le travail manuel.* Elle le fait
apparaître comme la part choisie par le Fils de
Dieu, descendu des splendeurs du ciel pour instruire
et racheter l'humanité perdue. Et, en effet, le Verbe
de Dieu fait homme, Jésus-Christ, n'a pas voulu ressembler aux rois, aux grands, aux puissants, aux
riches, aux hommes de faste et de loisirs. Il s'est
fait ouvrier. Il n'a exercé le ministère apostolique
que pendant trois ans. Pendant 30 années il a
mené la vie obscure et humiliée du travailleur
manuel. Dans les premiers siècles de l'Église les
chrétiens se souvenaient encore des charrues que le

Sauveur avait faites. « O Dieu, s'écrie Bossuet, je suis saisi... orgueil, viens crever à ce spectacle ! Jésus, fils d'un charpentier, charpentier lui-même, connu par cet exercice... Que ceux qui vivent d'un art mécanique se consolent et se réjouissent. Jésus-Christ est de leur corps ». Ouvrier, paysan, tu peux sans déchoir exercer ton état ; il est digne de toi, puisqu'il est digne d'un Dieu. Le Christ a signé tes lettres de noblesse. La Religion divinise l'humble travail des mains. Et puis,

3° Où va-t-elle *prendre la plupart de ses ministres sinon dans la vie des champs ?* Ceci, Messieurs, mérite encore d'être remarqué. Nos campagnes sont les plus riches pépinières de prêtres et de soldats. Le sacerdoce catholique se recrute surtout au village. Ce n'est pas un mal. J'oserai même dire que c'est un bien. Sorti des fortes populations des campagnes, le prêtre en connaît la langue, en aime les travaux, en a les vertus : la simplicité, la patience, la douceur, la ténacité, le robuste bon sens, la souriante gaieté, la noble indépendance, l'aptitude à l'effort et à la peine. Le curé de campagne, fils du laboureur ou du vigneron, est une des bases granitiques de l'Église, et aujourd'hui plus que jamais, un des plus solides remparts de la société menacée.

La Religion va chercher au village la plupart de

ses ministres. La Religion divinise le travail manuel.
La Religion exalte l'humilité. Elle relève et glorifie
la vie des champs. Elle fait mieux encore.

II. La Religion adoucit et protège la vie des champs.

*La vie des champs a donc besoin d'être adoucie
et protégée?* Oui certes. 1° *Elle est très dure.* Aux
champs, le logement, le vêtement et la nourriture
sont simples. On a le nécessaire, on connaît peu le
superflu — aux champs, le travail est ininterrompu.
On se lève de bonne heure, et on se couche tard.
On tourmente du matin au soir une matière inerte,
rebelle et grossière. On a à subir les intempéries
des saisons. Les fêtes et les distractions sont rares.
Avec cela la vie des champs est 2° *très précaire* et
très aléatoire. Que faut-il quelquefois pour détruire
le travail et les espérances de toute une année?
Fénelon le disait autrefois aux laboureurs des
Flandres : « Une nuit froide, un orage, un rayon
de soleil après un brouillard, c'est assez ». Telle
est l'agriculture. C'est le métier, la condition où
l'impuissance personnelle de l'homme est le plus
évidente. La vie des champs est très dure et très
précaire. Elle a besoin d'être adoucie et protégée.
Qui fera cela? La religion surtout.

1° La Religion *inspire à l'homme des champs la résignation et le courage.* Il faut au cultivateur de nos champs, autant et plus qu'à ceux qu'on appelle les riches et les heureux de ce monde, la résignation qui accepte la douleur, le courage qui marche sans défaillance sur les cailloux pointus de la vie d'ici-bas, et des espérances plus hautes que celles de la terre. Or, à qui, sinon à la religion, le travailleur demandera-t-il cette résignation, ce courage et ces espérances? Qui, sinon la religion, en renouvellera la source si souvent et si vite épuisée? La religion seule est capable d'élever l'ami du peuple, l'ami du paysan à la hauteur de tous les sacrifices. Elle seule a des consolations pour toutes les tristesses, un baume divin pour toutes les blessures. Elle seule est le réservoir providentiel où vont chercher la force morale ceux qui travaillent, qui souffrent et qui pleurent. L'impiété pense bien essayer de tarir ce réservoir; mais elle ne peut pas nous dire par quoi elle le remplacera. La religion inspire à l'homme des champs la résignation et le courage.

2° La religion *appelle Dieu lui-même au secours de l'homme des champs.* Dans les villes, au milieu de l'épaisse fumée et des merveilles resplendissantes de l'industrie, la main de l'ouvrier mortel dérobe facilement au regard la main de l'ouvrier divin, et l'homme courbé sur son ouvrage est ex-

posé à devenir une machine vivante, un corps sans
âme qui n'a pas le temps de s'interrompre, même
pour se mettre à genoux. A la campagne *l'homme
reçoit la pensée de Dieu par tous les sens*. La terre
est un sermon vivant et vibrant qui prêche le Créateur. Toutes ses voix, voix de ses sillons, de ses
oiseaux ou de ses brises qui chantent dans les arbres, parlent sans cesse de Dieu. On peut laïciser
les écoles, les hôpitaux, les institutions de bienfai-
sance qui sont nées de la tendresse de l'Église et
de la munificence de nos pères; on ne laïcisera
point notre terre, notre ciel, nos fleurs, nos étoiles,
ni la grande nature qui redit à tous les échos :
« C'est Dieu qui m'a créée ». La nature est un
temple qui porte au frontispice le nom de son auteur. Et non seulement l'homme des champs ne
peut pas ne pas penser à Dieu, ne pas le rencontrer; *mais il ne peut pas ne pas le prier*. Il a sans
cesse besoin de lui. Tout homme qui a quelques
épis à faire mûrir et les cheveux blancs de son père
à garder, est enrôlé par une sainte violence des
choses au nombre de ceux qui adorent. Toujours
menacé dans ses moissons, dans ses vignes, dans
ses animaux domestiques, dans son pain quotidien,
dans son travail d'aujourd'hui et dans ses espérances de demain, l'homme des champs ne saurait
se passer de Dieu... et la religion est le refuge naturel et nécessaire ouvert à sa faiblesse et à ses
craintes et à ses déceptions. La religion élève, glo-

rifie, adoucit, protège, consacre la vie des champs.
Donc le retour à la religion, à la foi et aux mœurs
chrétiennes est le remède qu'il faut opposer à la
désertion des campagnes.

Conclusion.

Je vous signale en terminant un fait et un devoir.

1° *Que voyons-nous* à l'heure actuelle dans nos
campagnes ? Nous voyons l'envahissement progressif du village par l'irréligion. Le fait n'est pas
niable. Ceux qui connaissent les campagnes, depuis 30 ou 40 ans, peuvent aisément mesurer le
changement qui s'y est produit au point de vue
moral et religieux. L'irréligion empoisonne de plus
en plus nos populations rurales. Dans notre état
social si alarmant, c'est peut-être là ce qu'il y a de
plus inquiétant pour l'avenir. Car 1° le paysan,
c'est le fond de la nation. Et 2° quand le paysan
sera tout à fait gâté, il ne sera pas facile de le
guérir. Il est tenace dans le mal comme dans le
bien. Or, regardez un peu le mal qui se fait et la
gangrène qui avance.

Grâce au bon marché, les plus détestables *journaux* inondent nos campagnes. Ils ont des vendeurs
dans les moindres villages. Les enfants qui vont à
l'école ont mission de les acheter et de les rappor-

ter chaque jour. On les lit à la veillée. Le dimanche,
sur la semaine même, les garçons et les filles de
ferme les lisent en gardant leurs troupeaux.

Et puis *l'influence du curé de campagne*, cette
influence si désintéressée et si conciliatrice, est fortement menacée, combattue qu'elle est par toutes
les forces de l'administration et tous les efforts de
l'enseignement public. Et quel est le successeur du
prêtre dans la confiance des masses? Le marchand
de vin ou le mastroquet. Voilà ce que d'aveugles
libres penseurs ont le front d'appeler l'émancipa-
tion spirituelle du peuple. La déchristianisation du
peuple des campagnes est un fait patent et une
immense menace pour l'avenir.

2° *Que faire?* Nous ne saurions regarder d'un
œil sec et indifférent l'œuvre de destruction religieuse et de décomposition morale qui s'opère au
sein de nos populations rurales. Il faut réagir. Il
faut opposer *la bonne presse* à la mauvaise presse.
Y pensons-nous? Et puis il faut nous hâter de con-
vertir, *de christianiser les villes* pour que des grands
centres la lumière se propage jusque dans les plus
humbles localités. Les campagnes se sont pagani-
sées après les villes. A l'exemple des villes elles
reviendront à la foi, et par la foi à la moralité et
au bonheur. Ici, Messieurs, nous sommes en bonne
voie. Continuons ensemble l'œuvre commencée, et
que Dieu bénisse nos communs efforts!

                                        Amen!

VINGT-HUITIÈME CONFÉRENCE

IV. Les Remèdes (SUITE)

2° *AGIR SUR L'OPINION*

MESSIEURS,

On lit dans l'histoire qu'un jour des ambassadeurs, venant annoncer à un grand de Rome, à Cincinnatus, son élévation à la dictature, le trouvèrent occupé à labourer son champ. Touchante simplicité des mœurs antiques qui contraste singulièrement avec les préjugés de notre temps! Je crois qu'on ne trouverait guère aujourd'hui de présidents de République, de sénateurs ou de députés courbés sur le manche de la charrue. — Je ne sais quelle folle ambition s'est emparée de notre génération. On ne rêve plus aujourd'hui que bureaux, carrières libérales, places plus ou moins lucratives dans les grandes administrations. Le paysan gémit sur son sort. Il en vient parfois à regarder sa situation comme infime et humiliante, et à murmurer tout bas, souvent à dire tout haut : «Ah! si j'ai des fils, je leur ferai prendre un autre état que le mien! » — Je n'exagère pas. Depuis

50 ans on a vu chez nous près de 5 millions d'habitants passer des petits villages aux grandes agglomérations urbaines. Les campagnes sont délaissées.

Pour remédier à cette plaie sociale, il est nécessaire, avons-nous dit, de revenir à la foi et aux mœurs chrétiennes. Il faut refaire l'instruction morale et religieuse des gens. Il faut montrer à tous et sans cesse répéter que la vie est faite pour le travail et non pour la jouissance, pour le devoir et non pour le plaisir — qu'on ne gagne le ciel qu'à la sueur de son front — qu'à tout prendre il n'est de bonheur que dans la paix de la conscience et que les becs les plus électriques sont impuissants à remplacer ces vieilleries immortelles qui s'appellent le *Credo et le Décalogue*, le devoir et le sacrifice, la foi en Dieu et la prière.

Est-ce assez? Non. L'opinion s'égare. Il faut agir sur l'opinion et la réformer. Il faut lui rapprendre l'estime de l'agriculture et la convaincre des avantages matériels et moraux de la vie rurale. Tenez. Laissez-moi vous mettre en état d'influencer et de faire l'opinion. Laissez-moi vous dire aujourd'hui quelques-uns *des avantages matériels de la vie rurale*.

1. L'opinion déprécie la vie rurale. Elle a tort. *La vie rurale entretient la santé.*

Il n'est pas rare de voir les citadins, enfermés

comme des prisonniers dans l'atmosphère viciée des usines, ou resserrés entre les quatre murs d'un bureau, privés d'air, privés d'exercice, s'étioler comme des plantes dans une serre obscure et aboutir à une mort prématurée. Le manque d'air, le trois-six, le machinisme, la phtisie tuent dans les villes des milliers d'être humains, et tarissent les générations jusque dans leur source.

Le paysan a la vie au grand air, il respire une atmosphère pure et vivifiante. Son corps, ses membres se fortifient dans les rudes travaux des champs, sous le poids du jour et de la chaleur, à la merci des frimas et des vicissitudes des saisons. Il a la santé, et il la transmet. Il a un sang généreux et fort, et il le donne à ses descendants, à ses beaux et robustes enfants qui l'hiver, les pieds dans la neige, l'été, le front au soleil, prennent leurs joyeux ébats autour du toit paternel.

II. *L'opinion déprécie la vie rurale. Elle a tort.* *La vie rurale nourrit son monde.*

Il n'est pas rare à la ville, par suite de l'insuffisance des salaires, par suite des chômages, de la maladie et de la vieillesse, par suite de l'inconduite et du vice, il n'est pas rare d'entendre des enfants qui crient la faim et de voir des ménages d'où suinte la misère, et où règne le désespoir le plus

affreux, le désespoir de gens qui disent: Que mangerons-nous ce soir et demain? Et puis dans les
grandes villes les besoins factices surajoutés aux
besoins réels, les convoitises excitées par le spectacle du luxe, les appels à la révolte claironnés
par les politiciens, exaspèrent les souffrances, aigrissent les privations et décuplent les angoisses
de la faim et du désespoir. Je sais qu'à la ville on
a de beaux cafés, de beaux trottoirs, de la belle
musique, des rues magnifiquement éclairées. Mais
je sais aussi que ce n'est là qu'un décor, derrière
lequel se cachent souvent les plus tragiques dénu-
ments. Allez à Paris, *place de la Bastille*. C'est
splendide à voir. Il y a de l'espace, de la lumière,
du mouvement. Il y a des avenues, des maisons,
des magasins qui sont grandioses, qui n'en finissent
pas. Et au-dessus de tout cela, planant dans les
airs, il y a le génie de la Liberté qui assiste aux
ébats d'un peuple en fièvre, affranchi, heureux.
Heureux? Faites seulement 100 ou 200 pas dans le
faubourg Saint-Antoine, dans la rue de Charonne ou
dans la rue de la Roquette, et vous tombez dans des
quartiers où la misère règne en permanence, où
l'enfance est déguenillée et rachitique, où les
meurt-de-faim vont chercher leur nourriture dans
les épluchures et les tas de débris. Poursuivez
votre course jusqu'aux fortifications, et vous constatez une misère croissante. Les ménages ouvriers
s'entassent les uns sur les autres. Les puanteurs de

la grande ville deviennent de plus en plus fétides. Les figures patibulaires apparaissent partout. Et cependant le génie de la Bastille est toujours là-haut, narquois, insolent, ironique sur son piédestal aérien. Il promène son regard froid comme le bronze sur une immense multitude plus morte que vive, sur des milliers de prolétaires qui se disent : Que mangerons-nous ce soir et demain?

A la campagne on vit sobrement, pauvrement peut-être, mais on vit. La vie rurale nourrit son monde. En ce temps de catastrophes, c'est encore dans l'agriculture que les catastrophes sont le moins fréquentes. Les cultivateurs montent plus rarement que d'autres dans le char de la fortune ; mais ils sont moins exposés aussi à être broyés sous ses roues. On a calculé que chez nous, à l'heure actuelle, sur cent industries, il y en a 10 qui gagnent de l'argent, 50 végètent, 40 font faillite. Il s'en faut que l'agriculture soit aussi cruelle. En général la misère est moins profonde à la campagne qu'à la ville. On ne meurt pas de faim à la campagne. La vie rurale nourrit son monde.

III. L'opinion déprécie la vie rurale. Elle a tort. *La vie rurale est la vraie substance de l'humanité.*

1. Je ne veux pas déprécier *les lettres, les sciences et les arts.* Ils sont l'ornement naturel de l'esprit, la

gloire du monde présent, la source des jouissances
les plus pures et les plus légitimes. On en abuse.
La vanité s'en fait un argument contre Dieu, et la
corruption une arme contre la vertu. Mais de quoi
n'abuse-t-on pas? On abuse des meilleures choses.
Les lettres, les sciences et les arts ne sont point un
présent funeste. Ils sont nécessaires, au moins dans
une certaine mesure, à l'humanité. Ils en sont la
richesse et la parure. — Cependant mettons les
choses au point. *La vie rurale* est plus importante
que la culture intellectuelle. Entendez une parole
du grand Frédéric de Prusse. Il dit : « Si je trouvais
un homme qui produisît deux épis de blé au lieu
d'un, je le préférerais à tous les génies politiques ». C'est vrai cela, Messieurs. Une société
ne vit pas surtout de conceptions plus ou moins
sublimes ; un prosaïque terre à terre lui est bien
plus nécessaire. Les savants, les lettrés, les philosophes et les artistes ne sont pas les fondements
d'un État. Sans parler même des productions licen-
cieuses que nous leur devons trop souvent, on peut
dire qu'ils n'apportent pas à la prospérité nationale
un concours aussi sûr et aussi vigoureux qu'un
nombre égal d'humbles laboureurs. La vie rurale
est la vraie substance de l'humanité.

2. Je ne veux pas déprécier non plus *le commerce
et l'industrie*... l'industrie qui pénètre les entrailles
de la terre, s'empare des forces de la nature et les

assujettit au service de l'homme ; qui lui soumet
l'eau, le fer, le feu, la vapeur ; qui lui fait des tissus, des vêtements, des habitations, des voies rapides ; qui le protège, le défend et l'enrichit de
toutes manières. Et le commerce, comment contester son utilité ; sa noblesse, sa grandeur? Il rapproche les peuples et les hommes, leur permet
d'échanger leurs biens mutuels, et fait profiter
chacun des richesses de tous. Il diffuse partout le
bien-être, mieux que cela, la bonne foi, l'équité, la
franchise, la justice sévère, l'économie, le travail,
et toutes les vertus fortes et secourables qui sont
comme le nerf du genre humain. — Et cependant
ici encore il faut mettre les choses au point. *La vie
rurale* est plus importante que la vie industrielle
et commerciale. Ce n'est pas l'industrie ni le commerce, c'est l'agriculture qui ravit au sol la sève
de vie renfermée dans son sein. C'est l'agriculture
qui est la nourricière de l'humanité. C'est à elle
que l'homme doit et ces moissons qui donnent le
pain des forts — et ces belles grappes, et ce vin
généreux qui apporte la vigueur aux membres,
déride les fronts les plus sévères et fait épanouir
les cœurs. Et voilà pourquoi, dit ici M*gr* *Dupan-
loup*, on n'a jamais pu avilir rien de tout ce qui
« touche et sert à l'agriculture : la bêche, la charrue, la herse, la faucille, tous les instruments du
labourage seront toujours des noms honorés dans
toutes les langues. La philosophie, l'histoire, la

poésie même les rediront toujours avec honneur ».
La vie rurale est la vraie substance de l'humanité.

3. Vais-je donc déprécier *la vie urbaine?* Nullement. Je ne veux rien déprécier. Mais je veux
mettre chaque chose à sa place. La vie urbaine a
son *importance particulière*, et même, dans notre
civilisation avancée et compliquée, elle joue un
rôle essentiel. Elle absorbe de multiples activités
qui trouveraient difficilement leur emploi ailleurs.
Elle consomme des produits qui sans elle risque-
raient d'être inutilisés. Elle exerce mille fonctions
qui concourent à l'harmonie sociale et au bien-être
général. La vie urbaine et la vie rurale *sont soli-
daires* d'ailleurs, et raisonnablement on ne peut pas
les séparer l'une de l'autre. Elles sont reliées ensemble par un lien, invisible le plus souvent, mais
bien réel et bien fort, et, en fin de compte, elles
ont à peu près toujours un sort commun dans un
pays, souffrant des mêmes souffrances, comme
elles prospèrent des mêmes prospérités. Si cependant vous me demandez quelle est *des deux celle qui
importe le plus* à la santé normale d'un peuple, en
conscience je crois devoir vous dire que c'est la vie
rurale. Écoutez ici encore un mot du grand Frédéric de Prusse : « C'est à la racine que je veux
arroser l'arbre, les villes ne pouvant être floris-
santes que par la fécondité des champs ». En
effet les ruraux forment la masse de la nation. Ils

sont la plus grosse clientèle de la ville. Je ne sais plus quel député, en 1848, disait à la tribune : « Quand la bâtisse va, tout va! » Ce n'est pas tout à fait vrai. Il serait plus juste de dire : « Quand la campagne va, tout va ». En effet, voulez-vous savoir quelles ont été dans le passé les années de récoltes abondantes? Consultez les livres des commerçants et des industriels, et vous y verrez qu'à chaque année bonne pour eux, correspond une année bonne pour la culture, et à chaque année mauvaise, une année mauvaise pour la campagne. La vie rurale est la vraie substance de l'humanité.

L'opinion déprécie la vie rurale. Agissons sur l'opinion et redressons ses préjugés. C'est l'œuvre de tous, particulièrement des catholiques. De grâce, que les catholiques comprennent leur mission. Qu'ils améliorent l'esprit public, au lieu de l'anathématiser; qu'ils fassent la lumière, au lieu d'annoncer la fin du monde; et qu'ils deviennent de plus en plus une force, une ressource, un bienfait, une utilité, une nécessité. Je vous trace un programme, Messieurs. Je vous taille de la besogne. En route!

Amen!

VINGT-NEUVIÈME CONFÉRENCE

IV. Les Remèdes (SUITE)

2° AGIR SUR L'OPINION

MESSIEURS,

Depuis cinquante ans, on a vu chez nous près de
5 millions d'habitants passer des petits villages dans
les grandes agglomérations urbaines. Un tel déplacement constitue une véritable plaie sociale, et
pour remédier à cette plaie sociale, je vous ai indiqué deux remèdes : 1° revenir à la foi et aux mœurs
chrétiennes ; 2° agir sur l'opinion. L'opinion déprécie la vie rurale. Elle a tort. Car la vie rurale a
des avantages matériels... je vous l'ai montré dimanche. Elle a des avantages moraux, que je vais
essayer de vous dire aujourd'hui. Pour éviter toute
exagération, je vous dirai :

1° Que la vie rurale est moralisatrice ;

2° Que la vie rurale n'est pas toujours moralisatrice.

1. **La vie rurale est moralisatrice.** Elle assouplit
les âmes. Elle les redresse. Elle les agenouille.

1° *Elle assouplit les âmes.*

C'est le sacrifice, Messieurs, qui assouplit les âmes, et le sacrifice n'est le monopole de personne, il est le privilège de tous. J'admire le sacrifice du mineur qui va chercher la houille dans les entrailles de la terre et qui entretient la vie industrielle — le sacrifice du négociant, du commis, de l'employé qui reste à la disposition du public et qui entretient la vie commerciale — le sacrifice du magistrat, de l'avocat, du médecin, de l'officier, du prêtre qui sont debout à leur poste et qui entretiennent la vie civile, la vie nationale, la vie religieuse. Le sacrifice est à la base et au sommet de la société. La société ne marche que par le sacrifice.

Mais ne vous semble-t-il pas qu'il est particulièrement auguste et touchant, le sacrifice du laboureur? Sans lui ni pain ni vin. Avez-vous pensé à ce que représentent ce morceau de pain et ce verre de vin qui sont sur nos tables? Ils représentent les sueurs et presque le sang de l'homme. Plus les plantes sont précieuses, et plus elles ont besoin, pour germer et pour mûrir, du travail et de l'effort humain. Les chênes viennent tout seuls. Mais le blé, mais la vigne! La moisson et la vendange ne s'achètent qu'au prix des plus mâles vertus et des souffrances les plus cuisantes. La vie rurale est un sacrifice ininterrompu, une lutte incessante contre la rude nature. Elle assouplit les âmes.

2° *Elle redresse les âmes.*

Dans les villes, on a de la peine à rester droit, à s'appartenir. On ne dispose ni de sa personne, ni de son temps, ni souvent de sa pensée. *L'ouvrier* a constamment derrière lui des inspecteurs, des surveillants et des maîtres, desquels il dépend à toute heure, et qui lui infligent le blâme, la punition, le renvoi même, pas toujours mérités, sans compter qu'il traîne chaque jour le même boulet et qu'il devient en quelque sorte un automate comme les machines qu'il fait mouvoir. Les *fonctionnaires* ont encore beaucoup plus de peine à se tenir debout. Ils sont soumis au bon vouloir de leur chef, exposés à des rapports parfois entachés de partialité, surveillés au bureau, dans leur vie de famille, dans leurs relations, dans leurs paroles, dans leurs opinions, obligés de tourner comme des girouettes à tous les vents de la politique pour conserver à leurs femmes et à leurs enfants le morceau de pain indispensable à la vie. A certaines heures néfastes, ils sont esclaves jusque dans leur conscience, et, pour garder une place, ils sont obligés d'abdiquer leur liberté religieuse.

Dans la vie rurale, il est beaucoup plus facile de se tenir debout et de s'appartenir. *On vit de son travail.* On a une chaîne, elle est lourde; mais au moins cette chaîne, on se l'est forgée soi-même, on la soulève à sa guise, on la porte d'un bras fort, d'un cœur joyeux, sans la traîner. On choisit sa

besogne, on la distribue comme il semble bon, et
on en vit. *On ne demande rien à personne.* Ah !
heureux l'homme, Messieurs, qui, d'un pied dédai-
gneux n'a pas jeté loin de lui les souliers ferrés du
paysan, pour s'emprisonner dans les bottes vernies
d'un solliciteur ! Heureux l'homme qui n'habite
qu'une chaumière, et que son humilité même préserve du péril de se vendre ! Dans la vie rurale,
on a *la liberté de son foyer.* J'ai entendu parler d'un
brave paysan, maréchal ferrant, à qui un coryphée
de la libre pensée disait : « Si vous ne remettez pas
votre fille à l'école laïque, je vous retirerai ma pratique ». — Et le paysan, sans prendre de gants,
de lui répondre aussitôt : « Ma foi, Monsieur, une
bête de plus ou de moins à ferrer ne peut pas
faire ma fortune. Faites-vous ferrer par qui vous
voudrez, et laissez-moi élever mes enfants à ma
guise. » Le libre penseur n'a pas demandé son
reste. La vie rurale redresse les âmes devant César,
devant les hommes.

3° *Elle agenouille les âmes...* devant Dieu.

En effet, tout homme qui a quelques épis de blé
et quelques grappes de raisin à faire mûrir est
enrôlé par une sainte violence des choses dans le
nombre de ceux qui adorent. Quand l'homme des
champs a travaillé, il n'est pas sûr du résultat, il
faut qu'il attende... quoi ? La pluie, la rosée, le
vent, la chaleur, le soleil, c'est-à-dire Dieu. Il tient

un des manches de la charrue, c'est Dieu qui tient
l'autre. Il sème, c'est Dieu qui donne l'accroissement, car, chose curieuse! les plantes les plus sublimes et les plus nécessaires sont précisément les
plus exposées. Le blé est d'une délicatesse si exquise, qu'il succombe sous le moindre coup de
froid, de sécheresse et d'humidité, à la moindre
morsure d'un insecte. La vigne est si caduque,
qu'une simple gelée la tue dans sa fleur, et, quand
la gelée est évitée, quand les grappes vermeilles
semblent impatientes du pressoir, que faut-il pour
tout détruire? Un gros nuage plein de grêle. Dieu
dans les champs est le maître, on ne peut pas ne
pas le reconnaître et le prier. La vie rurale assouplit les âmes au sacrifice; elle les redresse devant
les hommes; elle les agenouille devant Dieu. La
vie rurale est moralisatrice. Je vous ai annoncé une
seconde proposition.

II. La vie rurale n'est pas toujours moralisatrice.

1° Il y a des exceptions.

Vous savez comment le romancier Zola a traité
les paysans. Cet écrivain, qui salit tout ce qu'il
touche, a procédé avec eux comme avec le clergé.
Tel prêtre a oublié ses devoirs et la sainteté de son
ministère; dix prêtres dans le même canton se dé-
vouent silencieusement, sacrifient tout pour le bien

des âmes, bourse, repos, santé. N'importe! Ces
vrais amis du peuple, ces apôtres ne comptent pas
pour l'écrivain sectaire : à ses yeux, parce qu'il y
a un Judas dans le clergé, tous les prêtres sont des
Judas. C'est de la même façon qu'il traite les paysans dans un de ses livres, dont je ne veux pas vous
dire le titre, pour que vous n'ayez pas la tentation
de le lire. Tel rustre de village a mieux aimé aller
faucher son blé que de soigner sa mère mourante.
Donc, conclut Zola, tous les gens de la campagne
fauchent du blé pendant que leurs parents se
meurent ; donc tous les travailleurs des champs
sont dépourvus de sentiments élevés, ne comprennent que l'intérêt, n'aiment que la terre, n'ont
qu'un rêve, augmenter leur terre, l'engraisser, la
rendre plus féconde. Vous voyez le procédé. On
choisit parmi les paysans quelques types dégradés,
matérialisés, et l'on généralise. Ce n'est conforme
ni à la justice, ni à la vérité.

Cependant il est juste et vrai de reconnaître que
la vie rurale n'est pas toujours moralisatrice. Bon
nombre de paysans poussent l'attachement au sol
jusqu'à la dureté et jusqu'à l'excès. Ils acceptent
mal la loi du sacrifice. Ils sont hautains et incivils
à force d'indépendance. Ils oublient et blasphèment
le Dieu qu'ils devraient adorer. La vie rurale n'est
pas toujours moralisatrice. Il y a des exceptions, et
j'ajoute que

2° Ces exceptions deviennent plus nombreuses, à mesure que la religion est moins en honneur.

Taine, qui n'était pas un chrétien, mais qui, à force de réfléchir et d'étudier, avait fini par aboutir à l'impartialité historique, a écrit cette profonde parole : « Il n'y a que le christianisme pour nous « retenir sur notre pente fatale, pour enrayer le glissement insensible par lequel incessamment et de tout son poids originel notre race rétrograde vers ses bas-fonds ». Cette parole trouve surtout sa réalisation dans la vie rurale. Quand l'homme des champs est sans religion, quand il n'est plus retenu, bridé, discipliné par le christianisme, il glisse vers le bas-fond de l'égoïsme, de la barbarie et de l'animalité. La religion est nécessaire à l'homme des villes. Elle est encore plus nécessaire à l'homme des champs. C'est la seule flamme d'idéal qui le relève et le spiritualise. C'est le seul flambeau qui éclaire son cerveau un peu sombre. C'est la seule école qui lui enseigne le devoir et le lui fasse accomplir. C'est le seul abri qui le défende contre les duretés de la destinée. C'est la seule joie sérieuse qui illumine ses jours laborieux et ses semaines monotones. Si vous enlevez au paysan la religion, vous lui enlevez sa noblesse, sa dignité, sa force morale, et jusqu'à son bon sens naturel. Il n'a plus que des instincts et des appétits. Déchristianiser le paysan, c'est le mutiler, l'amoindrir et l'animaliser... c'est le démoraliser.

Or, que fait-on depuis trop longtemps? Que fait-on, sinon cela? Par la parole, par la diffusion des plus détestables journaux, par l'organisation de l'enseignement, on détache de plus en plus le paysan de la religion de ses ancêtres. On éloigne les ruraux de leur vieille église de village. On sépare le prêtre du peuple. *Jadis* le curé de campagne était regardé et traité comme un père au sein de sa famille, et cette affectueuse solidarité entre le clergé et le peuple chrétien était la consolation et la force du pasteur et du troupeau, du prêtre et de ses paroissiens. Jadis le campagnard aimait à recourir à son curé, à lui confier ses intérêts même matériels, à se diriger d'après ses conseils. Il allait au prêtre; il ne faisait rien sans lui. Et l'histoire ne nous dit pas qu'il ait eu à se repentir de ce respect, de cette affection, de cette confiance et de cette docilité qu'il accordait librement à son clergé. *Aujourd'hui* ce n'est plus ainsi que vont les choses. On a jeté dans les masses une parole qui ne serait que sotte, si elle n'était perfide, odieuse et méchante : « Le cléricalisme, voilà l'ennemi ! » Cette déclaration de guerre à la religion a eu un douloureux succès. Elle a retenti jusqu'aux oreilles des ruraux, lesquels, indignement trompés et séduits, se sont détournés du prêtre et sont allés chercher une direction auprès d'aventuriers sans valeur et d'ambitieux sans conscience. Le pauvre peuple des campagnes est devenu alors la proie de l'irréligion.

Et la vie rurale a été envahie par la contagion des mauvaises mœurs et des pires doctrines.

Il y a quelques années, Messieurs, dans une réunion révolutionnaire tenue à Paris, un socialiste Belge disait : « Nous ne pouvons rien sur les populations flamandes, elles écoutent leurs curés ». Que ne peut-on faire le même éloge de nos populations françaises! Ah! si elles écoutaient leurs curés... si elles se montraient dociles aux enseignements de la religion... comme tout aurait bientôt changé de face dans notre France bien-aimée! Comme il se ferait dans notre pays si troublé, si divisé, un apaisement général! Ce serait le règne, autant qu'il peut exister sur la terre, de la liberté, de l'égalité, de la fraternité, ces trois grandes et saintes réalités qui, en dehors du christianisme, ne sont que des mots vides de sens, une duperie et un mensonge! Travaillons, Messieurs, à ce rapprochement du prêtre et du peuple, de la religion et des populations rurales.

Amen!

TRENTIÈME CONFÉRENCE

IV. Les Remèdes (SUITE)

3° LA FORMATION DE LA JEUNESSE

MESSIEURS,

Pour arrêter le fléau social de la désertion des campagnes je vous ai signalé deux remèdes : 1° Revenir à la foi et aux mœurs chrétiennes ; 2° Agir sur l'opinion. — Mais ces remèdes seront inefficaces, si nous nous contentons de les offrir à l'âge mûr. Il faut nous préoccuper de l'enfance et de la jeunesse, les instruire et les élever en vue du séjour à la campagne, leur inspirer des goûts et leur donner des aptitudes favorables à la vie rurale.

Je voudrais aujourd'hui envisager un aspect important de la grande question de l'éducation, et vous montrer combien il est nécessaire d'inspirer des goûts de simplicité et de travail :

1° A la jeunesse rurale ;
2° A toute la jeunesse française.

I. Il faut inspirer des goûts de simplicité et de travail *à la jeunesse rurale.*

Dominés par le désir de parvenir rapidement au
bien-être, de moins travailler et de gagner davantage, par le désir de paraître et de jouir, beaucoup
de jeunes gens désertent les campagnes, abandonnent la profession de leurs parents, et vont
dans les cités, dans les grands centres, encombrer
toutes les carrières, rendre les offres supérieures
aux demandes, amoindrir le chiffre des rémuné-
rations et des salaires. Un tel déplacement, un tel
déclassement est une mort pour la campagne qui
se vide — pour les villes qui surabondent — pour
les émigrants qui presque tous sont irrassasiés et
déçus — et pour la nation elle-même qui perd son
équilibre et sa stabilité. *Que faire?* Il faut agir sur
la jeunesse rurale, et lui inspirer des goûts de simplicité et de travail. Les parents, les instituteurs,
les prêtres, tous les hommes influents doivent col-
laborer à cette œuvre nécessaire de la formation
des générations nouvelles.

D'abord, qu'*on ne parle pas avec admiration* aux
enfants de nos villages du séjour des grandes villes
et des salaires plus élevés qu'on y peut obtenir ;
mais qu'on leur fasse connaître les épreuves dou-
loureuses des émigrants et les dangers qui les en-
vironnent. Qu'*on vante devant eux la vie rurale*,
son importance, sa dignité, sa noblesse, ses avantages pour la religion, pour la morale, pour la famille, pour la patrie, pour le bonheur de tous et

de chacun. « Qui fait aimer les champs, dit De-
lille, fait aimer à la fois la patrie et la vertu ».
Qu'on relève donc aux yeux des enfants le métier
d'agriculteur et qu'on leur dise que, assurément,
toutes les professions sont respectables, mais que,
s'il est une profession qui entre toutes soit nécessaire, belle, noble, douce au cœur, bonne pour le
corps et pour l'âme, c'est celle d'agriculteur; —
que, grâce à elle, germent et mûrissent les moissons et les ceps qui donnent au pays le pain et le
vin nécessaires à sa subsistance; — que, grâce à
elle, il y a des hommes libres, maîtres chez eux,
ne dépendant que de leur conscience et de Dieu,
jouissant de toute la noblesse, de toute la dignité
que donne et assure l'indépendance; — que, grâce
à elle, on peut vivre et grandir sur le sol, dans la
demeure où l'on est né, à l'ombre du clocher où
l'on a joué enfant, qui sonnera nos joies et nos
douleurs, comme il a annoncé notre naissance; —
que, grâce à elle, enfin, la patrie aura toujours des
soldats vigoureux pour la servir et la défendre.
Ainsi faut-il faire l'éducation des enfants de la
campagne et leur apprendre à ne pas rougir de la
profession de leur père, à la respecter, à l'aimer
et à lui être fidèles.

Et ce langage il faut le tenir non seulement aux
jeunes garçons, mais encore *aux jeunes filles* du
village. Il faut former en elles, avant tout, de

bonnes chrétiennes, des ouvrières de nos campagnes, de bonnes ménagères et des mères dévouées. Il faut leur inspirer une estime profonde pour leur humble condition et pour les devoirs que la Providence leur imposera. Il faut leur faire redouter le péril des grandes villes — apprécier les joies pures de la vie des champs — et mettre au-dessus de tout la virginale innocence si facile à conserver dans la simplicité de leur village et sous les regards de leurs mères. Il faut combattre en elles avec la plus grande énergie la vanité, le luxe, l'amour des plaisirs, l'esprit de fausse indépendance qui conduisent à leur perte, loin de nos campagnes, tant d'infortunées jeunes filles.

Et puis c'est encore et surtout *les fils des villageois aisés* qu'il faudrait pénétrer de l'amour et de l'estime de la vie rurale. Aveugles autant qu'ingrats on les voit trop souvent rougir du sillon paternel, rêver la fortune sur un plus grand théâtre, vendre le champ et la maison de famille, dire adieu à leur clocher, à leur pasteur, à des habitudes modestes, à des amitiés sincères, et s'abattre au milieu des cités dévorantes, où ils trouvent quoi? l'agitation dans les affaires, l'inquiétude dans le succès, l'incertitude et le trouble dans les entreprises, le découragement dans la disgrâce, et quelquefois la ruine dans la poursuite effrénée du bonheur. Ici, Messieurs, mon sujet m'y invite, je ne pense plus

seulement à la jeunesse rurale, j'élargis l'horizon
et je dis :

II. Il faut inspirer des goûts de simplicité et de
travail *à toute la jeunesse française.*

1° *A la jeunesse aisée.*

Je dois la vérité aux classes riches, aux classes
aisées, parce que je les honore, et parce que c'est
d'elles que doit venir l'exemple. De grâce, qu'elles
n'élèvent pas leurs enfants dans la mollesse, dans
l'amour et l'habitude du plaisir. La mollesse énerve
l'âme et en détruit le ressort. La plus robuste
constitution s'étiole dans les douceurs d'une vie
efféminée. Tout languit, tombe et meurt dans l'enfant à qui on ne refuse rien.

Donnez à vos enfants des goûts de simplicité et
de travail. Sans cela vous n'en ferez jamais *des
hommes instruits* et distingués. Les soins exagérés
du corps nuisent toujours à la culture de l'esprit.
L'intelligence est une Ève qui enfante dans la douleur. Celui-là n'apprend rien, ne sait rien qui n'est
pas capable de s'appliquer de mener une vie de
règle, de se gêner, en un mot, de souffrir.

Donnez à vos enfants des goûts de simplicité et
de travail. Sans cela vous n'en ferez jamais *des
hommes de vraie vertu* et de grand caractère. Comment pourra-t-elle dominer sa chair, gouverner ses

sens, dompter ses passions, la jeunesse oisive et
dorée qui ne rêve que luxe, bonne table, chasse,
théâtre et voyages?

Donnez à vos enfants des goûts de simplicité et
de travail. Sans cela vous n'en ferez jamais *des
hommes de cœur* et de dévouement. Vous en ferez
des égoïstes, et l'égoïste, dit Bacon, mettrait le feu
à la maison de son voisin pour faire cuire un œuf.
Il ne pense qu'à lui. Il y a des mères désolées qui
disent : « J'ai perdu mon enfant. Je ne le recon-
nais plus. Il ne m'aime plus. Pourquoi? » Ah! pauvre
mère, l'amour du plaisir a changé, tari, tué le cœur
de votre fils.

Donnez à vos enfants des goûts de simplicité et
de travail. Sans cela vous n'en ferez jamais *des
hommes d'honneur*. Ils ne sauront que jouir, et,
quand on veut jouir, on se moque de tout et on est
capable de tout. On se moque des plus saintes
causes : de la famille, de l'Église, de la société et
de la patrie. — On est capable de toutes les bas-
sesses. Oh! que j'admire la parole de Berryer. On
lui rappelait un jour une occasion où il n'aurait eu
qu'à se baisser pour ramasser des millions. « Oui,
sans doute, répondit-il, mais il eût fallu se baisser! » N'est-ce pas que c'est beau, un homme
d'honneur, un homme qui reste droit au milieu de
l'aplatissement universel!

Donnez à vos enfants des goûts de simplicité et
de travail. Sans cela vous n'en ferez jamais *des*

hommes d'avenir. Vous rêvez pour eux une carrière ?
Ils ne rêvent pour eux-mêmes qu'une vie tranquille. Et voilà que demain d'autres prendront dans
la société la place qui leur appartenait. Ils seront
des non-valeurs, des êtres inutiles, et sans influence.
Quel malheur pour eux, pour vous, pour la religion et pour le pays !... Il faut inspirer des goûts
de simplicité et de travail à toute la jeunesse française, à la jeunesse aisée, et aussi, car je dois la
vérité à tout le monde,

2° *À la jeunesse populaire.*

Il y a de braves ouvriers *qui ont économisé une
petite aisance* et qui en font jouir imprudemment
leurs enfants... qui ont employé soixante ans de calcul et de dur labeur pour fonder une maison et
amasser un modeste avoir, et qui se servent de
toutes ces sueurs accumulées pour assouvir
l'égoïsme précoce de leurs jeunes héritiers. Quelle
déraison ! Ils ont été des hommes de peine et leurs
descendants ne seront que des hommes de plaisir.
En enrichissant leurs enfants, ils les ont perdus.

Il y a de braves ouvriers *qui ont un métier manuel* et qui rêvent pour leurs enfants un emploi
plus doux. Ils manient la truelle ou le rabot, ils
forgent le fer, ils travaillent la laine ou remuent la
terre, et ils élèvent leurs enfants en vue de la plume
et de l'encrier. Ils peuvent avoir raison quelquefois.
Mais le plus souvent ils ont tort et ils se trompent.

Ils veulent épargner à leur postérité le poids du jour et de la chaleur, et ils lui préparent les plus amères déceptions.

Il y a de braves ouvriers *qui n'ont pour vivre que leurs bras*, qui gagnent leur vie petitement en travaillant beaucoup et qui gâtent leurs enfants, et qui entretiennent soit par vanité, soit par faiblesse, le goût des folles dépenses et la mollesse de la vie jusque dans la pauvreté du foyer domestique. Quelle aberration! Parents aveugles, pendant que vous couvrez d'un luxe inouï vos enfants et que vous cédez à tous les caprices de leur sensualité, ils rougissent de vous... et demain que vont-ils devenir dans la société? Ouvriers honnêtes, *vos fils* mal élevés voudront jouir à tout prix; ils se perdront dans la débauche, ils traîneront une existence affaiblie par le vice, et ils seront pour le génie du mal des recrues, pour leur famille un opprobre, pour la terre un poids insupportable. *Et vos filles?* Vous les avez parées de richesses indigentes et misérables, si bien qu'il devient difficile de distinguer les conditions, la grande dame de la jeune ouvrière. La belle avance! Ouvriers honnêtes, élevez donc vos filles dans l'amour de la simplicité et du travail, si vous ne voulez pas que le luxe leur tourne la tête et que la mollesse leur gâte le cœur.

Tous, qui que nous soyons, Messieurs, faisons

notre devoir. Et si nous ne pouvons pas réparer les ruines du passé, au moins préparons la résurrection de l'avenir en agissant sur la jeunesse et en lui donnant une éducation sérieuse. C'est tout ce que je voulais vous dire aujourd'hui. Et si vous m'avez bien compris, si vous avez pris la résolution de guérir le mal, après l'avoir constaté, je n'ai pas perdu mon temps.

Amen.

TRENTE ET UNIÈME CONFÉRENCE

IV. Les Remèdes (suite)

3° LA FORMATION DE LA JEUNESSE

Messieurs,

Il est raconté dans la vie de Garcia Moreno, président de la République de l'Équateur, que, jeune homme, étudiant à Paris, en 1854, il cessa de fumer pour ne pas perdre de temps à allumer ses cigares, et qu'il se rasa la moitié de la tête pour se contraindre à ne pas sortir de son cabinet d'études. Il écrivait à un de ses amis : « Je travaille seize heures par jour, et si le jour avait quarante-huit heures, j'en passerais quarante avec mes livres sans broncher ». Aussi, en 1861, il était placé à la tête de son pays, et, pendant les quinze années de son pouvoir, on le vit signer un concordat avec le Saint-Siège, établir l'enseignement sur de larges bases, couvrir l'Équateur de collèges, de routes, d'hôpitaux et, ce qui est plus rare dans notre siècle, décupler les recettes de l'État. Messieurs, inspirez à vos enfants des goûts de simplicité et de travail. Qui sait si vous n'en ferez pas des présidents de République comme Garcia Moreno? Dans

tous les cas vous en ferez des hommes sérieux qui
seront votre honneur et l'espoir du pays. C'est
l'essentiel.

Mais il ne suffit pas de bien élever la jeunesse et
de lui inspirer des goûts simples. Il faut encore la
bien instruire et lui donner des aptitudes pratiques, des aptitudes favorables à la vie rurale.
Prenons garde, à l'heure actuelle, sur le terrain de
l'instruction, nous faisons fausse route. Nous ins-
truisons mal la jeunesse bourgeoise, la jeunesse
populaire, la jeunesse féminine.

I. *La jeunesse bourgeoise.*

C'est un préjugé très répandu et très puissant
que tous les jeunes gens des classes bourgeoises
doivent d'abord être *bacheliers* pour devenir ensuite
candidats au fonctionnarisme ou aux carrières libérales, que l'agriculture n'est pas une science ni
une profession, et qu'on s'improvise agriculteur
quand on n'a pu aborder aucune autre carrière. Et
en effet nos trois grandes Écoles d'agriculture
comptent un effectif total d'à peu près un millier
d'élèves, qui se préparent à la vie rurale, ou à des
professions en rapport immédiat avec la vie rurale.
A côté de cela, Saint-Cyr et Polytechnique sont
assiégés par des légions de postulants. Nous

avons 9.000 étudiants en droit, 8,000 en médecine, 3.000 en pharmacie et 6.000 candidats aux licences de lettres et de sciences. Qu'en dites-vous, Messieurs?

M'est avis que nous faisons fausse route. Je ne vous impose pas mon opinion, je n'en ai pas le droit. Mais je vous invite à réfléchir.

1° Le fonctionnarisme et les carrières libérales sont encombrés. Les offres sont supérieures aux demandes. Il n'y a plus de place pour tout le monde. Nous avons trop d'intellectuels qui consomment et pas assez de cultivateurs qui produisent.

2° Parmi les jeunes gens des classes bourgeoises à qui on impose la vocation des études classiques, il y en a un bon tiers qui n'ont pas cette vocation, et que l'on pousse de force à un baccalauréat inaccessible. Quel crime ont donc commis ces malheureux pour qu'on leur inflige une pareille torture? Pourquoi ne pas leur donner une culture intellectuelle en rapport avec leurs goûts et leurs aptitudes? Est-ce que, sans être bachelier, on ne peut pas être un homme instruit et un homme utile? L'industrie, le commerce et l'agriculture ne sont-elles pas des fonctions nobles, intéressantes, et qui exigent une grande souplesse d'intelligence et des connaissances variées?

3° L'agriculture en particulier n'est-elle pas une véritable science? C'est une erreur de croire et de

dire qu'on en sait toujours assez pour faire un
agriculteur. Non. Pour faire un agriculteur habile
et complet, il faudrait aujourd'hui être à la fois
chimiste, ingénieur, mécanicien, botaniste, avoir
une notion de tous les métiers et de toutes les
sciences. Un agriculteur, non seulement n'en sait
jamais trop, mais il n'en sait jamais assez.

Messieurs, je crois être dans le vrai et ne
rien exagérer. La jeunesse bourgeoise est trop
généralement éloignée de l'instruction agricole. On
la prépare exclusivement au fonctionnarisme et aux
carrières libérales, et on oublie à peu près toujours de lui donner les aptitudes qui conviennent
à la vie rurale. Parlons maintenant de

II. *La jeunesse populaire.*

Quelle instruction donne-t-on à tous les petits
paysans français? La même qui est donnée aux
petits citadins. On en fait *des diplômés*, on les
pousse à un certificat d'études, qui contribue pour
une large part à les jeter sur le pavé des villes. Une
fois que le petit certifié a pu accrocher aux murs
de la ferme son diplôme fascinateur, il serait bien
dommage, déclare la mère enorgueillie, de laisser
à la queue des vaches un enfant qui possède assez
d'instruction pour faire un Monsieur à 80 francs
par mois. Muni de son certificat notre petit villa-

geois louche du côté de la ville. Et s'il reste à la
campagne, que sait-il des connaissances agricoles
pratiques? Que savent nos paysans français des
conditions modernes de leur profession? En général ils savent fort peu de chose de la sélection des
semences, des engrais chimiques. Et ils sont dans
l'ignorance, sinon dans la défiance absolue de tout
ce qui est association, assurances, coopération, mutualité. Qu'en dites-vous, Messieurs?

M'est avis que nous faisons fausse route. Depuis
quelques années sans doute il y a eu progrès. Mais
nous sommes encore loin du but. Que faire?

1° *Il faudrait donner une instruction rurale au
petit villageois* qui demain sera cultivateur ou
vigneron. Sous peine d'une période indéfinie de
misère et de ruine, il faut répandre à tout prix
dans les campagnes un peu de science agricole. Il
est évident en effet que tel vigneron fera quarante
ou quatre-vingts pièces de vin, selon qu'il sera
ignorant ou instruit de son métier... que tel cultivateur routinier produira 15 hectolitres de blé dans
le même hectare où son voisin plus instruit des
nouvelles méthodes en pourrait récolter jusqu'à 25. Entrons dans le détail.

2° *Quel genre d'instruction rurale convient-il de
donner aux petits villageois?* Beaucoup de choses,
d'innovations me semblent ici possibles et dési-
rables. Laissez-moi vous en indiquer quelques-unes.
Vous en penserez d'ailleurs ce que vous voudrez.

En instruisant les enfants de la campagne, il faudrait surtout leur donner les notions essentielles à la vie pratique et utiles pour leur future profession.

Au lieu de leur faire suivre le même programme que les petits citadins, pourquoi ne leur apprendrait-on pas à lire, à écrire et à calculer dans un manuel élémentaire d'agriculture ?

Il faudrait leur expliquer la raison d'être des principales opérations agricoles, faire ressortir à leurs yeux les côtés défectueux de la culture locale, les mettre en garde contre les préjugés encore si nombreux à la campagne, et contre la routine qui y règne en souveraine.

Et puis, au lieu d'appliquer à toutes les écoles primaires de ville et de campagne le même certificat, pourquoi ne pas établir un certificat d'études rurales, un diplôme agricole ou viticole, suivant les contrées, lequel diplôme retiendrait les enfants à la culture et de plus leur servirait dans la suite.

Vous me dites peut-être que ce sont là des utopies. Pardon. Ces utopies sont réalisées tout près de chez nous, en Belgique ; donc elles sont réalisables.

Vous me dites peut-être que vous n'y pouvez rien. Pardon. Vous pouvez toujours agir sur l'opinion. Vous pouvez signaler les défectuosités de notre enseignement primaire. Et, puisque par le suffrage vous êtes censément souverains, vous pou-

vez demander des réformes et modifier la législation
de votre pays.

Attention, Messieurs. Il faut rendre au sol de la
France les deux facteurs indispensables à sa production : l'intelligence et les bras, la jeunesse
bourgeoise et la jeunesse populaire. Et enfin

III. *La jeunesse féminine.*

Ici encore voyez un peu comment nous procédons. Comme nous faisons des jeunes gens de la
classe bourgeoise des bacheliers, et des enfants de
la classe populaire de petits diplômés, on a chez
nous la manie de faire des jeunes filles *des demoiselles*, c'est-à-dire des créatures agréables qui
rendent des décrets absolus sur les choses futiles.
C'est une de nos grandes erreurs. La femme a deux
rôles à remplir : 1° par sa foi et sa vertu solide,
elle fait les mœurs, elle fait la famille; elle est la
conscience du foyer; 2° elle en est le charme, elle
en est la providence. Elle veille à tous les besoins
de l'intérieur. Elle sait tenir un salon, mais elle
sait aussi en sortir pour surveiller la cuisine et la
basse-cour. Or, l'instruction que l'on donne aux
jeunes filles chez nous est généralement trop super-
ficielle et pas assez pratique.

M'est avis que nous faisons fausse route. Tenez.
Nous ne sommes pas obligés de copier ce qui se

fait à l'étranger. Mais il n'est point inutile de le
connaître.

Dans ces dernières années on a créé à *New-York*
un véritable Institut agricole pour les jeunes filles,
où on leur enseigne tout ce qui rentre dans les attri-
butions d'une bonne fermière, c'est-à-dire avec la
religion, la morale et la littérature, un peu d'ar-
boriculture, de jardinage, de botanique et de
sciences naturelles... où on leur apprend à confec-
tionner leurs vêtements, à préparer elles-mêmes
les mets simples de l'alimentation ordinaire, et les
mets d'extra ou de luxe réservés aux jours de fête.

En Belgique, à l'heure qu'il est, on ne compte
plus les écoles ménagères pour les petites filles du
peuple. Et, dans tous les grands pensionnats tenus
par les religieuses enseignantes, où les fermiers ont
l'habitude d'envoyer leurs filles, on donne couram-
ment à la jeunesse féminine des leçons de travail
manuel, de couture, de cuisine, de tenue de maison, à l'exclusion des leçons de piano.

Allons, Messieurs, travaillons à bien former la
jeunesse. Je viens de vous dire quelque chose de
son instruction. Mais ce n'est pas là le plus difficile et le plus nécessaire. L'essentiel est de bien
élever la jeunesse. Je lisais hier cette parole mal-
heureusement vraie : « au lieu d'être menacés de la
barbarie par les armes, nous marchons à elle par
les idées ». Oui, c'est cela, Messieurs. Les idées per-

vertissantes de l'éducation sans Dieu empoisonnent la jeunesse et nous conduisent à la barbarie. Catholiques, ouvrez l'œil pour voir et les lèvres pour protester. Arrêtez les malfaiteurs publics qui déchristianisent les âmes. Sauvez l'avenir, en sauvant la jeunesse.

Amen!

TRENTE-DEUXIÈME CONFÉRENCE

IV. Les Remèdes (SUITE)

4° *LE DEVOIR DES DIRIGEANTS*

MESSIEURS,

Pour arrêter le fléau social de la désertion des campagnes, je vous ai indiqué déjà trois remèdes 1° Revenir à la foi et aux mœurs chrétiennes; 2° Agir sur l'opinion; 3° Bien éduquer la jeunesse. — Or ces remèdes ne réussiront que si l'exemple vient de haut, que si le branle est donné par les classes riches et influentes. Le salut de nos campagnes dépend en grande partie de la présence et de l'action des dirigeants. Au point de vue moral et religieux d'abord, ils peuvent

1° Empêcher beaucoup de mal:

2° Faire beaucoup de bien ;

I. Empêcher beaucoup de mal.

Qu'il se soit fait beaucoup de mal dans nos campagnes depuis trente ans et plus, que la religion et la morale y soient en baisse, ce n'est pas niable.

Les habitudes religieuses sont entamées partout, et dans bon nombre d'endroits presque entièrement délaissées. Le blasphème et la profanation du dimanche sont devenus la loi commune. L'insubordination de la jeunesse et la grossiereté des mœurs épouvantent les observateurs les plus indifférents. Les pires doctrines circulent librement et sont acceptées de la masse avec docilité et empressement.

Les journaux collectivistes et pornographiques sont en plein succès dans certaines campagnes. Et un peu sur tous les points de la France rurale on a vu les meneurs les plus avancés et les plus inintelligents damer le pion à des hommes modérés et instruits, qui avaient rendu de grands services et qui méritaient la confiance de tous. Il est facile de constater la déchéance morale et religieuse de nos campagnes.

Comment arrêter le mal, le prévenir où il n'existe pas encore, et le guérir là où il sévit? Qui en a le pouvoir, et par conséquent le devoir?

Le prêtre? Non. Le prêtre, le curé de campagne tout seul ne résoudra pas ce redoutable problème. Trop souvent, il est suspect. Sa soutane noire semble sans cesse prêcher tacitement, mais éloquemment les commandements de Dieu. Ce n'est pas le symbole, Messieurs, qui nous rend impopulaires, c'est le Décalogue. Et puis, que n'a-t-on pas fait, que ne fait-on pas tous les jours pour discréditer, pour démonétiser l'action du clergé rural? Livré à ses seules forces, le prêtre ne peut endiguer l'inondation qui submerge nos campagnes.

Le noble, *le riche*, le propriétaire, le dirigeant a aussi contre lui pas mal de préjugés que je n'ignore point. Mais pratiquement ces préjugés doivent tomber, et tomberont à la condition que je vais dire. Pour empêcher le mal, *il faut être là où le mal sévit*. Un médecin ne guérit pas son malade à distance. Il le visite souvent, il le surveille, il l'ausculte, il suit en quelque sorte pas à pas les progrès et les reculs de la maladie... Pour éteindre un incendie, on ne se tient pas à plusieurs lieues des maisons qui brûlent, on se précipite aussitôt sur le théâtre du feu. Jérôme Paturot, à la recherche d'une position sociale, se moque agréablement de la société générale des naufragés installée rue Neuve-des-Mathurins au fond d'une cour, à Paris, et qui de là veille sur les navires en perdition. C'est un peu comme cela que nous procédons en France. Nous nous imaginons que le patronage peut très bien s'exercer à distance; — que le peuple se sauvera tout seul sans la présence et l'action de ses chefs naturels; — que les mineurs du Rouergue et du Nord sont suffisamment protégés contre les meneurs par une Compagnie industrielle qui siège à Paris; — qu'il n'est pas nécessaire d'aller défendre sur place nos populations rurales, abandonnées comme une proie aux missionnaires de

l'impiété. *Nous nous trompons.* C'est trop facile à
voir. Livrés à eux-mêmes, nos villages se laissent
conquérir par toute influence malsaine. Le mal s'y
propage avec une effrayante rapidité, quand ceux
qui avaient charge d'âmes ont fui leur poste... Pour
arrêter la démoralisation et la déchristianisation
des campagnes, il faut la présence et l'action des
dirigeants. Ils peuvent empêcher beaucoup de mal.

II. Faire beaucoup de bien.

1° *Par l'exemple* d'abord

Messieurs, j'aurais beau le taire que je ne pourrais le cacher à l'histoire. Ce sont les exemples des
rois dépravés et des grands corrompus qui, au
xvii⁰ et au xviii⁰ siècles, ont perverti la nation française. C'est par la tête que pourrit le poisson, dit un
proverbe arabe. Notre société a été perdue il y a
cent ans et plus par la faute de ses chefs, et nous
portons encore aujourd'hui la peine des scandales
que les conducteurs du monde ont semés jadis dans
les classes populaires. Des hauteurs sociales le mal
est descendu dans les chaumières et dans les
ateliers.

Or, comme les nations se perdent par le mauvais
exemple, elles se sauvent par le bon exemple.
Messieurs les dirigeants, on vous a suivis, quand
vous descendiez ; maintenant que vous remontez,

on vous suivra de même. Ce sera long, très laborieux... car il est plus difficile de remonter une
pente que la descendre. Marchez quand même.
Attachez-vous avec plus de fidélité que jamais aux
traditions abandonnées de la foi et des bonnes
mœurs. *Le peuple vous regarde.* Il voit votre assiduité, votre attitude, votre recueillement dans le
lieu saint, vos prières et vos communions. Il constate que vous êtes des croyants et des pratiquants,
et que vous l'êtes par devoir et par conviction, sans
aucune arrière-pensée d'avantage temporel ou d'ambition politique. Il constate que votre religion n'est
pas seulement sincère, mais qu'elle est féconde,
qu'elle se manifeste, se traduit et s'affirme par des
actes, par des sacrifices, par d'incontestables preuves
de pureté, d'abnégation, de charité et de dévouement. Le peuple voit cela. Il reviendra, il revient
à l'Évangile. Magistrats, chefs des armées, organes
de la pensée publique, riches, nobles, puissants,
qui que vous soyez, semez, semez le bon exemple.
Il en restera quelque bon grain, il en germera une
moisson. Vous pouvez faire beaucoup de bien par
l'exemple.

2° *Par les services rendus.*

Je me représente, Messieurs, le propriétaire ré-
sidant sur ses terres à la campagne. *Il est juste, il
est accessible, il est bienfaisant.* Il donne des conseils.
Il donne des secours, il se donne lui-même. Il pro-

cure du travail et il le rétribue largement. Il ne
regarde pas à quelques mesures de blé ou à quelques
fagots de bois ; au lieu de les laisser prendre, il les
donne. Sa porte, comme son cœur, comme sa bourse,
est ouverte aux faibles et aux petits, et on trouve
auprès de lui non pas cette bonté froide qui glace
la reconnaissance, ni cette condescendance hautaine
qui en impose à l'inférieur, mais·cette facilité
d'abord qui gagne les cœurs et qui dissimule les
distances sans nuire au respect. Aussi comme *il
est estimé et aimé* de tous ! Personne ne songe à
émigrer du village à la ville. Sur ses domaines res-
pectés on naît, on vit et on meurt. Et dans la région,
les habitants d'une voix unanime disent : « Monsieur un tel, c'est le roi des hommes ! » *Le bien
que fait un tel homme* est incalculable. Il relève la
religion. Il restaure les mœurs. Il sauve une population de la décadence morale et religieuse. Les
dirigeants peuvent faire beaucoup de bien dans nos
campagnes par l'exemple, par les services rendus.

3° *Par un apostolat intelligent et discret.*

Quel apostolat ? Je vais essayer de vous le dire.
D'abord il faudrait *assainir nos villages* en y fondant *l'école chrétienne*, au moins l'école chrétienne
de filles. Les religieuses, en élevant la jeunesse féminine, en préparant de bonnes mères de famille,
déposent dans nos campagnes un ferment de christianisme et de moralité. L'avenir de notre pays

dépend des familles, et l'avenir des familles dépend
de la conduite des jeunes filles adolescentes qui
seront un jour des mères. Comment voudrait-on
qu'elle comprît jamais ses devoirs de mère, la femme
qui ne se serait préparée à cette haute et sainte dignité que par les dissipations coupables, et peut-
être par les désordres dégradants de la jeunesse?
Et pour assainir nos villages il faudrait ajouter à
l'école chrétienne qui forme l'enfant, *le patronage
religieux* qui préserve la jeunesse, les catéchismes
de persévérance, ce qu'on appelle aujourd'hui les
œuvres post-scolaires. Ce n'est pas assez. Il faudrait aussi s'adresser à l'âge mûr, et opposer *le
bon journal* à la mauvaise presse, et répondre par
de bonnes conférences aux inepties de certains orateurs. On sait tout le succès qu'ont en France les
beaux parleurs, surtout quand ils flattent les basses
passions, par exemple, quand ils proposent aux
travailleurs une vie nouvelle où il n'y aura plus
rien à faire... ou quand ils agitent devant des esprits crédules le spectre de l'inquisition et du péril
clérical. Serait-il impossible de parler aux paysans
le langage de la science et de la raison sur l'agriculture — sur l'alcoolisme — sur les enseignements
et les bienfaits du christianisme? Plusieurs ont
essayé et réussi. Pourquoi donc ne pas étendre et
généraliser cet apostolat par la parole?

Et puis en même temps qu'on assainirait nos vil-

lages par l'école, par le patronage, par le journal, par
la conférence, il faudrait *les christianiser* en les
ramenant à l'amour et à la fréquentation de leur
chère vieille église. Nos villages sont devenus mo-
roses. Les cabarets sont remplis, mais ils sont
mornes. La gaieté s'est en allée de nos campagnes.
Les visages sont tristes comme les âmes. Pourquoi ?
Parce que la source des vraies joies populaires, le
temple est oublié et délaissé. Non, je vous l'assure,
ce n'est pas le cabaret qui régénérera nos campagnes,
ce n'est pas même l'école, si pimpante soit-elle...
C'est la vieille église branlante. Là, je le répète,
sont les vraies joies du peuple : joie *des oreilles :* on
entend parler un homme cultivé, un homme ami,
le curé — joie *des livres :* on chante, tout le monde
chante, les artistes du lieu, les jeunes gens et jeunes
filles, tous les paroissiens, assez faux, c'est pro-
bable, mais du moins on ne s'ennuie pas, et Dieu
ne relève que l'intention... joie *des yeux.* On se reconnaît devant Dieu. On contemple tous les membres
de la famille le dimanche. On admire les beautés
du culte, les décorations de l'autel, la crèche de
Noël, les illuminations de l'Adoration perpétuelle,
le parterre du mois de Marie, le reposoir du Jeudi-
Saint, etc... joies *de l'âme.* On trouve à l'église
l'enseignement qui éclaire, la parole qui console,
le pardon qui relève, l'Eucharistie qui soutient,
l'exemple qui édifie, un rayon d'idéal, la porte du
ciel! Christianisons nos campagnes. Je vous ai

tracé, Messieurs, un immense et magnifique programme. Que tout le monde se mette à le réaliser, chacun selon ses moyens et à l'occasion. Faisons notre devoir, et Dieu fera le reste !

Amen !

TRENTE-TROISIÈME CONFÉRENCE

IV. Les Remèdes (SUITE).

4° LE DEVOIR DES DIRIGEANTS

MESSIEURS,

Me plaçant dimanche dernier au point de vue moral et religieux j'ai dit, et je crois avoir prouvé que les dirigeants à la campagne peuvent empêcher beaucoup de mal et faire beaucoup de bien. Aujourd'hui, je me place au point de vue économique et social... et je vais essayer de vous montrer comment les dirigeants peuvent ramener dans nos campagnes la prospérité et la paix.

I. La prospérité.

Les lumières et les capitaux sont les deux éléments de la prospérité rurale. Or, ces deux éléments sont dûs surtout à la présence et à l'action des dirigeants. Les hommes influents donnent à nos campagnes

1° *Les lumières* qui font progresser la vie agri-

cole. *Le paysan* est lent à accepter les innovations.
Il examine, il discute, et même quand il est ébranlé
et convaincu, quand il est forcé d'admettre que tel
genre de culture est préférable, il ne se rend pas
tout de suite. Tout changement lui est pénible, et
il répond : Nous avons toujours fait ainsi. Il redoute les dépenses que souvent il exagère; et puis,
il est si commode de marcher dans le même sentier sans songer à l'élargir ou à le rendre moins
rapide! Que fait le dirigeant, le bon dirigeant, le
propriétaire homme de cœur qui a la noble ambition d'exercer l'apostolat? *Il parle* aux ouvriers, aux
fermiers, aux laboureurs des progrès à réaliser. Il
combat les erreurs, il détruit les préjugés. Il enseigne à tous la culture raisonnée, intensive et progressive. Attacher le paysan à ses champs en lui
apprenant parfois, malgré lui, à obtenir un rendement élevé, ce n'est pas seulement enrichir la campagne, c'est encore la moraliser. Et parce que
l'habitant des campagnes se laisse peu toucher par
les raisonnements les plus clairs, parce qu'il lui
faut des résultats palpables, que fait le dirigeant,
le bon dirigeant? *Il agit*, il donne l'exemple, il
propage les bonnes méthodes en les appliquant
dans ses domaines, et ainsi il imprime à l'agriculture une heureuse impulsion. On le voit expérimenter les engrais chimiques et doubler la fécondité de la terre. On le voit expérimenter les machines,
semeuses, faucheuses, moissonneuses, batteuses, di-

minuer par là le travail de l'homme et augmenter
les revenus. On le voit essayer les innovations
hasardeuses sous les yeux du paysan étonné et dé-
fiant. Il aventure un peu d'argent... Pourquoi pas?
Le soldat donne bien son sang pour défendre la
France. Pourquoi ne donnerait-on pas un peu d'or
pour l'embellir et la féconder? Nous avons de cela
chez nous, Messieurs, un magnifique exemple.
Qu'était-ce que *la Sologne* il y a cent ans? Un immense marécage. Mais voilà que des hommes intelligents ont planté là le pin, ont défriché les bruyères,
ont creusé les canaux, ont acclimaté le froment et
les prairies. Les moissons ont surgi de toutes parts,
et, comme dit Mgr Bougaud, sur ces terres réchauf-
fées par le génie de l'homme, sur ces moissons dues
aux efforts de la science agricole, on peut écrire ce
mot triomphal : *Finis Soloniæ*.

Les hommes influents, les dirigeants donnent à
nos campagnes les lumières qui font progresser la
vie agricole.

2° *Les capitaux* qui alimentent la vie agricole.
Là où il y a de l'argent qui se dépense, les gens
accourent pour en avoir leur part. En langage économique le capital suscite le travail : c'est une loi
inéluctable. Voici donc le riche propriétaire installé
à demeure sur son domaine... L'argent, le grand
moteur du travail, s'y introduit avec lui. Et alors
— il y a de l'ouvrage pour tout le monde — la main-

d'œuvre abonde et elle est bien rétribuée — on répare et on entretient les bâtiments — on met en valeur les terres en friche, on améliore et on étend les cultures — on perfectionne l'outillage agricole. En un mot, les capitaux sont dépensés dans les localités qui les produisent. Ils ressuscitent et alimentent la vie rurale... Et par *là s'opère le sauvetage* d'une multitude de malheureux qui allaient se perdre dans le gouffre des grandes villes et qu'on protège du naufrage en les attachant à la terre.

On sauve la campagne, et *du même coup on sauve la nation.* — En effet, si les lumières et les capitaux, ces deux éléments de la vie nationale, se portent avec trop d'abondance à la tête, c'est-à-dire dans les grandes cités, il y aura congestion au cerveau et mort imminente. Une dérivation est nécessaire. Disséminez dans les provinces et tournez vers l'industrie agricole, commerciale et manufacturière, les talents ambitieux occupés à tisonner dans la métropole le feu des révolutions. Les capitaux qui ne servent qu'à volcaniser Paris, répandez-les sur toute la surface du pays, et notre belle France, ravivée dans tous ses membres, n'éprouvera plus ce froid glacial aux extrémités, et ces tournoiements de tête, ces vertiges du cerveau, présages des pires catastrophes. La sécurité renaîtra avec la prospérité. Les dirigeants rendront à nos campagnes

II. **La paix.**

Ils y apportent les lumières et les capitaux...
c'est beaucoup. Mais ils font mieux encore, en y faisant régner la cordialité et la solidarité. Je m'explique :

1° *La cordialité.*

Quand les petits et les faibles voient les riches
et les puissants ne pas les fuir, mais se mêler à eux
dignement et simplement, la haine et la défiance
disparaissent vite et un souffle puissant de concorde rapproche les cœurs. Or, je me représente le
dirigeant à la campagne étroitement uni à nos populations rurales. *Il vit au milieu des paysans* pendant l'année presque tout entière, les encourageant,
les reprenant, et toujours leur donnant une direction éclairée, car il est au courant des derniers
progrès réalisés et lié avec les hommes les plus
éminents en matière agronomique. Il s'occupe sérieusement de la terre et des terriens, attentif à
appliquer à l'une les améliorations heureuses et à
accorder aux autres la sympathie, les conseils et
le concours de son cœur, de son expérience ou de
ses ressources. *A cinq heures du matin*, sans souci
du froid ou de l'humidité, il est déjà sur pied. Il
parcourt les champs, visite les fermes, inspecte les
étables, fait assainir des prés marécageux, ordonne

et surveille des coupes de bois. Au moment des vendanges ou de la moisson, personne n'est plus assidu que lui auprès des cuves et de la faucheuse, et il ne dédaigne pas de donner parfois un coup de main à ses ouvriers trempés par la pluie ou brûlés par le soleil. *Du matin au soir* on le voit, on cause avec lui, on trouve auprès de lui sympathie, aide, affection. Quand il s'éloigne momentanément, il laisse un souvenir fait d'estime et de reconnaissance, préservatif le meilleur contre la contagion des fausses doctrines, garant le plus sûr d'un avenir de fraternité et de concorde. S'il sait unir la douceur à la fermeté, la bonhomie à la dignité, s'il a la sagesse de se servir seulement de son influence pour la défense des grands principes nécessaires à la vie des peuples, s'il a la prudence de ne pas s'exposer dans de futiles querelles de parti, véritable père de famille, il remplit une mission féconde et régénératrice. Il rend à la société des services incalculables, car il fait le bien non par gloriole ou par accès, mais avec suite et par devoir.

Il rend au village la paix dans la cordialité des rapports. Souvent même, il ira plus loin, et il y établira

2° *La solidarité* des intérêts, en créant des institutions de prévoyance et de mutualité, telles que caisses rurales, assurances mutuelles, syndicats, métayage. Sur chacun de ces sujets, il y aurait un livre à écrire. Je me contente de quelques mots. Les *syndicats* agricoles vulgarisent les nouvelles méthodes de culture et d'alimentation, l'usage d'instruments perfectionnés, l'application rationnelle des engrais chimiques. Ils ont déjà sur plus d'un point réalisé des progrès, relevé des exploitations appauvries, et rendu confiance et espoir aux cultivateurs. Et puis au point de vue de la paix sociale, ils peuvent exercer la plus heureuse influence. Ils établissent sur le terrain commun des intérêts des rapports fréquents entre patriciens et plébéiens de l'agriculture. Les ouvriers agricoles, grâce à eux, se rencontrent fraternellement avec les grands propriétaires, et les uns et les autres, en causant, finissent par se mieux connaître et par s'apprécier. C'est un tombereau de terre jeté dans le fossé qui sépare deux classes destinées à se solidariser. Ces syndicats sont déjà nombreux; le jour où on pourra en doter toutes les campagnes de France sera un jour heureux. Et sur les syndicats comme sur un tronc vigoureux viennent naturellement se greffer toutes *les institutions d'assistance* et de prévoyance qui reposent sur la mutualité : sociétés de secours mutuels, caisses rurales de crédit, caisses de retraites, assurances contre la mortalité du bétail, la grêle, les accidents... institutions qui soulagent les misères présentes et sauvegardent la sécurité de l'avenir. Dans certaines régions l'association du capital et du travail, qui est et doit être partout la vraie solution de la question sociale, prend même une forme plus précise, la forme *du métayage*, c'est-à-dire du bail à moitié fruits au lieu du bail à ferme. Par ce moyen non seulement le capital et le travail s'associent, mais les personnes se rapprochent, les préjugés tombent et l'union des classes se refait.

On a parlé dans ces derniers temps et avec grande raison de la mission sociale de l'officier. Il y a aussi aujourd'hui et plus que jamais la mission sociale du propriétaire, du dirigeant à la campagne. Il peut rendre à nos villages la prospérité et la paix en y ramenant les lumières et les capitaux, en y acclimatant des habitudes de cordialité et de solidarité. Il peut faire refleurir la vie rurale, arrêter l'exode des ruraux vers les villes, et sauver du même coup la cité et le village. Tâche ardue et ingrate, sans doute, mais nécessaire, car là seulement est le salut social, et c'est ainsi seulement que peut encore être sauvée cette grande famille agricole qui est la substance même de la patrie... Mais ne l'oublions pas, cette œuvre si difficile et si nécessaire dépend du bon esprit de tous, propriétaires et cultivateurs... c'est-à-dire de l'esprit chrétien qui, sans abus de mots, est là comme partout le sel de la terre!

Amen.

TRENTE-QUATRIÈME CONFÉRENCE

IV. Les Remèdes (SUITE)

4° *LE DEVOIR DES DIRIGEANTS* (SUITE)

MESSIEURS,

Les dirigeants peuvent arrêter la déchéance morale et religieuse de nos campagnes et leur rendre la prospérité et la paix. Et j'ose ajouter qu'en faisant cela les classes riches, non seulement sauveraient la nation, mais encore se sauveraient elles-mêmes. Ce n'est pas en général dans les grands centres qu'elles retrouveront leur prépondérance, c'est dans les villages. Là, le dirigeant intelligent et sérieux conquiert peu à peu, avec la dignité de la vie, une aisance suffisante et une popularité de bon aloi.

I. *La dignité de la vie.*

A la ville le dirigeant est trop souvent *inoccupé*. Ou il n'a rien à faire ou il ne fait que des riens. S'il est arrivé à l'âge du repos après une vie bien

employée, s'il est chargé d'années qui ont été labo-
rieuses... je m'incline devant lui et je salue ce
soleil qui se couche après avoir fourni une noble
carrière. Mais s'il est jeune encore, plein d'énergie
vitale... je le plains et je le blâme. A-t-il le droit
de jeter au néant des dons qui voudraient fleurir
et fructifier? Non. Trouve-t-il le bonheur dans cette
dispersion, dans ce gaspillage d'une vie qui n'a pas
de but, d'une activité qui n'a pas d'emploi? Non.
Vivre à ne rien faire, n'est pas vivre. Le repos après
le travail est légitime. L'inaction du berceau à la
tombe n'est pas normale. « Tu mangeras ton pain à
la sueur de ton front », a dit l'Éternel sur le berceau de l'humanité. Il n'y a d'exception pour personne. Les sueurs sont diverses selon les professions.
Mais tous doivent en verser au moins quelques
gouttes. D'une façon ou d'une autre, tout homme
doit travailler. C'est en même temps un devoir de
conscience et une condition de bonheur. C'est un
élément essentiel de la dignité de la vie.

J'admire les classes aisées et les familles anciennes
qui se font au village *une existence noblement
employée*. Les journées passent vite, et pas une
minute n'est perdue : on s'occupe de l'intérieur, on
s'intéresse aux braves gens du voisinage, on visite
les malades, on assiste les pauvres, on console les
affligés, on est le mandataire de la bonne Providence et l'auxiliaire du curé de la paroisse, on

administre ses propres affaires et les affaires de la commune, on est occupé, sérieusement occupé du matin au soir. Et le soir on savoure les joies saines de la vie de famille. Je ne sais rien de plus beau, de plus salutaire, de plus digne que ces veillées chrétiennes autour de la large cheminée de la vieille maison. Je ne sais rien de plus beau, de plus salutaire, de plus digne que le tableau de cette maisonnée qui, après le repas du soir, s'agenouille pour rendre à Dieu son hommage et réciter sa prière devant le crucifix. Cette hymne du soir, récitée par le père ou la mère de famille, pendant que les enfants et les serviteurs répondent l'*Amen* de leur adhésion, me semble d'une éloquence supérieure... et je me permets d'émettre le vœu que ces bonnes habitudes reprennent partout et se multiplient. Nos villages ne pourront que gagner à ce bon exemple. Et les classes dirigeantes revivifiées dans la dignité de la vie retrouveront du même coup la richesse et l'influence.

II. *La richesse.*

A la ville, le dirigeant non seulement ne peut rien produire, mais est obligé *de consommer* beaucoup. Il a un train de vie qui coûte cher. Il est l'esclave des conventions mondaines, et il lui est bien difficile d'échapper aux dépenses somptuaires d'aménagement, de vêtement et de table qui engloutissent des sommes souvent exagérées.

A la campagne, on vit plus simplement, *on vit de son travail*. L'agriculture menée avec habileté et avec prudence est une excellente spéculation. La terre ne laisse pas mourir de faim celui qui la cultive. On trouve très convenable de coloniser Madagascar ou le Canada; y aurait-il moins de profit et plus de déshonneur à coloniser la France? Ce qu'on va faire bien loin, pourquoi ne pas le faire dans notre pays? Il y aurait là, en même temps qu'un excellent moyen de gagner sa vie et de redorer son blason, une excellente façon d'aller au peuple et de travailler à résoudre le problème social. Cependant une remarque est ici nécessaire. *Pour réussir à la campagne*, pour ne pas marcher infailliblement à la ruine, il faut y vivre comme y vivaient nos pères, c'est-à-dire dans le labeur, dans un labeur intelligent et intensif. *Les jeunes gens* doivent se préparer à la vie des champs par une éducation professionnelle très sérieuse, soit en fréquentant les écoles d'agriculture, soit en observant les méthodes employées par les habitants du pays. *Les jeunes filles* ont besoin, elles aussi, d'une formation toute spéciale. L'ambition de beaucoup de parents étant d'avoir des filles brillantes, élégantes et brevetées, l'instruction et l'éducation s'en ressentent et ne sont aucunement aptes à faire des

femmes pratiques à l'esprit solide. Pour ne pas
s'encroûter à la campagne, la femme doit être ins-
truite non pas de l'algèbre et de la trigonométrie,
mais de ce qui élève l'âme et occupe l'esprit. Les
femmes peuvent beaucoup pour le retour à la
terre... mères, en habituant leurs fils à une vie
simple, virile, sobre, et dépourvue de tout le luxe
efféminé qui nous entoure... jeunes filles, en con-
sentant à épouser des campagnards, en acceptant
de mener une existence rustique et laborieuse,
dépourvue de distractions mondaines, mais possédant des charmes dont les populations urbaines
n'ont pas l'idée... Allons à la terre tant dédaignée!
faisons-la produire en la cultivant nous-mêmes.
Nous en serons récompensés par une vie modeste
peut-être, mais paisible, digne et relativement
aisée. Les classes dirigeantes retrouveront à la campagne la dignité de la vie, la richesse suffisante.

III. *L'influence.*

A la ville le dirigeant *est noyé* dans l'immense
multitude. Il passe inaperçu. L'action qu'il exerce
est très restreinte.

A la campagne son action est directe, immédiate,
et beaucoup plus intense et plus efficace. Les au-
mônes discrètes de la dame, les bons conseils et
les services du monsieur sont appréciés de tous.

Des gens riches, serviables, complaisants, simples, ayant conscience de leur mission, n'ayant d'autre ambition que celle du bien à faire et d'un apostolat à exercer, n'ayant nullement besoin pour vivre, comme la plupart des politiciens, des voix des électeurs et d'un mandat quelconque, ne peuvent pas ne pas s'imposer... Pour gagner les cœurs, il n'y a qu'un moyen, il faut *donner le sien*. Le peuple finalement appartiendra à qui aura su l'aimer davantage. Si les classes dirigeantes vont à nos populations rurales loyalement, sans arrière-pensée, pour le bien de chacun et de tous, nos populations rurales ne leur marchanderont pas la confiance. Elles verront clairement où sont leurs véritables amis, et elles accorderont l'influence et le pouvoir à ceux qui les méritent. Mais pour cela *il faut résider*. Au lendemain d'une élection générale, un grand propriétaire du centre vint annoncer à Le Play qu'il n'avait pas été élu. Cet échec lui paraissait d'autant plus dur, que son grand-père, son père et lui-même avaient jusque-là constamment représenté le pays. Aussi récriminait-il amèrement. Il s'en prenait à l'ingratitude du corps électoral, à la perversion des idées, au progrès des doctrines révolutionnaires. Le Play l'interrompit : Monsieur le comte, lui dit-il, où résidait votre grand-père? — Sur ses terres. Il ne venait presque jamais à Paris. — Votre père? — Mon père à la suite de son mariage eut à Paris sa principale installation. — Et

vous? — Moi également. — Mais alors, reprit Le
Play avec sa brusquerie un peu rude, les plaintes
que vous élevez contre vos électeurs ne me paraissent
pas justifiées. Considérez qu'ils sont restés fidèles à
votre père et à vous-même jusqu'à ce jour, bien
que vous ayez cessé de résider parmi eux, de vous
occuper de leurs intérêts, de dépenser dans le pays
l'argent que vous tiriez du pays. A la longue ils se
sont lassés ; ils ont fait choix d'un homme que du
moins ils voyaient tous les jours, auquel ils pouvaient s'adresser lorsqu'ils avaient besoin d'assistance et de conseil. Cet homme a pris votre place,
parce que depuis deux générations vous l'aviez
désertée.

Abandonné à lui-même le paysan devient une
proie pour l'intrigue. On le trompe, on l'égare, on
l'enivre jusqu'à la corruption.

Pour le sauver du sophisme, il faut auprès de lui
ses protecteurs naturels, les hommes riches et honnêtes qui vivent dans le pays et lui donnent une
bonne direction. Ces hommes s'imposent au respect
de tous. Leur influence très légitime ne tarde pas
à grandir et à leur permettre de jouer un rôle utile
au pays et de faire un bien durable autour d'eux.

Ils font plus pour la solution de la question
sociale que bien des théoriciens à grand fracas.

TRENTE-CINQUIÈME CONFÉRENCE

IV. Les Remèdes (suite)

5° *LE DEVOIR DU CLERGÉ*

Messieurs,

J'ai l'intention, aujourd'hui, de vous dire ce que peut et doit faire le clergé pour conjurer le fléau social de la désertion des campagnes. Le devoir du clergé est : 1° de christianiser les campagnes ; 2° de faire aimer la vie des champs ; 3° de fonder des œuvres rurales.

I. *Christianiser les campagnes.*

Ce n'est pas facile. Le prêtre de ville a une rude mission à accomplir. Et, vous pouvez vous en convaincre, en général, il ne mange pas son pain dans l'oisiveté. Mais combien plus crucifiante est la mission du prêtre de campagne, s'il veut vraiment évangéliser son peuple, le conserver chrétien ou le ramener à la foi ! Du fond de son presbytère, par un soir de pluie bien triste, ou en un matin d'été qui fait présager une écrasante et orageuse après-midi, en semaine et même le dimanche, il voit son église déserte et ses paroissiens sourds à la bonne parole, et il pense que sa tâche, à lui, est bien plus glaciale que l'eau qui tombe, plus brûlante que le soleil qui darde et que la poussière qui poudroie. Et d'un bout de l'année à l'autre, sa vie s'écoule dans la même monotonie, ses efforts s'épuisent dans la même infécondité apparente. Christianiser les campagnes, ce n'est pas facile. Et cependant!

C'est nécessaire. On a dit que le Christianisme est et sera toujours cette grande paire d'ailes indispensable pour soulever l'homme au-dessus de lui-même, de sa vie rampante, de ses horizons bornés. Cette parole est surtout vraie quand elle s'applique aux habitants du village. S'ils n'ont pas la foi, que leur reste-t-il pour les élever, pour les désenténébrer, pour les spiritualiser? — Si le prêtre n'est plus leur éducateur public, auprès de qui iront-ils chercher la science du vrai et du bien, la croyance et la morale, la paix de l'âme, le pardon de la conscience, le secret de la résurrection et de la vie? — Sans religion, le citadin garde encore la surface d'un civilisé. Mais si on enlève à la démocratie rurale la foi de ses pères, gare à nous, gare à la société! Lorsqu'il ne restera plus dans ces hommes bons et simples, la moindre trace de l'Évangile, quand on les aura purgés et expurgés de toute religion, vous pourrez voir comme ils

couleront vite dans les bas-fonds de la sauvagerie.
Il faut christianiser les campagnes.

C'est possible. C'est l'œuvre de tous, mais spécialement du clergé. Et pour accomplir cette œuvre,
le clergé doit d'abord se tenir *très au courant* de la
science de son temps, lire l'objection, connaître la
riposte. Les objections qu'on oppose à la religion
ne sont pas toujours les mêmes, elles se présentent
sous des formes sans cesse nouvelles. Aux ironies
du bel esprit de village — qui les emprunte à son
journal, sans d'ailleurs les avoir habituellement
comprises — il faut que le prêtre ait de quoi
répondre. Si les gens ne se convertissent pas, au
moins ils respecteront son savoir. Et puis à la
science il ajoutera *le dévouement*. Il aimera son
peuple. C'est peut-être un pauvre peuple dans un
bien obscur village. Mais, comme dit Lacordaire, « il
n'y a pas de petite assemblée parmi les âmes : une
âme est à elle seule un grand peuple ». Aussi le
curé de campagne se donne-t-il sans compter à sa
paroisse... Et impuissant à l'évangéliser tout seul
il appelle à son secours *des auxiliaires*, des voix,
qu'il estime plus puissantes que la sienne, des
missionnaires qui intéressent et émeuvent les
oreilles les plus paresseuses. Les missions prêchées
dans nos campagnes y portent la vérité et la vie.
C'est un des services éminents que nous rendent
les ordres religieux, dont la destruction par con-

séquent serait une calamité pour la religion et pour la patrie.... Oui, pour la patrie... Car, en ravivant la foi de nos populations, les ordres religieux apportent à la France étiolée d'égoïsme et de matérialisme, une réserve de braves gens qui comprennent le secret de leur dignité morale, pratiquent la fraternité et acceptent le sacrifice. Enfin, *que ne fait pas* le clergé pour christianiser nos campagnes? Il institue des écoles libres, des patronages religieux, de bonnes bibliothèques. Il pratique la charité intellectuelle aujourd'hui si nécessaire. Car nous vivons à une époque où le livre, la brochure, le journal sont les grands maitres. Et le prêtre serait tout ensemble inintelligent et coupable s'il négligeait de recommander et de répandre parmi son peuple, la bonne presse, moyen moderne, mais nécessaire d'apostolat et d'évangélisation. Christianiser les campagnes c'est le premier devoir, le devoir essentiel du clergé. Un autre vient s'y ajouter.

II. *Faire aimer la vie des champs.*

Aucun des intérêts matériels ou spirituels des peuples n'est étranger au cœur, au ministère du prêtre. Or, dans la lutte contre la désertion des campagnes, sont engagés non seulement les intérêts matériels, mais encore les intérêts les plus élevés des âmes et de tous les trésors moraux qui sont la vraie richesse de notre pays. Donc :

Autant qu'il le pourra, le prêtre *tiendra ses paroissiens attachés à la vie des champs*. Du haut de la chaire, dans les instructions données aux jeunes gens et aux jeunes filles, dans les conversations particulières, auprès de l'humble foyer du presbytère, le long des sentiers poudreux ou fleuris, sur le seuil des demeures où il va porter les bénédictions du ciel et les consolations de la foi et de l'espérance, le curé de campagne dira à son peuple les dangers de la ville et les avantages de la vie rurale. Il s'opposera au départ précipité et injustifié de la jeunesse vers les grands centres. Il rappellera aux parents la responsabilité terrible qui pèse sur eux, et il leur prophétisera les cruels regrets qu'ils préparent à leur vieillesse. A l'accent de sa parole énergique et profondément affectueuse, on comprendra peut-être l'importance des avertissements qu'il donne... Quelques-uns peut-être résisteront à la tentation de quitter le village... Et, s'il n'est pas obéi, il lui restera du moins la consolation d'avoir délivré son âme et d'avoir fait son devoir. C'est quelque chose, Messieurs, c'est beaucoup. Un jour Bourdaloue, prêchant devant Louis XIV, avait tonné fortement contre l'impudicité. Les courtisans étaient outrés et se pressaient autour du grand roi, le conjurant d'interdire la parole à ce Jésuite insolent. « Messieurs, leur dit Louis XIV, le pré-

dicateur a fait son devoir, faisons le nôtre ».
Aujourd'hui, plus encore qu'au xvii° siècle, il arrive
aux curés de ville et aux curés de campagne
d'annoncer des vérités qui déplaisent aux auditeurs.
Qu'importe? Le prédicateur n'est pas responsable
du succès de sa parole. Qu'il fasse son devoir. Dieu
ne lui demande que cela. Le clergé rural n'est pas
tenu de convaincre ses paroissiens. Il est tenu de
dire tout ce qui est humainement possible pour les
convaincre, pour leur faire aimer la vie des champs,
et pour les y retenir.

Et quand *reviennent de Paris ou d'ailleurs
quelques brebis* du troupeau qui ont perdu leur
toison, c'est-à-dire la foi, l'honnêteté, le bonheur, le
bon Pasteur les recueille, les soigne, les guérit. Il
ressuscite dans ces âmes la foi qui paraissait
éteinte. Il réveille en elles les souvenirs du passé.
Il les acclimate de nouveau dans le vieux sol natal.
Il les dépouille des scories prises dans la vie
urbaine. Il leur rend avec l'amour du clocher, les
saines habitudes du travail et de la dignité morale.
Christianiser les campagnes et faire aimer la vie
des champs : tels sont les deux premiers devoirs du
clergé. Un troisième les accompagne et les complète.

III. Fonder des œuvres rurales[1].

Pour fonder des œuvres rurales, *il est nécessaire*

1. Lire sur ce sujet : *Un curé et ses œuvres sociales*, par

d'abord de connaître les choses de la campagne.
C'est pour cela que, dans plusieurs grands séminaires d'Italie, on vient d'instituer des leçons
d'agriculture qui sont suivies par les jeunes lévites
et qui leur serviront plus tard dans leur ministère
à la campagne. Les Belges font mieux encore.
L'évêque de Liège a adjoint un cours d'agriculture
aux leçons de sciences naturelles données aux
élèves de philosophie du petit séminaire. Les
évêques Belges ont annexé à l'Université catholique
de Louvain, un Institut supérieur d'agriculture, et
chaque année ils y envoient de jeunes ecclésiastiques pour y suivre des études spéciales et y
acquérir le diplôme d'ingénieur agricole. Ces prêtres
deviennent ensuite professeurs d'agriculture dans
les écoles normales épiscopales, et dans les collèges
diocésains où les sections moyennes d'agriculture
ont été multipliées.

Ainsi préparé, le clergé *peut mettre la main aux
œuvres rurales.* Il est initié à la science agricole. Il
la répand autour de lui. Il est dans chaque village
le promoteur des œuvres agricoles, et c'est merveille de voir l'action qu'il peut exercer et tout le
bien qu'il peut faire. Je viens de recevoir le compte
rendu de l'assemblée générale de la Corporation
agricole de Notre-Dame des Champs du diocèse de
Liège, tenue le 11 mars dernier (1901) au séminaire,

M. l'abbé MAZELIN (Lille, imprimerie de l'Action libérale,
15, rue d'Angleterre) et dans l'*Univers* du 9 mai 1902 : *Le
mouvement social* par Max TURMANN.

sous la présidence de l'évêque (voir la *Démocratie chrétienne*, juin 1901). C'est une floraison magnifique d'œuvres rurales, dont je ne veux pas entreprendre l'énumération et l'exposition. Cette assemblée se termine par un discours du vénérable évêque de Liège, qui serait à lire tout entier... Après avoir dit ce que fait son clergé diocésain, l'évêque invite les catholiques laïques à agir dans le même sens, et c'est aussi, Messieurs, ce que je vous demande en terminant.

Les temps sont mauvais. C'est trop certain. D'affreux sectaires s'efforcent d'enlever à nos populations ouvrières et rurales, les derniers restes de moralité et de religion qu'elles possèdent encore. Ne perdons pas notre force à gémir, nos yeux à pleurer. Les lamentations sont stériles, et les larmes versées sur les ruines ne les raniment pas. Agissons. Donnons de notre or, de notre activité, de notre influence, de notre temps, donnons surtout de nous-même. Sous la rafale qui passe, ne plions pas les genoux et gardons haut la tête. Laissons passer les politiciens véreux et les ambitieux vulgaires, qui corrompent le peuple pour le mieux exploiter. Tenons-nous dans la compagnie des meilleurs esprits de notre époque, des intelligences les plus hautes dans les milieux les plus cultivés. Avec eux, résistons, travaillons, espérons... Et sauvons du même coup notre âme et notre société !

Amen!

TRENTE-SIXIÈME CONFÉRENCE

IV. Les Remèdes (suite)

6° LE DEVOIR DE L'ÉTAT

Messieurs,

Il me reste à vous dire ce que l'État peut et doit faire pour remédier à la désertion des campagnes. Il peut et il doit faire beaucoup. Et d'abord qu'il évite soigneusement de dédaigner et d'écraser la vie rurale. J'appelle votre attention sur ces deux points.

I. Que l'État ne dédaigne pas la vie rurale.

1° *L'État aurait grandement tort de se désintéresser de la vie rurale.* Car qu'est-ce que la campagne sinon *le réservoir* où reposent les forces du présent et les espérances de l'avenir? Là, dans la noble paysannerie française, on trouve les vertus solides qui font l'honnête homme et le bon citoyen, élevé à la grande école de la patience et de l'abnégation. — Là on trouve les éléments les plus vigoureux

de la race. Vivant de nourriture saine et d'air pur,
les jeunes gens arrivent à leurs vingt ans, et partent
pour l'armée, dans la plénitude de la vigueur physique, afin de se préparer, le cas échéant, à défendre
le pays. — C'est la campagne qui fournit au Trésor ses revenus les plus abondants. C'est elle aussi
qui donne à l'État la grande masse des électeurs.
L'État aurait donc grandement tort de se désintéresser de la vie rurale.

D'autant plus que *de la restauration des campagnes dépend le sort de l'habitant* des villes. En
effet, si les paysans, malgré leur profond amour
de la terre, se trouvent malheureux à la campagne,
s'ils ne peuvent plus vivre convenablement sur des
champs couverts d'impôts, ils s'en vont peupler les
villes où naïvement ils croient trouver le bonheur.
Ils deviennent des candidats au travail industriel,
ils avilissent les salaires, et ils enlèvent le bien-
être à ceux qui l'obtenaient auparavant de leurs
efforts continus, sans parvenir à gagner leur vie
eux-mêmes. Du même coup l'abandon des campagnes pour les villes appauvrit l'agriculture,
déprécie l'industrie, multiplie les grèves en ame-
nant une surproduction fatale, inquiète la nation
et décuple le nombre de ses ennemis. Enrayer ce
mouvement funeste devient ainsi un acte de salut
public. L'État, qui a la charge du salut public, ne
peut pas se désintéresser d'une telle question.

2° *L'État doit se préoccuper sérieusement de la vie rurale*. La terre devrait être représentée dans le Parlement par de nombreux professionnels agricoles, et non par une masse énorme de journalistes, d'avocats, de médecins et d'apothicaires qui se soucient autant des intérêts de la campagne que des fantaisies du sultan de Zanzibar. — La terre, pour faire connaître et valoir ses besoins, devrait avoir auprès de l'État des chambres d'agriculture, comme il y a des chambres du commerce et de l'industrie, des chambres du travail, des chambres maritimes... — La terre, a pour voir voix au chapitre gouvernemental, devrait se personnifier dans un ministre de l'agriculture tel que je vais vous le dépeindre. Je voudrais que non seulement il fût capable de distinguer un frêne d'avec un hêtre, et un champ d'orge d'avec un champ de froment, mais qu'il fût le plus fort agriculteur du pays — marié à une excellente ménagère qui lui aurait apporté pour dot l'amour du travail et l'art précieux de conduire tout l'intérieur d'une exploitation agricole — et enfin autant que possible assez fortuné pour faire tous ses frais de représentation et communiquer ses lumières au public dans une gazette agricole dont l'abonnement serait libre.

Le jour où elle aurait à son service un bon ministre, des chambres d'agriculture et de nombreux représentants, la vie rurale ne serait ni dédaignée ni oubliée. Elle pourrait défendre ses droits et peut-être diminuer ses charges,

II. Que l'État n'écrase pas la vie rurale.

Ce sont les impôts qui écrasent la vie rurale, et, pour en comprendre toute la pesanteur, il importe de les comparer 1° à ce qu'ils étaient il y a cent ans ; 2° à ce qu'ils sont actuellement comparativement à ceux qui pèsent sur le reste de la fortune publique.

1° Les charges qui grèvent la propriété foncière sont aujourd'hui doubles ou triples de celles qui avant la Révolution pesaient sur la terre. La terre présentement est accablée par les exigences fiscales. On se plaît à mettre cet état de choses si lamentable sur le comp'e des événements militaires qui se sont déroulés depuis cent ans. Ils y sont assurément pour une part. Mais, si nous voulons nous faire une idée juste de la situation, nous devons analyser l'état social qui date de 1789 et qui nous a gratifiés des impôts excessifs de l'heure présente. La ruine de la propriété par l'excès de l'impôt est dans l'exagération de l'idée de l'État, tel que le conçoit le droit moderne. Du moment que l'État, se substituant à l'initiative particulière, l'entravant de mille manières et l'étouffant même, se mêle de tout faire, crée tout, organise tout, gouverne tout, écoles, justice, administration, finances, il lui faut absolument, pour suffire à tant de charges, pressurer la fortune individuelle et en tirer tout ce qu'il

peut, sous forme d'impôts et de contributions de
toute sorte, droits d'enregistrement, droits de mutation et de succession, droits sur n'importe quelle
transaction de la vie privée, et comme en définitive
tout part de la propriété foncière et que tout y
revient parce qu'elle est le gage de la richesse
publique, c'est elle qui porte le poids de tout le
système. D'où il résulte qu'au bout d'un certain
nombre d'années, à force de taxations et de prélè-
vements excessifs, la valeur de toute une propriété
a passé aux mains de l'État, devenu le véritable
héritier et l'unique bénéficiaire. Est-ce là l'affran-
chissement de la propriété? C'en est bien plutôt la
ruine.

Sans doute la Révolution a mis en vente toutes
les terres du clergé et une grande partie de celles
de la noblesse... et on a appelé cela un service
rendu à la démocratie. Quelle immense duperie!
Est-ce le peuple, sont-ce les petits cultivateurs qui
ont bénéficié de cette confiscation restée l'un des
plus grands scandales de l'histoire? Non, mille fois
non. Il suffit, pour s'en convaincre, de consulter les
procès-verbaux mêmes de ces ventes encore plus
ridicules qu'odieuses. La masse des biens du clergé
et de la noblesse a été acquise contre un papier de
nulle valeur, par des bourgeois voltairiens qui se
moquaient du peuple non moins que de la religion
et de l'aristocratie; par des agioteurs qui profi-
taient de la dépréciation du papier-monnaie tombé

à 1 0/0 de sa valeur nominale, pour se constituer
à vil prix de magnifiques domaines. Quant aux
classes populaires, elles n'ont absolument rien gagné
à ce vol qu'on ne saurait qualifier trop durement.
Elles n'ont fait qu'y perdre.

Elles n'ont fait qu'y perdre. Car la plupart des
services publics, l'enseignement, le culte, l'entretien des hôpitaux, le soin des pauvres et des
malades, et jusqu'au service militaire lui-même,
du moins en partie, étaient attachés aux domaines
possédés de temps immémorial par le clergé et par
la noblesse; ils constituaient autant de charges qui
pesaient presque exclusivement sur ces propriétés,
de telle sorte que le reste de la nation était exonéré,
par là même, d'une dépense extrêmement lourde
et qui ne le regardait en rien. Qu'est-il résulté, au
contraire, de la transmission de ces biens aux mains
des agioteurs et de la bourgeoisie voltairienne du
xviiie siècle, moyennant un prix dérisoire? Il en est
résulté un fait bien simple, mais qui n'en est pas
moins cruel : c'est que tous les services publics sont
tombés à la charge du peuple, qui, pour y faire
face, se voit écrasé d'impôts sous toutes les formes.
Que les spéculateurs enrichis des dépouilles du
clergé et de la noblesse, grâce au déboursé de
quelques assignats, s'applaudissent de ce coup de
fortune inespéré, cela se conçoit sans peine; mais
on chercherait vainement en quoi la démocratie

française a pu profiter d'une atteinte aussi profonde
au droit de propriété.

Voilà qui est clair. Le concept moderne de l'État
entraîne une aggravation terrible de l'impôt. Si
seulement cette aggravation pesait également sur
la terre et sur toutes les autres branches de l'activité nationale, il n'y aurait pas grand chose à dire.
Mais il n'en va pas de la sorte.

2° Tout le monde sait que la terre est le bouc
émissaire de tous les gouvernements et qu'elle flé-
chit sous les exigences fiscales. Donnons seulement
quelques exemples.

Par une inégalité aussi choquante qu'inexpli-
cable l'agriculture paie au fisc près du tiers de son
revenu, environ 10 0/0 de plus que la propriété
urbaine, trois fois plus que les actions mobilières et
sept fois plus que la rente.

Voici bien autre chose. Les actions et la rente ne
sont soumises à l'impôt que si elles rapportent : par
exemple, j'ai des parts dans une exploitation
minière ; si la mine brûle ou est envahie par les
eaux, si par suite d'une grève ou d'une circonstance quelconque, la mine ne produit pas, sans
doute je ne jouirai d'aucun revenu, mais du moins
je ne paierai rien à l'État. Au contraire, mon voisin, possesseur d'une vigne ou d'un champ de blé,
voit sa vendange ou sa moisson détruite par la
grêle : il sera obligé de payer la note du percep-

teur, sauf une diminution le plus souvent infime
qu'on pourra lui accorder, en grande faveur, et s'il
est recommandé par le député influent.

En somme, l'agriculture est considérée par l'État
comme une profession taillable et corvéable à merci,
de laquelle on ne saurait trop exiger, puisqu'elle
ne réclame pas.

TRENTE-SEPTIÈME CONFÉRENCE

IV. Les Remèdes (FIN)

6° *LE DEVOIR DE L'ÉTAT*

MESSIEURS,

Nous avons dit que la vie rurale méritait l'attention et les égards de l'État. Or, la vie rurale repose sur la propriété, spécialement sur la petite propriété.

Qu'est-ce que la petite propriété? Le petit propriétaire rural n'est pas celui qui travaille à gages, qui laboure avec des bœufs qui ne sont pas les siens une terre qui n'est pas la sienne. — Ce n'est pas même celui qui possède quelques misérables parcelles de terrain, insuffisantes pour l'occuper et le faire vivre. En France sur 8 millions de propriétaires fonciers, il y en a 5 à 6 millions qui meurent de faim sur une motte de terre, sans même pouvoir occuper leurs bras. — Par petite propriété j'entends parler de la propriété assez limitée pour être travaillée tout entière par les membres d'une même famille, et assez étendue pour absorber leur activité et subvenir à leurs besoins. Le petit propriétaire est celui qui cultive le champ qu'ont cultivé ses

pères, et encore à la condition de l'agrandir peu à
peu, de manière que, le fils aîné possédant le champ
traditionnel, les fils plus jeunes puissent, grâce à
la dot apportée par l'honnête fille qu'ils épousent,
en posséder un pareil. Voilà ce que j'entends par
la petite propriété, et je dis que l'État doit : 1° la
développer ; 2° la stabiliser au moyen d'une législation particulière.

I. *Il faut développer la petite propriété*, empêcher
qu'elle ne se pulvérise après la mort du chef de
famille.

Où en était la petite propriété avant 1789? Une
des erreurs les plus grossières que l'on se soit efforcé
d'accréditer dans le public consiste à prétendre que
la Révolution française a donné ou rendu la terre
aux paysans, tandis qu'avant 1789 la propriété du
sol aurait été le privilège à peu près exclusif de la
noblesse et du clergé... Mensonge audacieux jeté à
la crédulité des simples!... La vérité est que longtemps avant 1789 les paysans étaient devenus propriétaires fonciers, et cela dans une mesure qui n'a
pas été dépassée depuis lors, si tant est qu'elle soit
restée la même. Car tandis qu'aujourd'hui les petits
cultivateurs ne possèdent que le neuvième ou le
huitième des terres cultivées, avant la Révolution

la moitié du sol de la France leur appartenait en propre. Un pareil état de choses, si différent de ce qui existait ailleurs, frappait d'étonnement les étrangers qui visitaient notre pays. La grande propriété, objet de tant de déclamations dans l'école révolutionnaire, absorbait si peu tout le reste qu'au dire de Necker « il y avait en France une immensité « de petites propriétés rurales ». Déjà même le sol se divisait outre mesure, et ce mouvement progressif inquiétait les économistes. C'est donc une erreur absolue de prétendre que le paysan est devenu propriétaire par le fait de la Révolution, et que la division de la propriété foncière date de 1789. C'est plutôt le contraire qui est vrai.

Où en est aujourd'hui la petite propriété rurale? A la mort de chaque chef de famille, elle se pulvérise au point de disparaître tout à fait. Un chef de famille est arrivé à grand'peine, après de longues années de travail, à constituer une propriété foncière. Elle n'est pas très grande, cependant les champs bien cultivés donnent une récolte féconde. Il espère qu'après lui ses enfants continueront à jouir de cette propriété, l'augmenteront par leur activité personnelle ; il est heureux et ne songe pas à quitter son village. Ses enfants le secondent, et, contents de leur sort, sûrs de l'avenir, ne songent pas davantage à aller à la ville. Mais un jour le père de famille, âme de toute cette organisation, meurt.

Aussitôt la loi ordonne le partage complet, absolu, champ par champ, de ces terres réunies avec tant de peine et travaillées avec tant d'amour. Les enfants sont nombreux, cinq, six, plus peut-être; les terres seront divisées en cinq, six parcelles composées chacune d'éléments pris un peu partout et chacune beaucoup trop petite pour nourrir leur propriétaire. Alors, comme aucun des enfants n'a l'argent nécessaire à la réunion des parcelles, elles sont mises en vente et tous sont obligés de quitter la campagne pour la ville, ou de louer leurs services comme domestiques.

Qu'y aurait-il à faire pour empêcher cette ruine de la petite propriété? Il faudrait modifier nos lois successorales. Actuellement elles ordonnent le partage égal de tous les biens. On pourrait maintenir l'égalité de partage quant aux biens mobiliers. Mais il ne faudrait plus soumettre au partage égal les biens immobiliers nécessaires à l'entretien d'une famille. Les biens immobiliers reviendraient à l'aîné ou à un autre enfant désigné par le chef de famille, et l'héritier rétablirait l'équilibre rompu au moyen d'une soulte en argent payable annuellement aux autres enfants sur le produit des récoltes et proportionnellement à ce produit. Cet héritier pourrait d'ailleurs céder ses droits à l'un ou l'autre de ses frères... Voici alors ce qui arriverait. — Le père meurt, il y a un amour de moins, mais la vie matérielle change peu. Un des fils prend la place du père disparu, les biens mobiliers sont partagés entre tous, et comme compensation des biens immobiliers laissés au nouveau chef, ses frères reçoivent de lui une somme déterminée sur le produit des récoltes de l'année. Tous restent groupés autour du même centre, ils ont de l'argent au lieu d'une motte de terre sans valeur, et si, par hasard, ils s'éloignent un peu du foyer commun pour travailler à côté, ils y reviennent quand bon leur semble. Il est toujours là gardien de l'esprit de famille, témoin muet du passé, conseiller de concorde et d'union. Le foyer en un mot subsiste ; il est soustrait aux hasards de l'enchère ; il reste le point de ralliement d'une lignée impérissable de vigoureux et honnêtes paysans. Ainsi se développerait la petite propriété rurale, au lieu de se pulvériser sans cesse. Il y a encore plus et mieux à faire.

II. *Il faut stabiliser la petite propriété,* la garantir entre les mains du père de famille, je veux dire la rendre incessible et insaisissable. Je m'explique :

Actuellement le père de famille peut, pour payer des dépenses exagérées, aliéner tous ses biens, les hypothéquer, les donner comme bon lui semble. N'est-ce pas excessif ? Dans les ministères, dans les grandes administrations de chemins de fer, les traitements des petits employés sont incessibles et insaisissables ; on veut à juste titre leur éviter la misère en suppléant à leur imprévoyance. Cette mesure aux yeux de tous est fondée. Pourquoi n'en pas faire bénéficier les détenteurs de la petite propriété, lesquels sont la base de la nation? Pourquoi protégerait-on spécialement des fonctionnaires et laisserait-on sans défense des travailleurs fonciers, en définitive autrement utiles au pays ?...

Donc il serait bon de déclarer la propriété, jusqu'à ce qu'elle atteigne une certaine étendue, incessible et insaisissable. On déterminerait soit d'une façon fixe, soit proportionnellement à sa composition, le nombre d'hectares nécessaires pour nourrir et occuper une famille, et après les modifications inspirées par une pratique suffisamment prolongée, on en ferait le fonds sacré, le sol familial soustrait aux saisies et aux aliénations. Ce serait le bien de famille.

Et ce bien de famille devrait aussi être respecté par le fisc, exonéré de l'impôt de mutation par décès. Voyez un peu les cruautés du fisc à l'égard de la propriété! Les grosses successions sont légèrement écrémées, mais les petites sont littéralement dévorées. Un malheureux père qui, après trente ans de labeur, laisse 2 ou 3 mille francs à des enfants et petits-enfants mineurs est à peu près certain qu'ils n'en verront pas un centime.

Voilà des choses dont un État intelligent et honnête devrait se préoccuper. Car il s'agit là vraiment de l'avenir de la famille rurale et de la prospérité de la France. L'État devrait réformer sa législation de manière à développer la petite propriété et à la stabiliser.

Conclusion.

Notre régime successoral actuel a deux conséquences terribles :

1° Il pousse à l'abandon des campagnes. En pulvérisant la petite propriété, il dégoûte le paysan de la vie rurale. Si la petite propriété était plus répandue, les paysans abandonneraient beaucoup moins facilement leur village et le pain quotidien pour s'aventurer dans des régions inconnues et exposer leur vie au hasard. Propriétaires, ils seraient fixés au sol, et ils ne rêveraient pas des agitations urbaines. Ils seraient plus heureux et le pays ne s'en porterait que mieux.

2° Une seconde conséquence de notre régime successoral actuel, c'est la dépopulation générale. Le paysan n'aime pas à voir ses champs divisés et, au lieu d'avoir plusieurs enfants, auxquels la loi le force de fournir leur part de terre, il se contente d'un fils. Ce dernier y gagne, mais la France y perd de bons travailleurs et de solides soldats.

TABLE ALPHABÉTIQUE

DES NOMS PROPRES

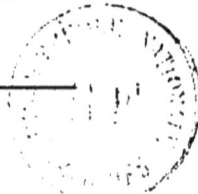

TABLE DES MATIÈRES

LA PROFANATION DU DIMANCHE

L'ALCOOLISME

LA DÉSERTION DES CAMPAGNES

DIX-HUITIÈME CONFÉRENCE
III. — Les causes (*suite*)

LES CAUSES SEMI-VOLONTAIRES

1° *L'entraînement*

DIX-NEUVIÈME CONFÉRENCE
III. — Les causes (*suite*)

LES CAUSES SEMI-VOLONTAIRES

2° *Le fonctionnarisme*

VINGTIÈME CONFÉRENCE
III. — Les causes (*suite*)

LES CAUSES SEMI-VOLONTAIRES

2° *Le fonctionnarisme* (*suite*)

FIN DE LA TABLE DES MATIÈRES

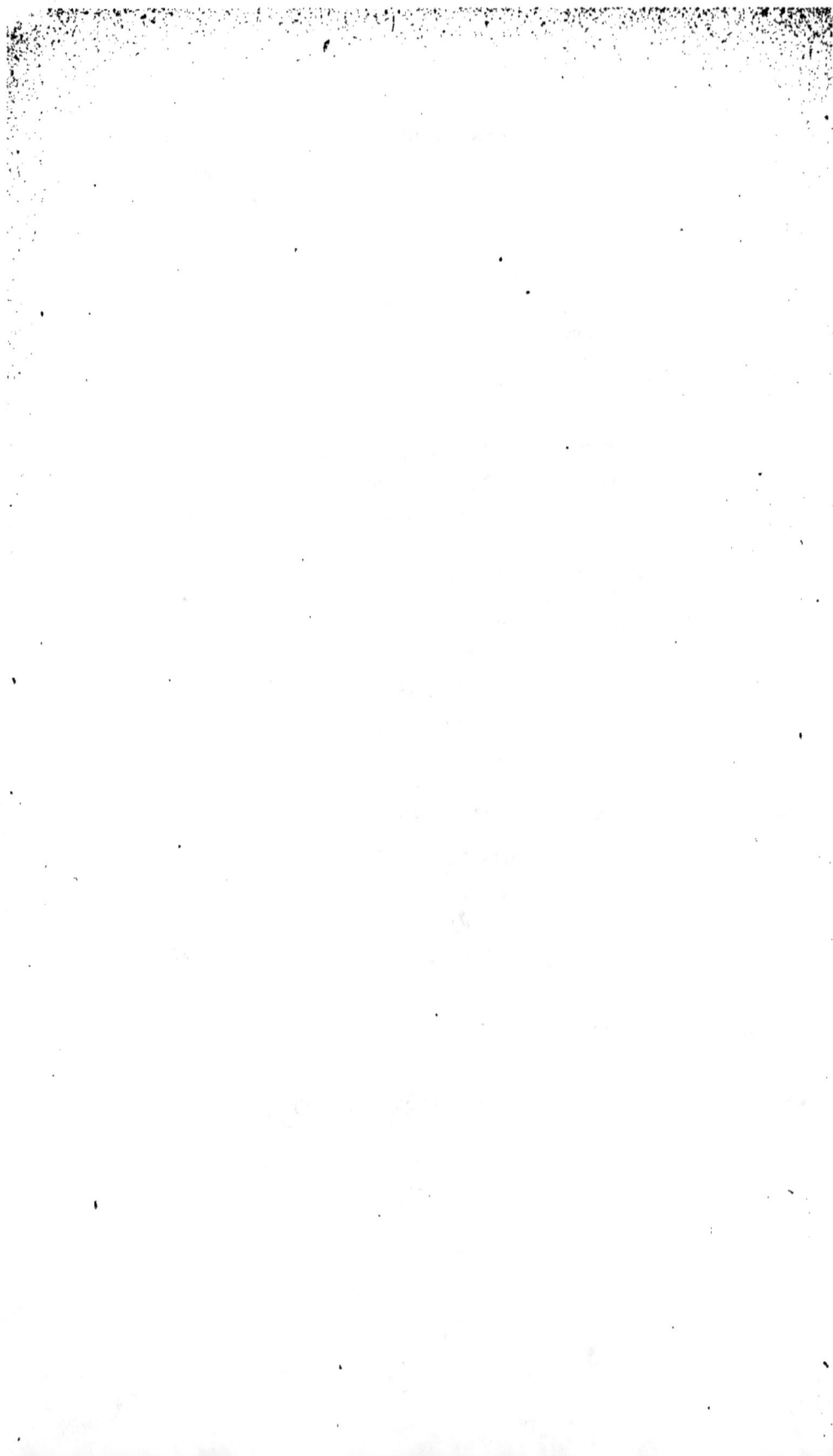

PARIS (VIe)

Librairie de P. LETHIELLEUX, Édite

10, rue Cassette, 10

L'abbé GIBIER
CURÉ DE SAINT-PATERNE, A ORLÉANS

CONFÉRENCES AUX HOMMES

LES

OBJECTIONS CONTEMPORAINI

CONTRE LA RELIGION

Ouvrage précédé d'une lettre de Mgr Touchet, évêque d'Orléans.

PREMIÈRE SÉRIE

Conférences données, pendant l'année 1902, à la messe des hor
de Saint-Paterne, à Orléans.

Beau volume in-8° écu (*cinquième édition*) 4

Ce premier volume, qui sera suivi de beaucoup d'autres, cont
environ une trentaine d'objections dont il ne reste que la p
sière une fois qu'elles ont passé sous la plume de M. Gibier.
qu'on sache bien tout l'intérêt de ce livre, voici les objections
y sont traitées.

Je ne veux pas entendre parler de religion. — Il n'y a pas de Die
L'homme n'a pas d'âme. — Quand on est mort tout est mort. — Est-ce
Dieu s'occupe de nous ? — Je ne crois que ce que je vois. — Moi, je ne c
que ce que je comprends. — Que sais-je ? — Moi, je suis libre-penseu
Ce n'est pas mon idée. — Toutes les religions sont bonnes. — A quoi se
religion ? — Je n'ai pas de religion et je ne m'en porte pas plus mal.
religion, c'est l'affaire des prêtres. — La religion est bonne pour les enf
— Elle est bonne pour les femmes. — Elle est bonne pour le peuple...
les riches... — J'ai ma religion à moi. — Je prie le bon Dieu chez moi
La religion est morte. — Je n'ai pas de religion, mais je suis un bon
homme. — Ma religion à moi, c'est de faire du bien aux autres. — Je
tique la religion naturelle. — La raison me suffit. — Les chrétien
valent pas mieux que les autres. — La religion s'occupe trop de la
future. — Elle ne s'occupe pas assez de la vie présente. — Il y a
d'abus. — Il nous faut du positif : or la religion est une affaire d'im
nation et de sentiment. — La religion, il n'en faut plus.

Voici ce qu'écrit Mgr Touchet, dans sa lettre d'approbatic
« Des lignes fortement accentuées, des divisions nettement mi
en saillie, des pensées qui séduisent logiquement... En face
l'objection contemporaine, vous n'opposez généralement ni ph
sophies savantes, ni théologies grandioses. Vos hommes du
manche sont pressés; vous ne l'êtes pas moins qu'eux. Donc v
en appelez à leur bon sens, à leur cœur, à leurs instincts religie
et droits. Vous leur offrez des solutions très claires, très humain
très rapides... Homme de main et d'action dans vos entrepri
pastorales, on vous retrouve homme de main et d'action dans
conférences pastorales. »

(Ami du Clergé.

P. LETHIELLEUX, Éditeur, 10, rue Cassette, PARIS (VIe).

LA MORALE ET L'ESPRIT LAIQUE
Par Eugène TAVERNIER

Fort volume in-12 . . . . 3 fr. 50

TABLE DES MATIÈRES

CHAPITRE PREMIER. Les grands mots : 1. Dans le public : Ennui et misère. 2. Dans la littérature : Roman et Théâtre. — CHAP. II. La légende du maître d'école : 1. La période de l'enthousiasme. 2. Déception et cris d'alarme. — CHAP. III. Certains savants. — CHAP. IV. L'éducation morale dans l'Université : 1. Tout à l'école primaire. 2. Le volume. 3. La haute pédagogie. — CHAP. V. La solidarité : 1. La dette sociale. — CHAP. VI. Propos divers sur le même sujet. — CHAP. VII. Les jeunes filles. — CHAP. VIII. Morale socialiste. — CHAP. IX. L'impératif catégorique. — CHAP. X. La liberté autoritaire. — CHAP. XI. L'évangile de M. Buisson. — CHAP. XII. Le livre le plus lu en psychologie. — CHAP. XIII. La paille des mots et le grain des choses.

L'ÉVANGILE D'APRÈS LES QUATRE ÉVANGÉLISTES
HARMONISÉS EN UN SEUL RÉCIT
Par l'abbé H. LESÊTRE, curé de Saint-Étienne-du-Mont, à Paris

Beau volume in-18, orné de nombreuses gravures sur bois, cartes et plans (384 pages), *net* (pris à Paris). . 0 fr. 50
Franco (par poste) . . . . 0 fr. 75

Jusqu'ici des essais plus ou moins heureux avaient été tentés pour la diffusion de l'Évangile. Il nous manquait encore un livre bon marché, publié par un écrivain dont le nom fit autorité : cette lacune est comblée maintenant, et ce nouvel ouvrage de M. Lesêtre est appelé à devenir bientôt l'Évangile classique. Édité avec le plus grand soin, orné de gravures judicieusement choisies, exécutées avec art, ce petit livre est le complément indiqué du catéchisme, et a sa place marquée dans toutes les familles chrétiennes.

CONDITIONS DE VENTE

Cet ouvrage est vendu à prix net et ne comporte aucune remise pour toute quantité inférieure à 100 exemplaires.
Le prix de 0 fr. 50 est le prix net du volume *pris à Paris* : dans tous les cas, le port est à la charge de l'acheteur.

PAR NOMBRE :

12 ex., en gare. . . . . *franco*	6 fr. 70
12 ex., à domicile. . . . . —	6 fr. 95
20 ex., en gare. . . . . —	10 fr. 90
20 ex., à domicile. . . . . —	11 fr. 15
40 ex., en gare. . . . . —	21 fr. 85
40 ex., à domicile. . . . . —	21 fr. 60

Ces prix s'entendent d'envois effectués par colis postaux, en gare ou à domicile. A partir de 50 exemplaires, le prix du port varie suivant le nombre de colis et suivant la distance. Lorsqu'il s'agit d'envois effectués par petite ou grande vitesse, à partir de 100 exemplaires, le prix de chaque exemplaire est de 0 fr. 45 net, port en plus (variable suivant les distances).

TOURS. — IMPRIMERIE DESLIS FRÈRES

www.ingramcontent.com/pod-product-compliance
Lightning Source LLC
Chambersburg PA
CBHW070629270326
41926CB00011B/1866